L'ENFER
DU DÉCOR

DU MÊME AUTEUR

Le Bal des faux culs, éditions de l'Archipel, 2004.

JEAN-MARC MORANDINI

L'ENFER DU DÉCOR

l'Archipel

Un livre présenté par Yves Derai.

Si vous souhaitez recevoir notre catalogue et être tenu au courant de nos publications, envoyez vos nom et adresse, en citant ce livre, aux Éditions de l'Archipel,
34, rue des Bourdonnais 75001 Paris.
Et, pour le Canada, à
Édipresse Inc., 945, avenue Beaumont,
Montréal, Québec, H3N 1W3.

ISBN 2-84187-678-0

Si l'argent ne fait pas le bonheur, rendez-le !

Jules RENARD

Lettre à Madame Michu

Chère Madame Michu,

Ce livre est pour vous.

Je ne vous connais pas vraiment, ou plutôt, devrais-je dire, je ne vous connais pas réellement.

Depuis que je travaille dans les médias, tout le monde n'a de cesse de me parler de vous. Chacun se demande ce que vous pensez et quelles seront vos réactions.

De vous, je sais que vous êtes la fameuse ménagère de moins de cinquante ans. Celle que courtisent tous les publicitaires et que tous les producteurs et les animateurs rêvent de conquérir. Selon les statistiques, vous êtes 10,5 millions de Françaises âgées de vingt-cinq à cinquante ans qui décidez des achats de votre foyer. Plus de 10 millions de Madame Michu !

Voilà pourquoi les publicitaires craquent pour vous. Afin de leur donner les moyens de vous toucher, les chaînes doivent concevoir des programmes qui vous plaisent. C'est eux qui vous ont trouvé ce sobriquet de « Madame Michu », pour vous conférer une existence palpable. Bien peu, parmi les jeunes qui travaillent dans les médias et qui prononcent votre nom à longueur de journée, savent que vous, Madame Michu, êtes avant tout un personnage de *La Comédie humaine* de Balzac.

Mais qu'importe : votre nom est sur toutes les lèvres. Dans les rédactions des journaux, sur les chaînes de télé, les mêmes phrases résonnent : « Dis donc, tu crois que ton sujet intéresse Madame Michu ? » Parfois, on vous méprise : « Tu t'imagines qu'elle lit des livres, Madame Michu ? Tu m'emmerdes avec ta chronique littéraire ! Ça ne l'in-té-resse pas ! » Souvent on croit vous connaître : « Madame Michu, ce qui l'intéresse, c'est sa famille, ses enfants, son portefeuille. Il faut la ras-su-rer ! » Vous feriez-vous du souci pour l'avenir de vos enfants ? Vous vous repliez sur le bon vieux temps : « Madame Michu, elle veut de vraies valeurs qui rassurent, elle veut de la tradition. Pourquoi crois-tu que Pernaut fait plus de 50 % de parts de marché avec son 13 heures ? Il a compris, lui, ce que veut Madame Michu ! »

D'ailleurs, des organismes très sérieux se sont penchés sur votre cas. Pour vous seule, l'institut Ipsos a mobilisé trois de ses cerveaux. Ils ont rendu une étude de soixante-quatorze pages pour tenter de mieux vous cerner. Et il faut bien avouer que certaines de leurs conclusions font froid dans le dos : « Madame Michu ne regarde pas vers le haut, mais vers le bas, pour mesurer la distance et éviter la dégringolade[1]. » *Damned !*

Mais la vérité est tout autre. La vérité, Madame Michu, c'est que vous détenez le pouvoir. Il n'appartient ni aux spécialistes qui vous étudient, ni aux publicitaires, encore moins aux dirigeants des chaînes de télé, Patrick Le Lay, Étienne Mougeotte, Thomas Valentin, Nicolas de Tavernost, Rémy Pflimlin, Christopher Baldelli ou Marc Teissier. Tous ces gens sont à vos ordres. Ils guettent la moindre de vos réactions, de vos injonctions, ils rêvent de se

1. Stéphane Truchi, Solange Nuizière, Christophe Abensour, « Qu'est devenue la ménagère de moins de 50 ans ? », Ipsos (www.ipsos.fr/CanalIpsos/attachment/1200-0-diaporamamenagere-57.pps).

soumettre à vos désirs les plus fous. Vous n'avez qu'à remuer le petit doigt !

Mais oui, Madame Michu, c'est vous qui avez le pouvoir ! Aussi, permettez-moi de vous poser une simple question : pourquoi n'en profitez-vous pas pour virer de l'antenne les émissions merdiques ? L'expression est triviale, j'en conviens, mais elle résume bien ces programmes qui flattent les plus bas instincts, ceux qui parfois déshonorent les hommes et les femmes qui s'y prêtent.

Chère Madame, je vous en conjure, prenez en main la télé une bonne fois pour toutes ! Si vous décidez de ne plus regarder les émissions que vous n'aimez pas, elles disparaîtront d'elles-mêmes en quelques semaines !

Puisque vous avez le pouvoir, vous qui êtes notre référence depuis des années, la moindre des choses était que l'un d'entre nous vous ouvre les coulisses de ce métier, afin que vous jugiez en toute connaissance de cause. Il m'appartenait de vous inviter, en toute honnêteté, à visiter l'envers du décor médiatique, parfois proche de l'enfer...

Luttes de pouvoir, coups bas, amour, haines... Rien ne manque dans cette saga du petit écran. Qui que vous soyez vraiment, Madame Michu, femme jeune ou mûre, homme, ado ou grand-mère, ce livre est pour vous. Accrochez-vous.

PREMIÈRE PARTIE

JE T'AIME, MOI NON PLUS

À proprement parler, je n'ai pas d'ennemis dans ce métier. Simplement, il y a des gens que je n'aime pas, et qui me le rendent bien. Dans un cas, je ne partage pas leur conception du métier, dans l'autre, ce sont eux qui ont arbitrairement décidé que je ne faisais pas partie de leur monde.

Dans mon dernier livre[1], j'ai évoqué ceux que je n'aime pas, mais aussi ceux que j'apprécie. Les réactions ont été pour le moins surprenantes. Certains journalistes m'ont reproché ma bienveillance. Il faut croire que, pour nombre de mes confrères, honnêteté est synonyme de persiflage, voire de diffamation. Pour ces beaux esprits, si l'on dit du bien d'autrui, c'est sans nul doute qu'on a une idée derrière la tête. Je dis que Jean-Luc Delarue m'est sympathique ? C'est que je cherche à travailler avec lui. Je ne déverse pas ma bile sur Étienne Mougeotte ? C'est que je songe à revenir sur TF1…

Peut-on imaginer raisonnement plus stupide ? Arthur, l'homme qui dirige la société de production la plus puissante de France, m'a poursuivi deux fois en justice. Avais-je été assez sot pour chercher à me fâcher avec lui ? J'ai été dur avec Bataille et Fontaine. Pour les punir de ne pas m'avoir proposé d'émission ? Allons ! N'est-il pas plus

1. *Le Bal des faux culs*, éditions de l'Archipel, 2004.

simple d'admettre qu'« on ne peut pas plaire à tout le monde » ?

Preuve que ces aversions, somme toute bien naturelles dans un milieu tel que la télévision, ne sont pas irréversibles, Cauet m'invitait à déjeuner quelques semaines après la parution de mon livre, alors qu'il ne m'adressait plus la parole depuis des mois. Je ne l'avais pourtant pas ménagé. Les quelques lignes vachardes que je lui avais consacrées auront au moins permis de sceller nos retrouvailles... Comme quoi la franchise, ça a parfois du bon !

Ayant constaté, pendant la « promo » de mon livre, que certains journalistes n'avaient même pas pris la peine de l'ouvrir, j'ai inventé avec quelques amis un petit jeu cynique, celui de « la question la plus bête ». Voici en exclusivité les trois questions lauréates, le « Top 3 » des questions les plus stupides, histoire de me fâcher pour de bon avec les journalistes qui reconnaîtront leur prose.

Médaille de bronze : « Pourquoi écrivez-vous dans votre livre que Jean-Luc Delarue est un producteur avec qui vous aimeriez travailler ? » Parce que personne ne m'a prévenu qu'il était interdit de l'écrire.

Médaille d'argent : « Si l'on excepte Arthur, Carole Rousseau, Bataille et Fontaine, Cauet, Pascale Breugnot, la direction de RMC, vous épargnez tous les autres. Vous ne voulez donc vous fâcher avec personne ? » C'est exact, vous avez parfaitement raison de souligner que je dis plutôt du bien de ceux dont je ne dis pas de mal...

Médaille d'or : « Croyez-vous que votre livre intéressera le public ? » Au contraire ! C'est parce que j'étais certain de n'intéresser personne que je me suis entêté à l'écrire !

Trêve de faux-semblants ! Parlons vrai. La malveillance est sans doute le sentiment le plus répandu et le mieux partagé dans l'univers télévisuel. L'art de la pique empoisonnée y a ses virtuoses. On connaît par exemple les éternels ennemis que sont Marc-Olivier Fogiel et Thierry Ardisson.

En octobre 2004, cette guerre que l'on croyait apaisée a repris de plus belle, sous mes yeux, plus virulente que jamais. En cause, quelques mots du maire de Paris publiés ce matin-là dans *Le Parisien.* Bertrand Delanoë affirmait « ne plus vouloir aller chez Ardisson », ayant mieux à faire que de « parler de petites culottes ». Le jour même, dans mon émission, Thierry Ardisson réagissait : « Il est honteux de voir le maire de Paris tenir de tels propos. Il est instrumentalisé par son ami Marc-Olivier Fogiel. L'émission de Fogiel est en péril, elle est en train de sombrer ; alors il envoie ses amis s'attaquer à moi. Vous vous rendez compte ? Une émission qui coûte près de 3 millions de francs et qui plafonne à 13 % de parts de marché ! Moi, je fais 30 % de parts de marché sur France 2. Alors, toutes les excuses sont bonnes pour essayer de s'attaquer à moi. Comment Bertrand Delanoë, maire de Paris et qui, un jour peut-être, se présentera à la présidentielle, peut-il entrer dans ce jeu ? Je ne lui ai rien fait, moi, à Delanoë. Pourquoi s'en prend-il à moi comme ça ? Tout ça pour défendre son petit Marco ! C'est nul ! C'est clairement une volonté de nuire. »

Quatre jours plus tard, toujours sur Europe 1, Marc-Olivier Fogiel lui répond. Il dément, bien sûr, avoir instrumentalisé le maire de Paris de quelque façon que ce soit, précisant d'une part que son émission remplit bien les objectifs d'audience fixés par la chaîne, puis ajoutant malicieusement : « Ardisson a visiblement du temps libre pour s'occuper des émissions des autres animateurs. Il a de la chance ! Moi, la mienne me prend beaucoup de temps. Je l'admire… D'autant plus qu'il fait vraiment une bonne émission ! » Tout cela sans sourire ni ricaner, bien sûr. Mais comme j'étais face à lui, la lueur maligne qui éclairait son œil, au moment où il prononça ces mots, ne m'a bien sûr pas échappé !

Thierry Ardisson, donc, râle contre les privilèges dont bénéficierait le « chouchou de la direction de France 3 ».

L'animateur de « Tout le monde en parle » égrène la liste. Le prix d'« On ne peut pas plaire à tout le monde » ? « Franchement surpayé par rapport au coût réel ! » L'audience ? « Catastrophique. 13 % de parts de marché, ce qui est largement en dessous de la moyenne de France 3. Il plombe les chiffres de la chaîne et pourtant, on le re-signe pour une deuxième saison. » Autre privilège, selon Ardisson, la durée de l'émission : « Sur le service public, un *prime time* ne peut pas dépasser les deux heures dix. C'est une règle fixée par la direction, qui a choisi – et c'est son droit – de fixer une limite. Il faut respecter ces deux heures dix, à la minute près. Seule exception : Fogiel qui, lui, fait des émissions de deux heures vingt, deux heures trente, voire deux heures quarante. »

« Normal, répond Marc-Olivier Fogiel, je suis considéré comme une première *et* une deuxième partie. C'est d'ailleurs pour cela que l'émission "France Europe Express" de Christine Ockrent ne passe plus le dimanche en deuxième partie de soirée, car nous occupons également sa case. Quant aux reproches sur le prix des émissions, ils sont ridicules, car nous avons beaucoup d'images et ce n'est pas simplement un plateau, des chaises et des invités qui viennent gratuitement, comme chez certains… »

Qu'en est-il des relations amicales qu'entretiendrait Marc-Olivier Fogiel avec Marc Teissier, le président de France Télévisions ? Je lui ai posé la question directement et sans ambages. Sa réponse a fusé : « Il faut arrêter de raconter n'importe quoi. Je sais que certains s'amusent à répandre ces rumeurs. Cette saison, j'ai vu Marc Teissier deux fois en tout et pour tout, dans le simple cadre de nos relations de producteurs. Ce serait bien que l'on cesse de propager n'importe quelle information ! » Voilà qui est désormais chose faite.

Dans cette rivalité, celui des deux qui n'a finalement pas à regretter d'avoir déterré la hache de guerre reste cependant Thierry Ardisson. En effet, selon un sondage publié dans *VSD* quelques jours seulement après le début de leur altercation, 50,2 % des Français affirment préférer « l'homme en noir » au « pitbull du dimanche soir » (20,8 %)[1]. Plus surprenant encore, l'animateur de « Tout le monde en parle » emporte l'adhésion de toutes les catégories de la population : les hommes, les femmes, mais aussi les jeunes, qui le plébiscitent à 54,7 %, tandis que 32,8 % seulement avouent se sentir plus proche de l'animateur de France 3. Et Thierry Ardisson d'ajouter sans réserve : « Je m'en fous de passer pour le gueulard de service. Je préfère avoir cette image plutôt que celle d'un mec qui accepte qu'on lui chie dessus sans rien dire. »

C'est donc une véritable guéguerre par médias interposés que se livrent les deux francs-tireurs du service public. Tout le monde sait par ailleurs combien Thierry Ardisson est réputé pour ne pas prendre de gants lorsqu'il parle de ses confrères. Et Fogiel n'est pas son unique cible. Il n'hésite ainsi pas à décocher quelques flèches en direction de Jean-Luc Delarue, par exemple : « Être patron, c'est sympa quand on a trente-cinq ou quarante ans : la voiture avec vitres fumées et chauffeur, l'immeuble de trois étages et la secrétaire qui vous dit "Bonjour patron" chaque matin... C'est le "trip" Delarue. Moi, j'ai cinquante-cinq ans, et j'ai dépassé cela il y a sept ou huit ans[2]. »

S'il est un homme dans le monde de la télévision qui a l'habitude d'être impliqué dans des règlements de compte ou des polémiques, c'est bien Ardisson. Certains l'opposent même parfois à ses propres collaborateurs, ou plutôt à d'anciens. En 2000, son conflit avec Linda Hardy, ancienne Miss France, fait la une des journaux. C'est peu de dire que cette femme garde encore aujourd'hui une

---

1. Sondage Téléperformance/*VSD* réalisé le 25 octobre 2004, auprès de 500 personnes représentatives de la population françaises âgées de 18 ans et plus.
2. *Le Figaro Entreprises*, 30 août 2004.

dent contre celui avec lequel elle a, l'espace de quelques semaines, coprésenté « Tout le monde en parle ». Elle ne s'est pas gênée pour faire part de ses états d'âme peu après son départ de l'émission : « J'en avais assez que l'on ne parle que de mes seins, de mes petits nichons, et que l'on s'adresse à moi de manière vulgaire. D'autre part, ce que je voyais à l'écran ne correspondait pas à l'enregistrement. Chaque fois que je prouvais que je n'étais pas une potiche en renvoyant la balle de façon un peu drôle, ces passages étaient coupés à l'antenne. Dans ces conditions, cela aurait été une faiblesse de rester et d'accepter de jouer ce jeu-là. Cette décision, je l'ai prise en mon nom et au nom de toutes les femmes. »

Ardisson avait de son côté livré une analyse tout en finesse : « Compte tenu des résultats des deux dernières semaines où elle n'était pas avec moi, on m'a conseillé de ne pas la remplacer. L'émission paraissait en effet avoir acquis un ton plus léger et un rythme plus rapide depuis peu, et elle gagnait effectivement à ne plus être entrecoupée d'interventions d'une animatrice qui n'y semblait pas à sa place. » À bon entendeur, salut !

Autre année, autre femme, autre conflit. En 2001, évoquant la nouvelle émission de Daniela Lumbroso « Y a un début à tout », un mardi sur deux à 22 h 50 sur France 2, Thierry Ardisson n'hésite pas à hausser le ton, alors que le programme est diffusé sur sa propre chaîne. Selon lui, « "Y a un début à tout" a de nombreuses similitudes avec "Tout le monde en parle". Pire encore, lors d'un récent numéro, "Y a un début à tout" a proposé une auto-interview de Karen Cheryl. C'est quand même moi qui ai inventé ce concept et, aujourd'hui, voilà qu'à l'intérieur même du service public, sur la même chaîne, je me fais piller ! » Thierry Ardisson ne s'est donc pas privé d'exprimer sa colère envers sa direction, et a même envisagé de porter l'affaire devant la justice. Quelques semaines plus tard, au cours de la cérémonie des 7 d'or, il évoque l'affaire avec humour et propose même à Daniela Lumbroso une réconciliation. Mais cette dernière campe sur ses positions et lui rétorque : « Moi, je ne veux pas me réconcilier ! » Rancœur, quand tu nous tiens...

On comprendra autant qu'on s'en étonnera au milieu de tous ces petits conflits d'ego – même s'il s'en amuse au point d'en déclencher certains – qu'Ardisson n'est pas un grand admirateur du petit écran et du système médiatique dans son ensemble : « Que la télé se foute de la gueule du public qui en est conscient, voilà ce qui m'énerve dans ce système. Les hommes politiques et les animateurs participent à cette duperie générale. Les gens n'ont pas d'esprit critique car on ne fait rien pour le développer. D'autre part, on est dans un système où la majorité des Français sont tous défoncés, par une substance ou une autre : ils s'abrutissent pour supporter ce qu'on leur fait supporter. Entre deux paires de gros nichons, je glisse dans mon émission quelques intellos qui ont des choses à dire[1]. »

L'univers médiatique dans son ensemble et le Landerneau télévisuel en particulier sont tels qu'on peut toujours y trouver pire. Sur cette échelle infinie, on peut ainsi situer, un cran au-dessus de tout, les rapports entre Cauet et Arthur. Il y a une vingtaine d'années, le premier était standardiste chez celui qui allait s'autoproclamer « l'animateur le plus con de la bande FM » *(sic)*. Leurs rapports n'étaient déjà pas au beau fixe, si bien que Cauet allait partir en claquant la porte. Quelques années plus tard, Cauet est devenu l'un des animateurs vedettes de Fun Radio. Et, un matin de 1995, il dérape, en direct. En voulant faire de l'humour, il commet une irréparable boulette, plus idiote et maladroite que méchante et consciente, il va sans dire. Il compare en effet les camps d'Auschwitz à un

1. *Le Soir*, 24 avril 2002.

« parc d'attractions ». Levée de boucliers immédiate. Le CSA s'empare de l'affaire et proteste vigoureusement. Différentes organisations concernées s'indignent autant qu'elles s'étonnent. La direction de Fun Radio prend alors la décision la plus sage et la plus logique qui soit, la seule envisageable d'ailleurs : elle licencie Cauet. Ce dernier entame alors une longue traversée du désert, qui le meurtrira. Ayant très vite pris conscience de l'énormité de ses propos et de leur caractère inexcusable, il accepte la sanction de Fun Radio et présentera des excuses publiques à plusieurs reprises.

Mais Arthur, de confession israélite et meurtri au plus profond de lui, est furieux envers ce jeune animateur et ne lui pardonnera jamais sa grave erreur. D'ailleurs, Arthur reste aujourd'hui encore intimement convaincu qu'il ne s'agissait pas d'un simple dérapage. L'affaire aurait pu en rester là, mais elle prend une nouvelle dimension en septembre 2004. Cauet quitte Europe 2 et revient sur Fun Radio, où Arthur occupe le créneau de l'après-midi. Ce dernier, pourtant encore sous contrat pour une saison avec Fun, refuse dès lors de prendre l'antenne. Il ne veut pas que son nom soit associé de près ou de loin à Cauet. Il refuse même d'envisager de le croiser dans les couloirs de la radio. Ses propos sont sans ambiguïté : « J'appartiens à une communauté très angoissée en ce moment. Et je ne veux pas que mon nom et mon image soient associés, à travers Fun Radio, à quelqu'un qui justement a dérapé sur Fun Radio sur les camps de concentration. [...] Aujourd'hui, face à la banalisation des thèses négationnistes, je ne peux pas cohabiter sur une antenne radio avec quelqu'un qui compare le camp d'Auschwitz à un club de vacances. [...] Que des excuses aient été faites, sincères ou non, c'était la moindre des choses. Pour ce qui me concerne, tout comme pour ma communauté, ces dérapages ne sont pas acceptables. [...] C'est ma liberté de ne pas accepter de cohabiter avec quelqu'un qui plaisante avec la mémoire de six millions de morts[1]. »

On le constate autant qu'on le devine : les rapports entre les deux hommes ne sont pas près de s'arranger...

Arthur pousse même sa logique jusqu'au bout. Au vu du contrat qui le lie à Fun Radio, il se retrouve contraint et forcé de reprendre l'antenne en septembre 2004 ; il va alors prendre la situation à contre-pied en lançant une grande opération sur le thème « Libérez Arthur », expliquant à ses auditeurs qu'il est à l'antenne contre sa volonté et que ses patrons refusent de le laisser partir. Il n'hésite pas non plus à rappeler que « Fun Radio appartient à un groupe allemand, tout comme RTL. Un groupe qui détient également le magazine *Voici.* »

Il faudra soixante-douze heures à la direction de Fun Radio pour réagir. Le jeudi 9 septembre à 16 heures, le directeur des programmes de la station intervient à l'antenne et lit un communiqué : « Comme vous le savez peut-être, Fun a décidé de faire venir Cauet pour animer son *morning* à compter du 1er octobre. Or, pour Arthur, il s'agit là d'une trahison, et il nous fait un procès. Rappelons qu'Arthur et Cauet cohabitent déjà sur une même chaîne de télévision, TF1. Sérieusement, est-ce une trahison de la part de Fun Radio que de faire appel pour sa tranche matinale à l'animateur de son choix ? Franchement, est-ce une trahison de demander à Arthur de respecter un contrat signé il y a plus d'un an et prévoyant qu'il animerait les fins d'après-midi de Fun jusqu'en juin 2005, alors même qu'il connaît parfaitement les règles de notre métier, puisqu'il est l'un des dirigeants d'Endemol, la plus puissante société de production d'émissions de télé de France ? Nous pensons que non. Il a le droit de dire le contraire. Nous avons décidé de suspendre l'émission "Planet Arthur". Bien évidemment, jamais nous

1. *TV Magazine*, 17 juillet 2004.

n'aurions pensé que l'aventure “Planet Arthur” dégénérerait de cette façon. »

En guise de droit de réponse, Arthur publie quelques heures plus tard le communiqué suivant : « J'ai été trahi par la direction de Fun Radio, qui n'a pas respecté ses engagements et sa parole donnée. Le mensonge, la trahison et la défense de mes propres convictions m'ont conduit, depuis plusieurs mois, à demander à Fun Radio de cesser notre collaboration et de reprendre ma liberté. »

De son côté, le patron de Fun Radio déclare le même jour au *Monde* que le « contrat d'Arthur n'offre nullement un droit de regard sur le contenu de la grille. Nous trouvons intolérable qu'une émission ait servi de plate-forme de dénigrement. Je ne vois pas pourquoi les deux hommes ne pourraient pas cohabiter dans une radio alors qu'ils le font très bien à la télévision. »

Sur ce point très précis, Arthur livre son explication : s'il accepte de continuer de travailler sur la même chaîne de télévision que son « ennemi juré », alors qu'il refuse de le faire à la radio, c'est simplement parce que les deux hommes ne se croisent jamais dans les couloirs de TF1...

Au-delà des états d'âme des uns et des prérogatives des autres, le tribunal de grande instance de Paris délivre son verdict le 18 novembre 2004, donnant tort à Arthur dans le litige qui l'oppose à Fun Radio, qualifiant son attitude à l'égard de la station de « déloyale », et prononçant la résiliation de son contrat.

Dès le lendemain, toute la presse titre « Arthur perd son procès ! ». Or, une telle interprétation pourrait assez aisément passer pour une lecture simpliste du verdict, pour peu que l'on se mette un instant à la place d'Arthur. En effet, que souhaitait ce dernier ? Quitter Fun Radio, contre la volonté de sa direction. Quelle conséquence a la décision du tribunal ? Que le contrat d'Arthur est rompu et qu'il peut désormais quitter Fun Radio sans avoir à payer le moindre dédit, en dépit de ce que demandait la

Cauet ». Au revoir, et merci... Dans les médias comme dans la vie, les séparations sont souvent douloureuses...

Alors, Cauet ou Arthur, quel est votre choix? Choisissez votre camp! Une question que l'on pose souvent aux animateurs ou aux stars. Certains manient à la perfection la langue de bois. D'autres, au contraire, jouent la carte de la franchise, comme Antoine de Caunes. Invité le 6 décembre 2004 sur Paris Première dans l'émission « Petites confidences entre amis », il se lâche: « Arthur? Je l'ai taillé à une époque et on s'était fâchés parce que je n'aimais pas l'idée de faire des émissions avec des archives et de ressortir le travail d'autres émissions. Et puis faire un plateau avec trois mecs qui rient entre eux, ça me gênait beaucoup. Aujourd'hui, avec le recul, je ne trouve pas ça déshonorant! » Si les choses semblent s'être calmées avec Arthur, ce n'est pas le cas avec Cauet. Car Antoine de Caunes poursuit: « C'est un peu du sous-Arthur. Alors là, pour le coup, c'est un potache bloqué au stade anal. C'est une espèce de régression qui participe d'un mouvement général. Pour moi, c'est de la crétinisation! »

Autre séparation qui s'est faite dans la douleur, celle de Jean-Luc Delarue et d'Évelyne Thomas. « Jamais tu ne m'entendras dire le moindre mot contre elle. Ni moi ni personne ici. » Jean-Luc Delarue me pardonnera sans doute de livrer ainsi le contenu d'une conversation informelle que nous avons eue pendant l'été 2004. Si je le fais, c'est que j'ai trouvé son attitude très élégante dans l'affaire qui les oppose. Au cœur de la tourmente, alors que l'animatrice venait de lui intenter un deuxième procès, il reste serein: « J'ai vécu de belles années avec Évelyne. Nous avons eu des moments difficiles, en particulier au début de "C'est mon choix". Mais nous l'avons toujours défendue ici. Nous avons toujours protégé Évelyne. Aujourd'hui, quelles que soient ses raisons et ses motivations, station... Arthur ne se prive bien évidemment pas de quitter aussitôt Fun Radio et de rejoindre Europe 2 une petite semaine plus tard, le 25 novembre 2004. Vues sous cet angle, c'est désormais bien lui le grand vainqueur de ce bras de fer ! Car non seulement Fun Radio a perdu son animateur vedette, mais en plus, le tribunal a autorisé ce dernier à rejoindre une semaine plus tard une station concurrente. Les journaux auraient donc sans doute été plus inspirés de titrer : « Arthur obtient satisfaction et peut quitter Fun Radio sans avoir à débourser le moindre centime ! »

Mais les hostilités entre Arthur et Cauet ne cessent pas pour autant. Le jeudi 25 novembre 2004, pour fêter son arrivée dans sa nouvelle radio, Arthur tente de battre le « record de l'émission de radio la plus longue du monde » et d'aligner 33 heures successives de présence à l'antenne, sous le contrôle d'un huissier et d'un responsable du *Livre Guinness des records*. L'animateur réalise à cette occasion une performance exceptionnelle, sans quitter le micro ni passer un seul disque au cours de 33 heures et quelques minutes d'émission. Mais, dès le vendredi 26 novembre, Cauet tente à son tour de battre le « record du monde du *morning* le plus long ». Le trublion de « La Méthode Cauet » s'arrête au terme de trente-quatre heures d'antenne, soit une heure de plus qu'Arthur... Plus que de véritable guerre à proprement parler, la guéguerre des egos qui oppose les deux animateurs semble encore avoir de beaux jours devant elle...

Cauet, en ce qui le concerne, n'aura finalement pas vécu un été 2004 très serein. Durant cette période, outre le courroux d'Arthur, il a en effet dû essuyer un communiqué de la direction d'Europe 2, son ancien employeur, qui l'attaque frontalement[1] en insistant particulièrement « sur la forte baisse de la tranche matinale animée par

1. Communiqué Europe 2, 16 juillet 2004.

Cauet ». Au revoir, et merci... Dans les médias comme dans la vie, les séparations sont souvent douloureuses...

Alors, Cauet ou Arthur, quel est votre choix ? Choisissez votre camp ! Une question que l'on pose souvent aux animateurs ou aux stars. Certains manient à la perfection la langue de bois. D'autres, au contraire, jouent la carte de la franchise, comme Antoine de Caunes. Invité le 6 décembre 2004 sur Paris Première dans l'émission « Petites confidences entre amis », il se lâche : « Arthur ? Je l'ai taillé à une époque et on s'était fâchés parce que je n'aimais pas l'idée de faire des émissions avec des archives et de ressortir le travail d'autres émissions. Et puis faire un plateau avec trois mecs qui rient entre eux, ça me gênait beaucoup. Aujourd'hui, avec le recul, je ne trouve pas ça déshonorant ! » Si les choses semblent s'être calmées avec Arthur, ce n'est pas le cas avec Cauet. Car Antoine de Caunes poursuit : « C'est un peu du sous-Arthur. Alors là, pour le coup, c'est un potache bloqué au stade anal. C'est une espèce de régression qui participe d'un mouvement général. Pour moi, c'est de la crétinisation ! »

Autre séparation qui s'est faite dans la douleur, celle de Jean-Luc Delarue et d'Évelyne Thomas. « Jamais tu ne m'entendras dire le moindre mot contre elle. Ni moi ni personne ici. » Jean-Luc Delarue me pardonnera sans doute de livrer ainsi le contenu d'une conversation informelle que nous avons eue pendant l'été 2004. Si je le fais, c'est que j'ai trouvé son attitude très élégante dans l'affaire qui les oppose. Au cœur de la tourmente, alors que l'animatrice venait de lui intenter un deuxième procès, il reste serein : « J'ai vécu de belles années avec Évelyne. Nous avons eu des moments difficiles, en particulier au début de "C'est mon choix". Mais nous l'avons toujours défendue ici. Nous avons toujours protégé Évelyne. Aujourd'hui, quelles que soient ses raisons et ses motivations, moi, je n'oublie pas le passé. Sa photo est et restera dans mon bureau. Pour le reste, les avocats s'en occupent. »

Que s'est-il donc passé pour que la relation tourne ainsi au vinaigre entre Évelyne Thomas et son producteur ? Quelques mois plus tôt, l'animatrice ne tarissait pas d'éloges sur son mentor : « C'est un producteur exceptionnel, quelqu'un d'intelligent et qui a du flair. Il dispose d'un vrai savoir-faire et il sait rétribuer ses bons éléments. »

Ceux qui ont travaillé avec elle usent volontiers d'une parabole pour décrire sa trajectoire : celle d'une fille du fin fond des États-Unis qui arrive à Hollywood. Elle est éblouie par les néons et rêve de voir son nom au sommet de l'affiche. Après plusieurs essais infructueux, elle tombe enfin sur le bon producteur, qui décide de la prendre en main et de faire d'elle une star. Elle obtient enfin tout ce qu'elle désire : la gloire, la reconnaissance et l'argent. Mais, un jour, elle rencontre le Grand Amour. Le prince charmant, qui a un peu navigué dans le milieu du cinéma, décide de gérer lui-même la carrière de l'actrice. Il ne cesse de la conseiller. Elle le suit les yeux fermés. Elle crée sa société de production et se fâche avec son producteur.

Attardons-nous désormais sur les faits.

En novembre 2000, France 3 souhaite relancer sa tranche de début d'après-midi et craque pour « C'est mon choix », proposé par Jean-Luc Delarue. Le producteur souhaite alors imposer un nouveau visage, celui d'Évelyne Thomas. La jeune femme a déjà eu quelques expériences à la télévision, sans jamais, on doit bien l'avouer, réellement crever l'écran. Elle garde même un souvenir amer d'un passage de quelques semaines sur TF1, en 1996, où elle présentait alors un magazine quotidien, intitulé tout simplement « Évelyne ». Le moins que l'on puisse dire, c'est qu'il ne rencontra pas un vif succès. Si bien qu'au bout de quatre mois l'émission est sacrifiée et remplacée par des séries. « Évelyne » était pourtant ni plus ni moins que l'ancêtre de « C'est mon choix ».

Mais, sous la houlette de Delarue, la version de France 3 décolle rapidement. Plus d'un million et demi de téléspectateurs chaque jour et entre 16 et 20 % de parts de marché, en fonction des sujets. Tout semble aller pour le mieux. C'est alors au tour de la presse d'allumer la mèche en instituant une véritable campagne de dénigrement contre l'émission, accusée d'être « trash ». *Libération* consacrera même sa une à « C'est mon choix » avec ce titre : « Le tout à l'ego ». L'affaire prend des proportions délirantes, au point que même des hommes politiques montent au créneau et en débattent dans l'hémicycle de l'Assemblée nationale. Certains députés se demandent si, avec « C'est mon choix », le service public remplit correctement sa mission ou s'il ne dérape pas plutôt vers le sensationnalisme.

Un sondage lancé par *Télé 7 jours* auprès du public tourne alors au plébiscite en faveur d'Évelyne Thomas. Tout finira naturellement par se tasser, et l'émission continuera tranquillement son chemin, avec l'insolente réussite qu'on lui connaît !

Quelques années plus tard, alors que l'émission est devenue le rendez-vous de millions de téléspectateurs, Évelyne Thomas vient bousculer cette magnifique harmonie. La présentatrice, simple salariée de Réservoir Prod, en veut plus. Elle veut être davantage impliquée. En décembre 2002, elle monte ainsi sa propre société de production avec son compagnon Christophe Aigrisse. 2 Secondes Productions est une SARL au capital de 7 500 euros. Le couple exige alors qu'Évelyne devienne coproductrice et touche une partie significative du budget de l'émission quotidienne. Delarue accepte, et un contrat est signé en ce sens en février 2003. Mais 2 Secondes Productions exige plus encore !

En avril 2004, souhaitant garder Évelyne Thomas dans son écurie, Jean-Luc Delarue fait un énorme geste et lui aurait proposé un million d'euros de plus par an, ce que les deux associés refusent. La situation se tend, et lors d'une réunion de conciliation dans les locaux de France 3, Évelyne Thomas part en claquant la porte. Elle laisse tomber « C'est mon choix ». En mai 2004, la séparation est officialisée, et l'émission ne courra plus que jusqu'à la fin de la saison. Chaque lundi et chaque mercredi après-midi, Évelyne Thomas se rend donc pour les enregistrements sur le plateau de « C'est mon choix », où la tension est palpable. En quittant Delarue, elle perd également tous ses *prime time* produits par Carson Production, une filiale de son mentor. Elle se retrouve donc privée de plateau lorsque, fin juin 2004, son départ de France 3 est officiellement annoncé. L'animatrice ne reste alors pas les bras ballants et contacte la plupart des grands groupes de production, dans le but de trouver de nouveaux concepts et de nouveaux associés pour développer des programmes.

Au mois de juillet 2004, alors que plus aucune chaîne ne répond à ses avances, Évelyne Thomas, qui n'a peur de rien, décide de faire coup double en attaquant en justice le président de France Télévisions Marc Teissier et Réservoir Prod. Motif de son courroux : la rediffusion pendant l'été d'émissions de « C'est mon choix » qu'elle n'avait pas autorisée. L'animatrice déchue demande 300 000 euros de dommages et intérêts ainsi que la suspension immédiate des rediffusions en cours. Peine perdue. Le 7 juillet 2004, le tribunal correctionnel de Paris rejette sa demande, estimant que son contrat ne lui donnait pas le droit de s'opposer à ces rediffusions. Et un nouvel échec pour l'ex-madone des ménagères, un !

Quarante-huit heures plus tard, l'animatrice ne se décourage pas pour autant et lance une autre procédure, uniquement ciblée contre Réservoir Prod cette fois. Elle estime que Jean-Luc Delarue aurait dû lui demander son autorisation avant de procéder à des rediffusions durant l'été. Dans le même temps, la nouvelle Marianne perd également l'émission consacrée à la télé qu'elle animait sur RMC Info. Mauvais résultats, mauvaise image, émission trop chère, scores d'audience moyens. Bref, tout va mal, et tous les indicateurs sont dans le rouge... Cette émission était le seul programme que produisait 2 Secondes Production. *VSD* parle alors du « suicide médiatique d'Évelyne Thomas[1] », en précisant que « l'on ne s'attaque pas aujourd'hui impunément à Jean-Luc Delarue ».

Dès lors, Évelyne Thomas fait le forcing pour se rapprocher de tous les producteurs de Paris, en appelant directement chaque responsable de société. « Je cherche un projet », n'hésite-t-elle pas un seul instant à préciser. Ce sont finalement Pascal Bataille et Laurent Fontaine qui la prennent sous leur aile et convainquent Étienne Mougeotte d'accueillir l'ancienne animatrice de France 3. La suite est connue : Évelyne Thomas est testée pour coprésenter « Combien ça coûte ? » avec Jean-Pierre Pernaut. Mais l'audience ne décolle pas. Les rumeurs se mettent alors à galoper sur une mésentente persistante dans le nouveau couple cathodique. Fidèle à ses principes, Évelyne Thomas n'hésite pas à mettre les pieds dans le plat et dispense quelques remarques perfides par presse interposée : « Jean-Pierre Pernaut peut être rassuré, je ne vais pas lui piquer ses charentaises[2] ! »... Quelle impertinence envers le roi de l'audience de TF1 !

Début 2005, « Combien ça coûte ? » continue de rester en deçà de la barre des 6 millions de téléspectateurs. Évelyne Thomas a alors présenté un projet à TF1 pour la tranche 18-19 heures, intitulé « Le Téléphone rouge », dont la première version est loin d'avoir enthousiasmé Étienne Mougeotte... Le 2 février, elle présente son premier *prime time* en solo. Le titre lui va à ravir : « C'était mieux

---

1. *VSD*, 22 juillet 2004.
2. *Télé Star*, 25 octobre 2004.

hier. » Seul « succès » à l'écran pour Évelyne Thomas : une publicité pour les shampooings Garnier en décembre 2004, dont la conséquence fut d'attiser un peu plus les moqueries envers l'animatrice.

Il arrive heureusement parfois que les face-à-face entre stars de la télé soient plus feutrés. Ainsi, pas de scandale ni d'éclats de voix chez Bernard de la Villardière, présentateur de « Zone interdite » sur M6. Juste une certaine amertume. Petit rappel des faits : au cours de l'été 2003, Emmanuel Chain, qui anime « Capital » sur M6, annonce son départ pour Canal +, où il animera « Merci pour l'info ». Un an plus tard, le même Emmanuel Chain annonce qu'il revient sur M6 pour animer « Soyons directs », une émission qui devait à l'origine s'intituler « Face à Chain ». Seulement, entre-temps, les cartes ont été redistribuées au sein de l'organigramme de la chaîne, faisant de Bernard de la Villardière l'un de ses hommes forts. Et, depuis plusieurs mois, ce dernier travaille sur un projet de *talk show*, à la manière d'un Fogiel ou d'un Ardisson, qu'il souhaiterait présenter lui-même. Il touche même au but, lorsque le nouveau partant de Canal + annonce son retour au sein de la maison qui l'a rendu célèbre. La case et le concept que Bernard de la Villardière convoitait se retrouvent aussitôt « menacés » en interne, même si telle n'était évidemment pas le moins du monde l'intention d'Emmanuel Chain. L'énervement est aussi palpable que compréhensible chez le présentateur de « Zone interdite », notamment quand il affirme : « Je promets que je resterai sagement à ma place[1] », faisant mine de vouloir s'effacer devant l'arrivée de celui qu'il n'hésite pas à surnommer non sans ironie « l'enfant prodigue ». Quelques semaines plus tard, Bernard de la Villardière assène une nouvelle formule pleine de sous-entendus

1. *Le Figaro*, 30 août 2004.

à peine masqués : « J'aurais dû proposer un concept aussi fort que "Face à Chain". C'est un vrai concept ! J'aurais dû proposer "Face à de la Villardière"[1] ! »

Emmanuel Chain, qui ne manque pourtant pas de talent, se retrouve confronté à un réel problème d'audience début 2005. « Soyons directs » plafonne en effet entre 10 et 11 % de parts de marché, c'est-à-dire bien en deçà de la moyenne de la case qu'il occupe. Alors qu'elle devait reprendre le 7 janvier 2005, l'émission est repoussée de quelques semaines pour être « repensée ». Elle revient finalement fin février 2005, en *prime time*, et sous une forme mensuelle. Je reste persuadé qu'Emmanuel Chain est un très bon journaliste, mais je pense toutefois qu'en tant qu'animateur il rencontre des problèmes de forme davantage que de fond.

Au face-à-face somme toute relativement sobre, voire élégant, entre ces deux hommes, on peut opposer des affrontements plus frontaux et moins subtils.

« Bruno Gaccio est un c… ! » Ces propos, qui ont au moins le mérite de la franchise, m'ont été tenus par Stéphane Collaro. À la simple évocation du nom du principal auteur des « Guignols », le mythique père du « Bêbête Show » entre dans une colère noire, et le moins que l'on puisse dire, c'est qu'il ne mâche pas ses mots ! Le dialogue que nous avons échangé à ce sujet[2] était de la même veine, et n'était par conséquent pas véritablement placé sous le signe de la nuance :

« Oui, Bruno Gaccio est un c…, je le dis et je le répète !

— C'est peut-être un peu violent, non ?

— Ce n'est pas violent, c'est la vérité et je dis ce que je pense ; c'est bien ce que vous me demandez, non ?

1. « Plus Clair », Canal +, 11 septembre 2004.

2. Europe 1, 24 février 2004.

— Oui, bien sûr, mais est-ce que finalement vous n'en voulez pas surtout à Bruno Gaccio d'avoir ringardisé avec les "Guignols" le "Bêbête Show" que vous produisiez ?

— Bien sûr qu'il nous a ringardisés ! C'est tout ce qu'il sait faire, ringardiser les gens, il les fait passer pour des abrutis. Il a fait cela avec nous, mais aussi avec plein de gens que j'aime bien. Alors moi, je dis stop ! Et je me suis dit qu'un jour ce serait moi qui mettrai le holà à tout cela. Et aujourd'hui, c'est le moment, car ils sont en perte de vitesse, et c'est le moment pour moi de dire à tout le monde que ce sont eux, les ringards... »

Les marionnettes ont baissé la garde. « Bêbête Show » contre « Guignols ». Dans cette autre rivalité ô combien historique et belliqueuse, le latex s'est transformé en plomb !

Stéphane Collaro n'est pas le seul ennemi déclaré des Guignols. Nous sommes nombreux à ne pas avoir été épargnés par, disons, leur « causticité ». Moi le premier. Derrière une apparente et consensuelle drôlerie se cache un phénomène grave : peu de victimes osent parler de la profonde souffrance que leur infligent, avec parfois un acharnement qui frise la démence, ces personnages qui paraissent quasiment intouchables. Guillaume Durand a tenté une contre-attaque dans son livre *La Peur bleue*[1] : « Avec les Guignols, nous sommes dans la beauferie militante qui se prendrait pour la cause du peuple. » L'ancien patron de Canal + en personne, Alain de Greef, n'est pas le dernier à reconnaître certains abus, et il n'a pas hésité à confier que « Bruno Gaccio a un côté beauf très prononcé[2] ». Les petites confidences sur cet homme ont même fini par prendre une tournure plus alarmante lorsqu'une journaliste du *Monde*, Sylvie Kerviel, a déclaré après l'avoir interviewé : « Bruno Gaccio a posé son index entre mes seins avant de me

1. *La Peur bleue*, Guillaume Durand, éditions Grasset, 2000.
2. *L'Express*, 2 mars 2000.

confier qu'il pouvait m'apprendre des positions que je ne connaissais pas. »

Mais, derrière le simple cas de leur « auteur en chef », le problème majeur reste les marionnettes elles-mêmes, qui frappent parfois très fort. Trop fort. Christine Boutin, député UMP, m'a confié un jour qu'elle était l'une des seules à les avoir fait plier en faisant retirer sa marionnette. Il faut dire qu'elle y apparaissait comme une truie. « Imagine-t-on les dégâts qu'une telle représentation peut causer dans l'environnement familial ? », ajoute Christine Boutin.

Autre victime de cet acharnement : Roselyne Bachelot. Aujourd'hui, l'ancienne ministre de l'Écologie raillée, caricaturée à l'extrême, n'hésite pas à dire : « On m'a présentée comme une folle qui se fiche de tout. C'est tout le contraire de moi. Cette attaque était sale et elle m'a blessée. Se faire traiter de cette façon est abject. On se demande quel est le but, si ce n'est de tuer[1]. »

Et pourtant, soir après soir, les Guignols continuent leur petite litanie de haine déguisée et de dénigrement systématique, pour le plus grand plaisir d'un public ravi d'avoir de nouvelles cibles raillées, broyées puis jetées...

Cette virulence n'est toutefois pas l'apanage des Guignols ; on la retrouve volontiers sous la plume de certains chroniqueurs, ou « polémistes », pour employer un mot souvent galvaudé de nos jours. Paul Wermus fait partie de ceux-là. Il a la dent dure, la critique acerbe et la plume acide. Il exerce ses talents à la fois dans *France-Soir*, *VSD* et sur France 3. On doit bien reconnaître que cet homme ne laisse pas indifférent. Parfois excessif, il a cependant le mérite de dire franchement ce qu'il pense, au risque de se fâcher à tout jamais avec ses cibles.

---

1. *Libération*, 10 avril 2004.

Dézinguer les vedettes les plus exposées ou les plus puissantes de la télé a toujours constitué l'activité préférée de Paul Wermus. Patrick Sabatier? « Tout sonne faux chez lui : âpre au gain, mégalo, colérique, autoritaire... À ce stade, le moi est haïssable[1]. » Christine Ockrent? « Elle a fini par lasser. Je n'aime guère l'entendre et encore moins la voir. C'est vraiment la seule dans l'équipe de Ruquier qui ne soit pas franchement drôle. Son émission "France Europe Express" sur France 3 ronronne comme ses invités. Il est vrai que son faire-valoir, Serge July, n'est plus que la caricature de lui-même, on croirait voir sa marionnette. [...] Ockrent aime l'argent, le pouvoir, les honneurs, la Corse et les studios télé. Ockrent n'envisage pas de se retirer; exister à tout prix, tel est son leitmotiv[2]. » Stéphane Bern n'échappe pas davantage à la règle : « Il joue un rôle, celui d'un animateur à paillettes. Le problème, c'est qu'il est mauvais acteur, tout sonne faux. Ses tenues zazoues, son brushing à bouclettes, son sourire niais et sa voix forcée[3]. » On pourrait ainsi consacrer des pages entières aux piques qu'envoie Paul Wermus aux stars de la télé. De Magloire, l'animateur people de M6, il écrit par exemple : « Ce vieux jeune homme maquille même son âge. » On peut toutefois regretter que Paul Wermus outrepasse sa fonction de simple chroniqueur lorsqu'il s'attaque au physique de ses cibles. Massimo Gargia en a fait les frais, avec cette description peu ragoûtante : « Il a des allures de Bouddha, un triple menton, le visage adipeux, le cou gras, mais le regard perçant[4]. »

Railler l'aspect physique de quelqu'un est, pour moi comme pour nombre de personnes, la limite à ne pas

---

2. Paul Wermus, *Indiscrétions*, éditions du Rocher, 2004.

1. Paul Wermus, *On m'a dit de ne pas le dire*, éditions de l'Archipel, 2003.

3. *Ibid.*

4. *Ibid.*

franchir. Quand le brillant Guy Carlier m'explique que Cauet est doté d'« un physique de garçon boucher », j'ai le sentiment que nous sommes sur le point de basculer dans le délit de sale gueule. À cette remarque, Guy Carlier me répond qu'« avec son physique, il peut se permettre de parler de celui des autres, car lui-même accepte les remarques sur son apparence ». Je dois avouer que ce type d'argument me laisse sur ma faim... De la même manière, j'éprouve une certaine gêne lorsqu'il assène qu'Isabelle Alonso est « une pub vivante pour les soins d'orthodontie des enfants » ou lorsque, en direct sur France 3, il attaque sur son âge Elizabeth Tessier, astrologue de son état.

Mais Guy Carlier n'est pas à une contradiction près. En novembre 2004, dans le magazine *Voici*, il affirme : « Arthur, c'est probablement le type que je respecte le moins. Un mec qui n'a jamais eu une idée originale de télé. Il le sait. Le problème avec lui, c'est que dès que tu commences à dire que c'est un mauvais il te traite d'antisémite... » Carlier oublierait-il qu'il est salarié de Paf Production, l'une des filiales d'Endemol France, dont l'un des dirigeants n'est autre qu'Arthur en personne ? Sans doute devrait-il plutôt le remercier de tolérer une telle liberté d'expression... Mais Guy Carlier semble prendre un malin plaisir à pousser le bouchon plus loin. Quelques jours après sa déclaration fracassante à *Voici*, c'est au tour du magazine *Entrevue* de publier un entretien d'une rare violence :

« Je déteste tous ceux qui font les secondes parties de soirée sur TF1. Julien Courbet ? C'est de la démagogie et du racolage... Il est poujadiste à la Pernaut ! Pernaut ? Comment ce mec-là peut-il se prétendre journaliste ? Il y a dix mille morts par jour en Afrique et lui parle du petit sabotier du Puy-en-Velay ! Bataille et Fontaine ? Tu te dis que tu pourrais devenir leur pote... sauf que c'est des enfoirés ! Ils ont vendu leur âme au diable. Delarue ? Son air de compassion m'insupporte. Quand on regarde "Ça se discute", on se dit que c'est du cirque. C'est un Tartuffe. Ardisson ? Tricheur, émission montée, truquée. De toute façon, je lui ai dit que je ne l'aimais pas. »

Guy Carlier égratigne également au passage le chanteur Florent Pagny, par des propos inadmissibles : « Il faut être un enculé comme Florent Pagny pour ne pas payer ses impôts ! »

Guy Carlier semble parfois éprouver les plus grandes difficultés à s'arrêter. Il s'emporte, dérape et fonce dans le mur ! Après les insultes l'ayant visé, Florent Pagny demande à se retrouver face à face avec Carlier sur le plateau de Fogiel. Le choc a lieu au début du mois de novembre 2004. Le chroniqueur retire alors le mot « enculé », reconnaissant volontiers qu'il s'est laissé aller. Au bout de cinq minutes, les deux hommes s'embrassent et Florent Pagny quitte le plateau. Mais dix minutes plus tard, Guy Carlier revient à la charge en évoquant un « chanteur sans talent ». Incorrigible Guy Carlier...

Le pire, et contrairement à ce que l'on pourrait penser, c'est qu'il est tout sauf imbu de sa personne. Nous avons longuement conversé en novembre 2004, alors que la polémique sur son comportement battait son plein. Une conversation de près de quarante-cinq minutes, au cours de laquelle j'ai découvert un homme sensible et touchant. Carlier est une sorte de nounours, qui crie haut et fort, mais qui a un cœur énorme et qui déteste pardessus tout faire du mal aux gens. Mais est-il honnête ? « Non, c'est un manipulateur ! », m'affirme Pascal Sevran, le 7 janvier 2005 sur Europe 1. « Ce mec-là minaude quand vous l'avez en face de vous et, quelques heures après, il n'hésite pas à vous cracher dessus à l'antenne ! Moi, je l'ai vu me supplier de lui dédicacer un livre que j'avais écrit en disant qu'il l'avait adoré, et la semaine suivante, chez Fogiel, il affirmait que je ne savais pas écrire. C'est un lâche, et tant que Fogiel, qui est pourtant mon ami, ne se débarrassera pas de lui, je ne mettrai plus les pieds dans son émission ! »

Pour avoir vécu personnellement des moments difficiles à la télévision, je me suis permis de dire à Carlier qu'il avait à mon sens commis deux erreurs ; la première : aller faire de la télé, un média qui supporte très mal l'art du second degré, lequel passe en revanche bien mieux à la radio. La seconde : s'attaquer à des gens en leur absence, ce qui nuit grandement à son image, lui donnant plutôt celle d'un *sniper* fou. Certains lui reprochent même d'être dur avec les faibles, comme Elizabeth Teissier, et veule avec les puissants, comme Alain Delon ou Bernadette Chirac.

En tout état de cause, Guy Carlier m'a confirmé qu'il finirait bien la saison avec Fogiel, mais qu'il n'irait sans doute pas plus loin. Au grand désespoir de Marco, qui a jusqu'à septembre 2005 pour lui faire changer d'avis... Mais il faut bien avouer que, début 2005, Guy Carlier a mis beaucoup d'eau dans son vin, devenant plus humain et plus chaleureux sur le plateau. Bref, en montrant le vrai Guy Carlier, celui que j'ai eu l'occasion de rencontrer à plusieurs reprises.

Les piques entre animateurs et producteurs ne sont pas un phénomène récent. Je suis tombé sur une interview de Patrick Sabatier[1], dans laquelle l'animateur se plaignait de ne pas pouvoir faire son retour sur une chaîne hertzienne. À cette époque, Patrick Sabatier est sur TMC, tandis que Jean-Pierre Foucault anime sur TF1 « On vous aura prévenus », un *talk show* de deuxième partie de soirée. Christophe Dechavanne, pour sa part, anime « Tant qu'il y aura des femmes », émission au cours de laquelle il est le seul homme à dialoguer face à la gent féminine. Deux émissions que Sabatier a visiblement du mal à comprendre, et

1. *France-Soir*, 22 octobre 2001.

surtout à accepter, comme en attestent les propos plutôt amers qu'il tient à leur sujet : « C'est tant mieux pour Foucault qu'il ait réussi à avoir une deuxième partie de soirée avec une émission qui ne vaut pas un pet de lapin, et tant mieux si ça marche pour Dechavanne avec son non-concept. Je demande seulement : et moi, alors ? Si je reviens, je me planterai peut-être, mais en attendant, cette discrimination est exagérée ! »

Quelques mois plus tard, c'est au tour de Marc-Olivier Fogiel d'essuyer un coup de griffe de Patrick Sabatier. Alors que Marco lance « Le Fabuleux Destin » sur France 3, présenté par Isabelle Giordano, l'ancien animateur de TF1 affirme : « J'ai effectué des recherches. Marc-Olivier Fogiel affirme s'être inspiré d'un concept néerlandais. Or, l'émission en question a été conçue après que j'ai lancé "Avis de recherche" en France. Marc-Olivier Fogiel a très bien pu s'en inspirer. Je m'en suis expliqué avec lui, qui a travaillé avec moi sur… "Avis de recherche". Je lui ai dit que son émission manquait d'originalité. Il ne partage pas mon point de vue[1]. »

Dans un milieu aussi passionnel et concurrentiel que la télévision, où tout est exacerbé, il arrive que la haine soit si intense et les enjeux si importants que le moindre face-à-face semble parfois sur le point de dégénérer en une véritable rixe de banlieue. J'ai déjà vécu un tel moment, en présence du producteur Xavier Couture et du journaliste Benoît Duquesne. Une polémique violente et brutale a éclaté : la réaction d'un homme en colère, Xavier Couture, qui avait eu le sentiment d'être jeté au bûcher sans autre forme de procès. Aujourd'hui P-DG d'une filiale du groupe Endemol, il tentait, fin 2003, un retour discret. L'éphémère directeur de Canal + espérait se poser quelque temps. Mais c'était sans compter sur Benoît Duquesne et

1. *Le Parisien*, 22 mars 2003.

son émission « Complément d'enquête », diffusée sur France 2.

Il est très rare qu'une émission de télévision non spécialisée dans les médias diffuse un reportage sur d'autres programmes télévisuels. Une forme d'accord tacite préside à cette sorte de « paix armée ». Mais France 2 avait décidé, ce jour-là, d'aller espionner les coulisses d'un nouveau jeu préparé par M6, « À bout de force », dont les candidats devaient passer le plus de temps possible sans dormir et venir à bout d'épreuves. Le reportage de Benoît Duquesne était accablant. Des mesures de sécurité quasi inexistantes, la santé des candidats soumise à rude épreuve sans réelle assistance adéquate, des entorses faites aux règles du jeu ou dans son déroulement, etc. Avant même d'être apparue à l'écran, l'émission était attaquée.

Le lendemain de la diffusion de cette enquête sur France 2, les deux hommes se retrouvent face à moi. Un semblant de dialogue tente de s'instaurer entre eux, mais la conversation tourne vite au vinaigre. Xavier Couture est furieux, et entend bien le faire savoir d'emblée : « Ce reportage est honteux ! C'est de la manipulation pure et simple ! Quand on a une émission qui s'appelle "Complément d'enquête", la moindre des choses est de commencer par faire une enquête. Vous ne m'avez même pas donné la parole ! C'est un reportage à charge, fait uniquement pour démolir "À bout de force". » La colère de Xavier Couture va ainsi durer près de quinze minutes, durant lesquelles Benoît Duquesne reste serein, avant de défendre point par point son reportage. La tension est palpable, chacun soupçonnant l'autre de mauvaise foi.

Quelques jours plus tard, le 27 novembre 2003, M6 diffuse enfin le premier numéro de « À bout de force ». Et, en dépit de ce que l'on aurait pu imaginer, cette polémique n'a pas du tout fait de publicité positive au programme, bien au contraire. L'audience a été si catastrophique que, dès le lendemain, la chaîne publie un communiqué laconique par lequel elle indique la suppression immédiate du jeu « pour raison d'audience ». Tous les numéros déjà tournés sont jetés à la poubelle.

Juin 2004 verra malgré tout un signe d'apaisement entre les deux hommes, lorsque Benoît Duquesne invite Xavier Couture sur le plateau, à l'occasion d'une rétrospective des grands moments de « Complément d'enquête » lors de laquelle un extrait du reportage est rediffusé. Une façon honnête et louable de commencer à sceller une paix que j'espère pérenne...

Quand on parle de télévision aujourd'hui, on ne peut pas ne pas évoquer ces animateurs qui ont connu une grande notoriété avant de retomber dans l'anonymat, volontairement ou non. Certains d'entre eux auront au moins pu mettre à profit leur traversée du désert pour recouvrer la liberté de parole. Christine Bravo en est une parfaite illustration. En novembre 2004, elle se lâche dans le magazine *Entrevue*: « J'ai mal digéré qu'on me vire pour des scores qu'on accepte chez d'autres. Mais globalement, j'admets assez bien la logique d'entreprise. France 2 a fait les choses avec des gants et ne m'a pas laissée sur la paille. » Coup de griffe, puis un peu de pommade, tout se fait en douceur... Christine Bravo travaille d'ailleurs toujours sur France 2, puisqu'elle apparaît régulièrement dans « On a tout essayé » de Laurent Ruquier. En revanche, quand elle évoque les dérives de la télé, ses propos se font moins consensuels : « Aujourd'hui, au mieux, on fait de la "téloche" racoleuse, mais pas audacieuse pour autant. Maintenant, à la télé, on prend les Français pour des cons ! Et à mon avis, le grand coupable, c'est le CSA ! Il faut biper, flouter, on ne peut plus boire ni fumer... On doit dire "la voiture rouge qui roule vite" ou "la boisson qui fait des bulles"... Mais moi, je veux pouvoir dire Ferrari et champagne ! »

Mais c'est en parlant du monde de la télévision et des personnes qu'elle a croisées au cours de sa carrière que l'ancienne animatrice de France 2 s'épanche le plus volontiers, et de manière très personnelle : « J'ai revu Christophe Dechavanne, et on est tombés dans les bras l'un de l'autre. Il m'a dit : "Quand même, tu m'as pourri dans les journaux…", je lui ai répondu : "Toi, tu m'as pourri la vie avec ta petite cour !" Ardisson m'a demandé de lui pardonner, ce que j'ai fait. Mais Dechavanne, c'était un pote. Thierry, lui, c'était un ami. Quand c'est fini, c'est fini ! Sonia Dubois, je l'ai fabriquée, j'ai écrit ses textes, je l'ai chouchoutée… Elle en vit somptueusement depuis des années, elle a même pu se payer un appartement à New York grâce à tout ça… Et elle ne cesse de vomir sur moi ! Je me fous d'être mal aimée. Je ne m'intéresse plus à ce que l'on peut penser de moi, je ne cherche plus à plaire. Les hauts et les bas de ce métier ne m'affectent pas du tout. J'ai été dépressive avec beaucoup de pognon. Aujourd'hui, je gagne 50 % de moins, et je suis heureuse… » Du Christine Bravo dans le texte !

Après nous être ainsi penchés sur les cas de certains animateurs et animatrices d'émissions de divertissement, on pourrait s'imaginer que la situation est plus calme, plus rationnelle, moins passionnelle chez les journalistes et au sein des rédactions des grandes chaînes. Mais ce serait se méprendre. Ainsi, c'est en lisant un quotidien que Daniel Bilalian découvre, en juin 2004, qu'il va être écarté de la présentation du journal de 13 heures à la rentrée. Il me confie son amertume sur la forme et sur le fond. « C'est toujours détestable d'apprendre ce genre de choses dans la presse. Depuis plusieurs semaines, la directrice de l'info me confiait la présentation de soirées spéciales, comme les soirées électorales ou celles consacrées à l'anniversaire du Débarquement. Arlette Chabot était une amie, je ne comprends pas. » Si les propos que me tient Daniel Bilalian peuvent sembler amers, ils sont avant tout bien compréhensibles.

Seulement, à en croire le *VSD* du 15 juillet, c'est dans une tout autre ambiance que se serait déroulée la confrontation entre Daniel Bilalian, Arlette Chabot et Christopher Baldelli, directeur général de France 2. S'adressant à la directrice de l'information, Daniel Bilalian aurait ouvert le feu : « Toi, tu as de la chance d'être une femme, faute de quoi tu aurais pris ma main dans la figure. » Puis, se retournant vers son directeur général : « Et vous, je ne sais pas ce qui me retient de vous mettre un coup de boule. » Ambiance, ambiance, même si aucun des trois protagonistes ne souhaitera confirmer cette transcription des faits...

Quelques mois plus tard, Daniel Bilalian se voit nommé rédacteur en chef de la rédaction des sports de France Télévisions. Il me confie sa joie d'occuper ses nouvelles fonctions, mais tient toutefois à préciser : « Je crois que j'ai la réputation d'être quelqu'un d'honnête et droit. Ce n'est pas avec moi que les journalistes apprendront dans la presse le sort qui leur est réservé. Je n'ai pas le syndrome de l'enfant battu qui bat à son tour ses enfants[1]. » À mon insidieuse question, je l'avoue volontiers, « Vous voulez dire que vous n'êtes pas Arlette Chabot ? », il me répond laconiquement, après quelques secondes de silence : « Par exemple ! »

Mais la joie de Daniel Bilalian ne sera que de courte durée. En novembre 2004, il va en effet avoir la très désagréable surprise de se voir purement et simplement écarté de l'anniversaire des quarante ans de France 2. « On m'avait pourtant invité, raconte le journaliste de France 2, mais le jour de l'enregistrement une assistante m'a téléphoné pour m'indiquer qu'il valait mieux que je reste chez moi, car il y avait trop de monde ! Voilà plus de trente

1. Europe 1, 11 septembre 2004.

ans que je suis à France 2. Il y a vraiment une chose à laquelle je ne m'habituerai jamais, c'est l'impolitesse[1] ! »

France 2 n'est bien sûr pas la seule rédaction à exacerber des tensions de la sorte. Alain Chaillou compte parmi les innombrables victimes de ces remue-ménage incessants. Son nom ne vous est peut-être pas totalement inconnu : il a été journaliste sur la première chaîne pendant près de vingt-cinq ans, de 1977 à 2001. On le voyait régulièrement à l'antenne, mais un an après avoir quitté la chaîne, son discours est plutôt amer : « J'ai été directeur de cinq bureaux de TF1 dans cinq pays différents, et contraint par la direction de l'information de fermer les quatre derniers : New York, parce que "à part la Bourse, il ne s'y passe jamais rien[2]" ; Tokyo, puis Hong Kong, parce que "l'Asie, c'est loin, et ça n'intéresse pas les Français" ; et enfin, Berlin, parce que "l'Allemagne, c'est chiant, et ça ne fait bander personne". »

La version que me donne Robert Namias, le directeur de l'information de TF1, est comme il fallait s'y attendre très différente : « Partout où il est passé, ce journaliste n'a jamais réussi à nous intéresser aux pays dont il avait la charge. Alors bien sûr, il nous envoyait des sujets chiants, et on ne les passait pas à l'antenne. Ce qui n'était pas intéressant, ce n'était pas les pays, mais les sujets qu'il faisait ! La meilleure preuve en est que nous sommes en train de rouvrir certains de ces bureaux, en particulier celui en Asie, et notre nouveau correspondant nous fait de vrais sujets, qui sont passionnants, et qui sont régulièrement diffusés dans le journal de 20 heures... » Ambiance, ambiance...

1. RTL, 27 octobre 2004.

2. Cette interview a eu lieu avant les événements du 11 septembre 2001.

Il est vrai, toutefois, que c'est entre chaînes que les conflits sont les plus violents. Karl Zéro fait partie de ces joyeux dynamiteurs, qui n'hésitent jamais à allumer la mèche dès qu'il s'agit de s'en prendre à des confrères. Le problème avec ce genre de comportement systématique, c'est qu'on ne sait jamais réellement s'il est sérieux, ou s'il est uniquement destiné à nous faire réagir. Témoin cette discussion que nous avons eue sur Europe 1, lors de laquelle il prit son malin plaisir habituel à dénoncer ses petits camarades. Karl Zéro estime que les journalistes ne peuvent pas faire correctement leur boulot :

« Tous les patrons de chaîne et de rédaction des grands médias sont aux ordres. Tout le monde le sait bien… Ils sont le doigt sur la couture du pantalon, prêts à répondre aux ordres.

— C'est excessif, Karl Zéro… Vous avez des preuves de ça ?

— Mais enfin, Jean-Marc, vous êtes naïf… Vous savez bien que c'est vrai…

— Chaque fois que je reçois un responsable de l'information et que je lui demande s'il reçoit des ordres du pouvoir, il me répond franchement et clairement : "Non !"

— Eh bien, ce sont des menteurs. S'ils vous répondent "non", c'est qu'ils vous racontent des histoires. »

La discussion n'ira pas plus loin. Les responsables de l'information des chaînes ne réagissent pas, préférant traiter les propos de Karl Zéro par le mépris. Philippe Labi, alors directeur de l'information et des magazines de M6, me confie simplement que « comme toujours, Karl Zéro est excessif, et comme toujours quand on tombe dans l'excès, on perd toute crédibilité… » Une opinion à laquelle on peut difficilement s'opposer, vous en conviendrez. Ce qui est certain, en tout cas, c'est que ce jour-là, comme parmi tant d'autres en réalité, Karl Zéro ne s'est pas fait beaucoup d'amis au sein des rédactions de télé !

Il est par ailleurs relativement fréquent que des journalistes très connus montent au créneau sitôt qu'ils se sentent agressés. Certains, comme Claire Chazal ou Jean-Pierre Pernaut, ont une cible commune : les paparazzis, qui semblent leur avoir depuis longtemps déclaré la guerre. Car il faut bien reconnaître que les premiers à avoir ouvert le feu sont bien ces photographes d'un genre un peu particulier. Autant on sait déjà abondamment ce que pensent d'eux des gens traqués en permanence, comme PPDA, autant ces deux journalistes s'expriment plus rarement sur la question. Peut-être par pudeur ou discrétion. Néanmoins, ils ont tous les deux accepté de me confier leur dégoût. Claire Chazal me parle d'une voix de femme qui a réellement souffert des méfaits des paparazzis. « Ces gens-là ne sont pas des journalistes. Je n'ai pas le sentiment de faire le même métier qu'eux. Ils ne se rendent pas compte du mal qu'ils font. Ils révèlent des informations que l'on n'a pas toujours envie de donner quand ce n'est pas le bon *timing*. Ces gens-là ne pensent jamais aux familles, aux gens qu'ils blessent. Il m'est arrivé parfois de rester cloîtrée, de ne plus sortir à certains moments précis de ma vie. Aujourd'hui, j'ai une vie simple. J'emmène mon fils à l'école, je vais faire les courses. Je suis une mère comme les autres[1]. »

Autre cri, qui prend bien vite les accents justifiés de la colère : celui de Jean-Pierre Pernaut. « Ce sont des rats. Je le dis et je le répète, ce sont des rats. Ils ne méritent pas l'appellation de journalistes. Ils n'ont pas de morale, pas de pudeur. Ils n'hésitent parfois pas à annoncer des événements sans prendre garde aux conséquences. Pour ma part, par exemple, ils ont annoncé que ma femme était enceinte avant même que, pour des raisons personnelles, j'aie pu en parler à mes proches. Les conséquences ont

---

1. Europe 1, 22 janvier 2004.

été considérables, mais ces gens-là s'en foutent. Ce sont des rats, je vous dis[1]. »

Dans ce petit monde de la télé, on a parfois droit à de véritables combats de titans. Lorsque deux personnes de nature sanguine se rencontrent, c'est soit le coup de foudre, soit l'explosion. On peut dire que Patrick Sébastien et Patrick Le Lay sont passés par ces deux phases. La dernière aura porté un coup mortel à leurs relations. Patrick Sébastien était alors l'un des fers de lance de TF1, jusqu'à ce que survienne en 1995 l'affaire « Casser du Noir », une parodie de Jean-Marie Le Pen par Patrick Sébastien, qui fera peser sur l'animateur d'injustes autant qu'absurdes soupçons de racisme. À cette époque, le MRAP monte au créneau contre TF1 et Patrick Sébastien. Un procès très médiatique a lieu. Verdict : « Estimant que le délit de provocation à la haine raciale est constitué, le tribunal de grande instance a condamné le P-DG ainsi que l'animateur de TF1 à une amende de 30 000 francs et à verser un franc de dommages et intérêts aux associations antiracistes, pour avoir, lors de son émission, grimé en Le Pen, appelé à "casser du Noir". » Un jugement qui sera confirmé par la cour de cassation dans son arrêt du 4 novembre 1997.

Aujourd'hui encore, beaucoup continuent de penser que cette affaire a causé le départ de Patrick Sébastien. En fait, la réalité est bien différente, comme il me l'a expliqué lui-même à l'issue d'une émission de radio que nous avons faite ensemble : « Je ne suis pas parti de TF1 à cause de cette affaire, mais en raison d'un problème humain avec Patrick Le Lay, m'a dit Patrick Sébastien. Je ne veux pas rentrer dans les détails publiquement. Mais il avait pris un engagement devant moi. Un engagement, sans papier, sans contrat. Juste d'homme à homme, les

1. Europe 1, 8 octobre 2004.

yeux dans les yeux. Quand je me suis aperçu qu'il ne tiendrait pas sa parole, je me suis dit que je ne pourrais plus jamais travailler avec ces gens-là. » Je ne puis, hélas, en révéler davantage sur le motif de cette brouille, Patrick Sébastien m'ayant demandé de le garder confidentiel. Je respecte la parole donnée.

En tout cas, depuis, Patrick Sébastien ne rate jamais une occasion de dénoncer « une mentalité qui n'est pas en phase avec [*ses*] valeurs ». Rien ne semble susceptible de pouvoir le faire changer d'avis : « Ils peuvent me faire un pont d'or, jamais, tu entends, jamais je ne retournerai travailler avec ces gens-là. Ils n'ont pas changé. Ils ne peuvent pas changer. J'ai vu comment ils se sont comportés en 2004 avec mon ami Vincent Lagaf'. Il a vécu des moments très difficiles, ils l'ont mis sous pression, niant à la fois son talent et les résultats fabuleux qu'il a depuis des années. Je connais leurs méthodes et Vincent est, comme moi, un artiste. On est parfois de grandes gueules, mais on est hypersensibles, ils le savent et ils jouent avec ça ! »

De son côté, Étienne Mougeotte, que j'ai interrogé au sujet de Vincent Lagaf', se voulait très rassurant, expliquant que Vincent était une valeur sûre de TF1 et qu'il le resterait, précisant qu'il « ne souhaite pas polémiquer avec Patrick Sébastien. Tout ce qui est excessif est dérisoire. »

Incompréhension, incompatibilité chronique, voilà sans doute les mots qui résument le mieux les rapports entre Patrick Sébastien et la direction de TF1.

Quoi qu'il en soit, il demeure un animateur atypique, connu notamment pour ses colères et ses excès. Quelques jours seulement après le début de la Star Academy 4, il n'hésite pas à affirmer que « les producteurs de ces programmes sont des négriers. Et je pèse mes mots. Ces gamins sont sur des scènes devant dix mille personnes et se retrouvent trois ans plus tard dans des boîtes de nuit minables où ils se font cracher dessus. Je n'en veux pas aux gamins, mais aux négriers qui les exploitent[1]. » TF1 n'est pas sa seule et unique cible ; même le service public pour lequel il travaille fait l'objet de ses attaques : « Je sais bien que la télé du service public est une télé politique. Moi, je ne suis pas un politique, alors je suis en sursis. On me garde, mais il faut que je fasse beaucoup mieux que les autres pour cela. Ce qui m'inquiète aujourd'hui, c'est qu'on est en train de vider l'esprit des gens pour leur vendre Sarkozy. C'est vrai dans les journaux en particulier, on veut faire rentrer dans l'esprit des gens que ce gars-là est le futur Président. »

Parfois, il arrive aussi que certains affrontements dégénèrent devant les caméras, sans être jamais diffusés. Deux exemples me viennent à l'esprit. Le premier m'a été rapporté par Pascale Clark. L'excellente journaliste de Canal +, qui anime « En aparté », me raconte un tournage qui s'est mal passé avec Michel Serrault. Invité de l'émission, le comédien n'a apprécié ni le principe de l'interview (sans voir son interlocutrice) ni les questions posées. Pascale Clark m'explique comment, épuisé et sur ses gardes, il s'est mis à l'insulter en plein tournage. Des mots que la décence m'empêche de retranscrire. Hurlant et fou de rage, il a quitté le plateau de « En aparté », sans doute mal briefé par ses attachés de presse sur le déroulement de l'émission. Michel Serrault refusait de parler de lui, de son intimité. Pascale Clark a souhaité diffuser cette séquence dans l'émission, sans montage ni coupure, mais l'acteur a refusé.

Autre émission que vous ne verrez jamais : « 20 h 10 pétantes », animée par Stéphane Bern, avec Benjamin Castaldi comme invité. L'émission a été enregistrée, mais elle s'est si mal passée qu'elle n'a jamais été diffusée. Benjamin Castaldi a en effet piqué une colère mémorable

1. « Plus Clair », Canal +, 11 septembre 2004.

à la fin de l'enregistrement contre le chroniqueur Stéphane Guyon. Ce dernier se moquait à plusieurs reprises de sa femme Flavie Flament, en termes visiblement peu élogieux.

Last but not least, qu'il me soit ici permis de conclure ce chapitre sur ceux qui, sans aucun doute, me détestent le plus dans ce petit monde de l'audiovisuel, Pascal Bataille et Laurent Fontaine. Ils sont le prototype même des gens qui ne supportent pas la critique. Depuis que j'ai eu l'idée d'émettre de fortes réserves sur leurs émissions, ils n'ont de cesse de parler de moi dans chacune de leurs interviews ou presque. Le summum a été atteint au sortir de l'été 2004, où ils sont purement et simplement passés au stade de l'insulte. Laurent Fontaine est le premier à s'exprimer, dans cette jolie langue fleurie qui n'appartient qu'à lui : « Les donneurs de leçon au petit pied m'énervent et ne me rendent pas plus intelligent. Ils me donnent envie de leur mettre un pain dans la tête… Ce crétin de Morandini prétend que Pascal et moi prenons les téléspectateurs pour des cons. Cela ne m'est pas arrivé une seule fois dans ma vie ! »

Quelques semaines plus tard, c'est au tour de son compère Pascal Bataille d'en rajouter une couche, avec une finesse d'esprit et une *vista* qui n'étonneront personne. Quarante-huit heures seulement après le troisième anniversaire de la tragédie du 11 septembre, il ne trouve rien de plus intelligent que de me comparer à Ben Laden[1]. Pour des hommes qui s'enorgueillissent de respecter les gens et les téléspectateurs en particulier, il est pour le moins étonnant de les voir traiter par un aussi consternant mépris les milliers de victimes de ce terroriste… Quand on en arrive au point de comparer à Ben Laden un journaliste qui critique une de leurs émissions,

1. *Voici*, 13 septembre 2004.

comment faire croire que l'on s'intéresse aux peines de cœur des téléspectateurs ?

À la lecture de semblables déclarations, je me suis franchement demandé si le mot « respect » pouvait avoir le moindre sens pour eux. Comme je me méfie des *a priori* autant que je les déteste, j'ai décidé d'aller vérifier par moi-même si Bataille et Fontaine respectaient leurs invités autant qu'ils le claironnent, s'ils les traitaient de manière convenable ou s'ils les prenaient vraiment, passez-moi l'expression, « pour des cons »... Je dois avouer que ce que j'ai découvert allait bien au-delà de ce que je craignais. Mais nous en parlerons plus loin, dans le chapitre consacré aux secrets des castings. En attendant ce grand moment, qu'il me soit simplement donné de relater une anecdote qui résume bien l'état d'esprit de ce formidable duo.

Durant l'été 2004, Bataille et Fontaine réussissent à vendre à France 2 l'émission intitulée « Les Hyènes », un programme italien adapté en France et présenté par Caroline Diamant. Dans ce programme, plusieurs chroniqueurs habillés en noir, un peu à la façon des « Men in Black », se relaient. L'un de ces chroniqueurs m'a raconté la réunion surréaliste qu'il avait eue avec Bataille et Fontaine quelques jours avant le lancement du programme. La plupart des chroniqueurs sont réunis dans une salle. Face à eux, les producteurs prennent la parole : « Je voudrais que vous vous rendiez bien compte d'une chose : nous allons changer vos vies. Nous allons faire de vous des stars. Il faut que vous soyez bien prêts à vivre ce qui va vous arriver. Vous ne pourrez plus sortir dans la rue sans être harcelés. Vous ne pourrez plus faire un pas sans que les gens viennent vous voir. Il faut que vous soyez bien prêts à vivre cela, vous allez devenir de véritables idoles pour les Français. »

Le résultat final sera pourtant inversement proportionnel à la prétention de Bataille et Fontaine, puisque le programme sera une véritable catastrophe pour France 2. Avec seulement 10 % de parts de marché, il est arrêté au bout de deux mois alors qu'il devait être poursuivi à la rentrée. Deux mois de trop pour les audiences de France 2…

Quelques mois plus tard, Bataille et Fontaine récupèrent dans leur écurie Évelyne Thomas, fraîchement remerciée par France 3. Cette dernière a immédiatement compris la nécessité de flatter leur ego et va à cette occasion prononcer l'une des phrases les plus surréalistes entendues depuis fort longtemps : « Je pense que des gens qui font 33 % de parts de marché méritent le respect[1]. » Voilà donc ce qui, selon notre Marianne nationale, et à travers elle selon bon nombre de décideurs et d'animateurs divers, est aujourd'hui digne de susciter le respect : 33 % de parts de marché…

Cette anecdote édifiante, qui aura au moins eu le mérite de faire rire la France entière, m'a par ailleurs permis de comprendre pourquoi je n'arriverai sans doute jamais à m'entendre avec ces gens-là. Car, pour ce qui me concerne, j'aurai toujours plus de respect pour un Guillaume Durand qui fait 9 % de parts de marché avec « Campus », que pour Bataille et Fontaine et leurs 33 %…

Quoi qu'il en soit, et avant d'explorer plus avant le merveilleux univers de la télévision, il faut convenir que 2004 aura été pour moi une année riche en procès. Arthur, au même titre que RMC, m'ont en effet chacun attaqué à deux reprises, tandis que pour ma part, je n'ai intenté qu'une seule action devant les prud'hommes, au sujet de sommes que RMC me devait et refusait de me payer.

À tout seigneur, tout honneur : RMC m'a donc poursuivi pour diffamation, d'abord suite à une interview que j'avais donnée dans *Le Parisien*, et dans un second temps à cause de propos tenus dans *VSD*, par lesquels je me contentais de donner mon sentiment sur certaines méthodes utilisées au sein de la station, qui ne correspondaient simplement pas à ma conception du travail.

1. « La Méthode Cauet », TF1, 9 septembre 2004.

Le verdict est tombé en juillet 2004 : RMC a été déboutée de ses deux demandes par la 17e chambre du tribunal de grande instance de Paris.

Quant à Arthur, il m'a également attaqué pour des propos que j'ai tenus dans mon précédent livre. Au mois de septembre 2004, il a été débouté. Quarante-huit heures après la décision du tribunal de grande instance, j'ai eu la surprise de recevoir une caisse de bouteilles de champagne, accompagnée d'un petit mot signé d'Arthur : « J'ai beaucoup de défauts, mais pas celui d'être mauvais perdant. Bien à vous. » Là-dessus, je ne peux que m'incliner et reconnaître que c'est ce que j'appelle la grande classe !

Le 25 novembre 2004, je le rencontrai pour la première fois. Un face-à-face dans le cadre de mon émission de radio sur Europe 1. Chacun a joué son rôle ; moi, celui du journaliste un peu agaçant, lui posant pendant cinq minutes des questions sur Cauet. Lui, celui de l'invité un peu agacé et souhaitant parler d'autres sujets « plus intéressants ». Notre rencontre aura duré un peu plus de quarante minutes. À l'issue de cet entretien, je fus convaincu de deux choses : Arthur ne deviendrait jamais mon meilleur ami, mais il est un grand professionnel qui mérite beaucoup de respect. S'il faut bien avouer que ce métier manque souvent d'élégance, je reconnais volontiers que Arthur a marqué des points. Car respecter ses interlocuteurs est sans doute la base de toute profession publique.

Pour ma part, je déteste être pris pour un imbécile par mes invités. Lorsque cela arrive, la situation vire instantanément et immanquablement au clash. Le 16 février 2004, j'avais invité Didier Mathus, député PS, à réagir sur l'antenne d'Europe 1 suite à des propos qu'il avait tenus la semaine précédente sur une antenne concurrente[1]. Des propos très durs par lesquels le député, présenté comme le spécialiste des médias au sein de son parti,

1. RMC Info, 13 février 2004.

affirmait : « Je ne crois pas à l'objectivité. TF1 appartient à un grand groupe de BTP et TF1 est là pour défendre les intérêts de ses patrons. » Et à la question du journaliste : « Pensez-vous que la rédaction de TF1 n'est ni libre ni indépendante ? », il avait répondu : « Je le pense. »

Devant la gravité de ces accusations qui pèsent sur toute une rédaction, j'ai donc souhaité qu'il s'explique en argumentant ses propos. Mais dès le début de l'interview, Didier Mathus nie avoir tenu un tel discours. Le ton monte entre nous à l'antenne :

« Didier Mathus, je vous ai entendu moi-même tenir ces propos…

— C'est faux, je n'ai jamais dit ça !

— Mais vous avez le droit d'avoir changé d'avis. C'est votre cas ?

— Je n'ai pas à commenter quelque chose que je n'ai pas dit !

— Mais enfin arrêtez, ou alors vous allez nous obliger à aller les récupérer et à les passer à l'antenne.

— …

— Didier Mathus, vous regrettez ces propos ?

— Je vous dis que je n'ai jamais dit ça.

— Écoutez, je comprends que vous demandiez plus d'honnêteté de la part des journalistes, mais il faudrait que vous commenciez par assumer ce que vous avez dit, nous allons donc rechercher vos propos et les diffuser. Nous en restons là. »

J'ai évidemment retrouvé et diffusé dès le lendemain l'enregistrement en question, qui prouvait bel et bien que ce député avait tenu les propos incriminés. Mais je reste sidéré qu'un homme politique, de surcroît chargé des médias, se permette de me prendre à ce point-là pour un imbécile et, à travers moi, les auditeurs et les électeurs ! Ces mêmes hommes politiques qui se plaignent de ne plus avoir de crédibilité… Mais entre nous, face à un tel comportement, comment pourrions-nous décemment ne pas nous poser de questions ?

Au-delà de l'aspect parfois cocasse et anecdotique de ces querelles de personnes, n'oublions jamais que, derrière les personnages publics, sont des êtres humains avec leur sensibilité, leur fragilité. Certains articles font mal, certaines réflexions blessent à un point que leurs auteurs ne peuvent imaginer.

Dans les différents médias pour lesquels je travaille, j'essaie de veiller à chacun des mots que je prononce. Pour autant, pas plus que mes confrères, je ne suis à l'abri d'un dérapage. Il est vrai que les médias ont parfois tendance à se transformer en tribunaux, et loin de moi l'idée de m'exclure du jeu. Je dois en revanche avouer que j'ai été profondément heurté par « l'affaire Hondelatte », qui m'a donné à réfléchir sur notre métier.

Ce 28 janvier 2005, Christophe Hondelatte craque. À 15 h 13, un communiqué laconique de la direction de France 2 annonce : « Urgent. Sur décision de la rédaction de l'information, Christophe Hondelatte ne présentera plus, à partir de ce jour, le journal de 13 heures. » Pas un mot de plus. Pas une explication. La nouvelle fait l'effet d'une bombe dans les rédactions. Que s'est-il passé ?

Arrivé tôt à son bureau, Christophe Hondelatte se plonge comme chaque matin dans la lecture des quotidiens. En dernière page de *Libération*, il découvre le portrait que lui a consacré la journaliste Pascale Nivelle. L'article est illustré d'une caricature peu flatteuse, mais il ne bronche pas. En revanche, à la lecture de l'article, sa colère monte... La journaliste a glissé des allusions plus ou moins voilées à sa vie privée. Elle évoque notamment l'existence de son fils de quatorze ans et surtout « son autre vie, celle dont il ne veut pas parler ».

Christophe Hondelatte est furieux. Lui qui ne souhaite parler que de son métier, de sa passion pour le journalisme, ne comprend pas qu'un grand quotidien comme

Libération déballe ainsi sa vie privée. Dans un accès de colère, il rédige une lettre à Arlette Chabot, directrice de l'information, et Christopher Baldelli, directeur général de la chaîne. En quelques mots, il explique que, « pour des raisons personnelles », il ne présentera pas le 13 heures ce jour-là. À 9 heures, Christophe Hondelatte ne se présente pas à la conférence de rédaction. Il a quitté les locaux de France 2 depuis plusieurs dizaines de minutes.

Arlette Chabot, elle, est dans l'avion qui la conduit au Forum de Davos. Sitôt arrivée, elle tente de joindre Christophe Hondelatte sur son portable. En vain. Dans l'affolement, Benoît Duquesne, en plein montage de son émission « Complément d'enquête » qui doit être diffusée ce soir-là, est réquisitionné pour présenter le journal. À 13 heures, il est à l'antenne mais ne livre pas un mot d'explication sur l'absence de Christophe Hondelatte.

Dans les coulisses, c'est l'effervescence. Christopher Baldelli et Arlette Chabot se parlent longuement. À 15 heures, la décision est prise : Christophe Hondelatte est définitivement écarté du 13 heures, sans aucun espoir de retour.

Dans les heures qui suivent ce coup d'éclat, Christophe Hondelatte reste très discret. Mais il se dit fortement déprimé et concède que, depuis de longues semaines, il ne supportait plus sa surexposition médiatique. Au *Monde*, il confie : « Désormais, je souhaite quitter cet univers du journalisme[1]. »

Situation exceptionnelle ? Quant à moi, je suis convaincu que nul d'entre nous ne peut se croire à l'abri. Il suffit d'être atteint par une phrase, un mot, une remarque. L'affaire Hondelatte, c'est l'histoire d'un homme blessé. Demain, peut-être, ce sera la nôtre…

---

1. *Le Monde*, 30 janvier 2005.

DEUXIÈME PARTIE

L'ARGENT DE LA TÉLÉ

Tout débute le 22 novembre 2004, alors que je reçois Pierre Bénichou dans « Ça reste entre nous 2 », mon *talk show* quotidien diffusé sur Match TV. Je dois avouer un vrai faible pour cette grande gueule au cœur tendre. Il fait en effet partie de ces personnages truculents qui cachent derrière leur verbe haut et fort une vraie sensibilité. En cette fin d'année 2004, Pierre Bénichou est doublement à la une de l'actualité. D'une part, à cause de sa présence quasi quotidienne sur Europe 1 et France 2 avec Laurent Ruquier, et d'autre part pour son rôle dans *Grosse Chaleur*, la pièce à succès écrite par le même Laurent Ruquier. Je me suis donc fait un immense plaisir de recevoir cet homme pour un tête-à-tête de vingt-six minutes, un véritable privilège que seul le câble peut offrir à un animateur. L'émission est tournée dans les conditions du direct, sans coupure ni montage.

Pierre Bénichou s'y montre plutôt détendu, jusqu'au moment où nous abordons la question de l'argent. Comme pour beaucoup de gens de sa génération, le sujet est tabou, et je le comprends. Pierre se laisse néanmoins un peu aller :

« J'ai vu dans la presse qu'être chroniqueur chez Ruquier rapportait 1 500 euros par émission, ce qui peut paraître plutôt bien payé. Vous pouvez confirmer ce chiffre ?

— Euh, non, répond Bénichou.

— Vous gagnez moins ?

— Non, davantage. Mais ça me gêne de parler d'argent... Franchement, je préférerais que l'on parle d'autre chose...

— Mais il n'y a pas de quoi être gêné ! Cet argent, vous ne le volez pas ! Si on vous le donne, c'est qu'on estime que vous le méritez ! Tout travail mérite salaire, comme on dit !

— Non, mais franchement, c'est compliqué d'en parler. Les gens ne comprennent pas forcément que l'on puisse toucher d'aussi grosses sommes. Et en plus, dans la presse écrite, on est plutôt mal payé. Et ça, c'est vraiment un scandale ! Il faudrait que les journalistes de presse écrite soient mieux payés.

— Je suis d'accord avec vous. Moi, je pense que le scandale, ce ne sont pas les gros salaires, mais les petits ! Il faut tirer les salaires vers le haut et non vers le bas. »

Mais vous ne verrez jamais ce tête-à-tête entre Pierre Bénichou et moi, car il a souhaité que la diffusion de cette émission soit déprogrammée. Il a même quitté le plateau avant la fin du tournage, estimant que je l'avais trop fait parler, que j'avais été désagréable en lui lisant une critique négative sur sa prestation...

Je déteste vraiment que les interviews se déroulent mal. Je n'aime ni blesser les invités ni leur donner le sentiment qu'ils sont tombés dans un traquenard, comme ce fut le cas pour Pierre Bénichou. *A fortiori* lorsque j'ai de l'estime pour eux. Je lis la presse, je prépare mes dossiers. Je n'ai de leçons à donner à personne, loin de moi cette idée, j'essaie juste de mener des interviews intéressantes en posant de façon respectueuse les questions qui me taraudent.

Le soir même, je l'ai appelé pour tenter de comprendre et lui présenter mes excuses. J'estime en effet que, si un invité réagit de la sorte, c'est sans doute que j'ai dû à un moment donné commettre une erreur. Et Pierre Bénichou a bien volontiers accepté de me parler. « Jean-Marc, je suis venu dans ton émission par amitié, parce que je t'écoute tous les matins à la radio et je trouve ton émission sur Europe 1 très bonne. Mais sur Match TV, tu m'as lu des critiques négatives. Pas un compliment, pas un geste d'amitié… »

J'avoue que je m'étais sans doute un peu hâtivement fait de lui l'image d'un homme fort, qui ne craint rien ; il faut croire que j'avais surestimé son amour-propre. Mon désir avait été de le provoquer, de le titiller, afin d'avoir un grand numéro comme je les adore. Mais j'ai commis en réalité une grossière erreur d'appréciation, puisque je l'ai blessé, alors que ce n'était vraiment pas mon intention, comme vous l'aurez compris ! Pierre Bénichou m'a par ailleurs confié : « Et puis, tu me fais parler d'argent, tu comprends bien qu'on ne peut pas balancer des chiffres comme ça à la télé. Ce sont des milliers d'euros que l'on balance à la figure de gens qui se battent parfois pour survivre et pour en gagner quelques centaines. Je ne pense pas que ce soit bien d'exposer ainsi les choses. Voilà aussi pourquoi je ne souhaite pas que cette émission soit diffusée. »

S'il lit ces pages, j'aimerais par-dessus tout que Pierre Bénichou sache que j'ai toujours beaucoup de tendresse pour lui.

Quelques jours plus tard, alors que je lui parle de mon livre en cours, dans lequel je souhaite faire une enquête précise et approfondie sur le thème de l'argent à la télé, et notamment sur le salaire des stars, une personnalité du petit écran m'affirme : « Tu ne vas quand même pas publier le mien ? […] Là, franchement, tu déconnes, Jean-Marc ! Tu sais, tu vas te mettre tout le monde à dos en faisant ça. Il y a une omerta dans ce milieu. C'est la loi du silence, en particulier sur l'argent. Ce sont de telles sommes qui sont brassées, les salaires sont tellement énormes, que personne ne te pardonnera de les publier. Tu vas voir, personne ne va t'inviter dans des émissions télé pour parler de ton livre. Tu vas être mis sur la *black list* ! »

Et pourtant, parler d'argent n'est ni un crime ni un délit. Ces stars ne volent pas leur salaire, elles le gagnent honorablement, et il faut bien admettre que, si des chaînes les paient autant, c'est parce qu'elles doivent bien, d'une façon ou d'une autre, s'y retrouver. Cela est particulièrement vrai pour les chaînes privées, dont les patrons ont des comptes à rendre à leurs actionnaires et ne peuvent par conséquent pas se permettre de dilapider l'argent comme bon leur semble.

Sur le service public, la situation est un peu différente, car les critères principaux, en théorie du moins, ne sont ni la rentabilité ni le taux d'audience. Mais même si l'on admet que la « qualité » des émissions demeure le point primordial, il reste évident que, pour pouvoir rivaliser avec celle des animateurs des chaînes privées, le service public est obligé d'y mettre le prix et de s'aligner. Faute de quoi seuls les mauvais resteraient sur France 2, France 3 et France 5 – ce qui est très loin d'être le cas, je tiens à le préciser pour éviter tout malentendu.

Alors pourquoi tant de mystères autour de l'argent ? Cette fameuse vedette du petit écran à laquelle je viens de faire allusion, et qui a bien insisté pour que je ne dévoile pas son nom, me l'explique : « Écoute, on fait tout pour être proche des gens à l'antenne. On parle au public, à la caméra, on leur fait des clins d'œil, ils ont le sentiment que l'on est un peu leur ami. Tu imagines s'ils connaissaient mon salaire ? Tout à coup, les rapports changeraient ! Je ne serais plus considéré comme un "ami", mais plutôt comme un bourgeois privilégié ! Comment veux-tu que Madame Michu vive le fait que je brasse de telles sommes ? Un seul exemple. Un éditeur m'a proposé d'écrire un livre sur ma vie. Quand je dis écrire, il faut comprendre “mettre mon nom sur la couverture”, car il m'a précisé dans le même temps que je n'aurais rien à faire, à part passer quatre ou cinq après-midi avec un “nègre” qui se chargerait de tout rédiger pour moi. Un magnétophone… Une interview approfondie. Mes propos sont enregistrés, le “nègre” les remet en forme, et le tour est joué ! Il me proposait un minimum de 50 000 euros ! Tu te rends compte ? »

Si cette omerta est indéniable et tentaculaire, elle attire même certains provocateurs. « Je déteste les riches qui vivent en dessous de leurs moyens », a l'habitude de dire le couturier Karl Lagerfeld. « Pour vivre heureux, vivons cachés », lui répondent les stars des médias…

Il est temps de lever le voile sur ces sommes folles que brasse l'audiovisuel. À cet égard, un coup d'œil sur le classement 2004 des cinq cents premières fortunes professionnelles de France réalisé par le magazine économique *Challenges* apporte un éclairage édifiant. On trouve ainsi en tête des nababs de l'audiovisuel Jean-Paul Baudecroux, créateur de NRJ. Il possède 72 % du groupe et une fortune évaluée à 1 043 millions d'euros. À des années-lumière, Max Guazzini, qui présidait le groupe NRJ avant de le quitter en juin 2004 : avec « seulement » 2,8 % du capital du groupe, qu'il a conservés après son départ, il aurait en main 40 millions d'euros environ.

Dans la catégorie des *self made men*, Claude Berda se porte bien, même s'il est loin derrière Baudecroux, avec 250 millions d'euros. Berda, c'est le « B » du « Groupe AB ». L'ex-producteur de Dorothée sur TF1 détient par ailleurs les chaînes de télévision RTL 9 (première chaîne du câble et du satellite), AB 1, Comédie et, dès le 31 mars, NT1, nouvelle chaîne sur la TNT (télévision numérique terrestre) !

En troisième position de ce classement « radio-télé », on retrouve Jean-Luc Delarue avec 65 millions d'euros. Il ne s'agit là que de sa fortune professionnelle, à laquelle il faut ajouter l'argent déjà engrangé et placé dans des valeurs immobilières. Mais nous en reparlerons.

Citons également le moins médiatique Claude Carrère, avec sa société de production Carrère Group et ses studios. Claude Carrère, ou la fabuleuse histoire de l'ancien agent de Claude François qui est devenu l'une des cinq cents personnes les plus riches de France.

Comment la radio et la télé sont-elles parvenues à créer des fortunes aussi impressionnantes, alors qu'il y a seulement vingt-cinq ans, le présentateur du journal de 20 heures était payé l'équivalent de 3 000 euros par mois ? Petit flash-back.

Le jour où l'argent se mit à couler à flots

Soyons très concrets et prenons l'exemple d'une émission figurant dans la grille des programmes 2004/2005 des chaînes hertziennes. Détaillons les salaires de chaque membre de l'équipe. En guise d'exemple, il me semble judicieux de prendre une émission d'une chaîne publique, une émission qui n'a justement de cesse de prôner la transparence dans les médias : « Arrêt sur images », présentée chaque dimanche sur France 5 par Daniel Schneidermann. Le « Monsieur Propre du petit écran » gagne environ 10 000 euros par mois, auxquels viennent s'ajouter 1 300 euros par semaine, au titre de « concepteur et propriétaire du concept de "Arrêt sur images" ». Soit un total de 15 000 euros par mois.

Le numéro deux dans la hiérarchie de l'émission est le rédacteur en chef, qui a en charge la ligne éditoriale du programme, ainsi que la coordination du travail des journalistes. Ce dernier émarge à environ 4 500 euros mensuels. Sous ses ordres, une équipe de journalistes qui, en fonction de leur expérience, gagnent de 2 000 à 3 500 euros pour leurs reportages et leurs enquêtes. Les chroniqueurs sont quant à eux payés à la prestation, étant considérés comme des pigistes. Chacune de leurs interventions, d'une durée comprise entre trois et cinq minutes, leur rapporte 1 000 euros. Viennent ensuite s'ajouter toute une série de personnes chargées de faciliter la vie de l'équipe et de l'aider dans son travail. Un archiviste se voit ainsi payé 2 000 euros. Les stagiaires constituent enfin une main-d'œuvre d'un coût négligeable, comme dans toute entreprise.

Chaque mois, grâce à cette émission d'une heure, ce sont donc près de 15 000 euros qui viennent gonfler le compte en banque de Daniel Schneidermann, sans que cela semble aujourd'hui choquer personne. Se dire sans sourciller qu'un animateur qui ne réunit sur le service public que 7 à 8 % de parts de marché puisse toucher une telle somme prouve que les temps ont bien changé !

À l'automne 1988, tout un chacun a pu voir publiées dans la presse les conditions du transfert de Christine Ockrent de TF1 à Antenne 2. À l'époque, celle que l'on appelle la « reine Christine » se voit confier la lourde mais honorifique responsabilité de présenter le journal de 20 heures, devant lequel plusieurs millions de téléspectateurs se réunissent chaque soir. Son salaire mensuel équivaut alors à 18 000 euros[1]. Cette annonce provoque le 29 septembre une grève à Antenne 2, qui poussera Christine Ockrent à confier : « Dans cette affaire, j'ai l'impression d'être une femme tondue, celle que l'on montre du doigt. » C'est en effet une véritable crise d'hystérie qui saisit les médias. En quelques mois, la presse et l'opinion publique réunies vont injustement lyncher la journaliste.

Avec le recul, ce salaire était-il réellement indécent ? Il suffit de jeter un coup d'œil sur les salaires des autres

---

1. Pour faciliter la compréhension du lecteur et les comparaisons, toutes les sommes citées dans ce chapitre ont été converties en euros.

stars de la télé en 1988 pour s'apercevoir que Christine Ockrent se situait simplement dans la norme. Cette année-là, Anne Sinclair présentait « Questions à domicile » et « 7 sur 7 » sur TF1, pour 17 000 euros. Bernard Pivot animait « Apostrophes » pour 21 000 euros. William Leymergie touchait 15 000 euros pour le journal de 13 heures sur France 2, et Henri Sannier, 9 000 euros pour celui de 23 heures, toujours sur France 2... Les Français déchantent. Alors qu'ils voyaient sur leur petit écran des journalistes qu'ils croyaient proches d'eux, vivant simplement, ils découvrent en réalité des nantis qui brassent chaque mois des dizaines de milliers d'euros.

Mais le premier choc ressenti par les Français remonte à un an plus tôt, en 1987. Cette année-là, TF1 est privatisée et La Cinq est en train de naître sous la houlette de Silvio Berlusconi. Du côté de TF1, la soirée emblématique a lieu le 15 avril 1987 aux Pyramides de Port-Marly. Près de sept mille invités se pressent pour une soirée grandiose, retransmise en direct et en *prime time* sur la chaîne. C'est ce jour-là que la guerre des salaires commence vraiment. Les journalistes Pierre Péan et Christophe Nick racontent : « À peine les lasers de Port-Marly démontés et remisés, Francis Bouygues doit soudain faire face à une offensive minutieusement préparée par Silvio Berlusconi : son OPA sur TF1. La France stupéfaite découvre les propositions mirobolantes faites par La Cinq aux familiers de leur salle à manger. D'un seul coup une avalanche d'argent s'abat sur le petit monde de la télévision. En quelques jours, on entre dans l'ère de la télé-fric. Des hommes et des femmes qui jusque-là gagnaient fort correctement leur vie – entre 4 000 et 7 000 euros par mois – se voient proposer des sommes cinquante à cent fois plus élevées... par semaine[1] ! »

1. *TF1 : un pouvoir*, Pierre Péan et Christophe Nick, éditions Fayard, 1997.

On comprend mieux pourquoi Christine Ockrent ne servira finalement que de fusible. Elle était devenue le symbole du succès et de la réussite. Le fait qu'elle soit une femme a également et sans nul doute beaucoup dérangé. Derrière les sourires de façade, elle en agaçait plus d'un... Et pourtant, il faut le redire, certains journalistes étaient nettement mieux rémunérés à la même époque. Yves Mourousi, alors présentateur vedette du journal de 13 heures de TF1, et de surcroît le mieux payé de France (il gagnait en effet 6 500 euros par mois, avant la privatisation), raconte sa première entrevue avec Patrick Le Lay, le nouveau patron de TF1 :

« Yves Mourousi, vous voulez rester ? Combien valez-vous ? [...]

— Je ne sais pas. Je veux rester journaliste, mais je préférerais 7 700 plutôt que 6 500 euros par mois, avec un statut de rédacteur en chef... Cependant, compte tenu de tout ce qui se passe dans l'audiovisuel, j'aimerais prendre un peu de distance et aller voir à une direction...

— OK, vous êtes directeur général adjoint chargé du développement et de l'innovation. Combien voulez-vous ?

— Eh bien... disons 30 000 euros par mois.

— OK[1] ! »

Vous conviendrez avec moi qu'il s'agit là d'une affaire rondement menée ! Yves Mourousi lui-même n'en reviendra pas. Il confiera d'ailleurs : « Je m'en suis voulu toute ma vie. Pourquoi n'avais-je pas demandé 45 000 euros ? » Mais la conversation se poursuit, et le présentateur sent qu'il est en position de force. Alors il pousse le bouchon encore plus loin :

« Je veux les moyens de ma fonction : quatre collaborateurs choisis par moi.

— Pas de problème... À quel salaire ?

— On verra. »

1. *Idem.*

Le lundi suivant, les avocats finalisent les contrats en présence d'Yves Mourousi et de Patrick Le Lay, lorsque Francis Bouygues entre dans le bureau et s'adresse au présentateur du 13 heures :

« Tout se passe bien ?

— Nous parlons de mes collaborateurs avec Patrick, et on a un problème avec leur salaire : 5 400 euros nets pour chacun... »

Francis Bouygues s'adresse alors directement à Patrick Le Lay : « Il peut demander beaucoup plus s'il veut. Quand on a Mourousi chez soi, les problèmes se résolvent ! »

Mais Yves Mourousi n'est pas le seul à vivre ainsi ces moments où les budgets ne semblent plus avoir de limites. Christophe Dechavanne évoquera à son tour comment, alors animateur sur France 2, il a été invité à dîner par Francis Bouygues en personne[1]. Une fois de plus, le patriarche n'y va pas par quatre chemins. Il lui pose ainsi directement la question : « Combien valez-vous ? » Christophe Dechavanne reconnaît alors avoir envie « de rentrer dans ses chaussures plutôt que de répondre comme ça, froidement. [...] C'est difficile de parler de ces choses-là avec un maître d'hôtel à côté de soi. » Christophe Dechavanne finira rapidement par surmonter sa gêne, et le prix sera fixé. Dechavanne, demandant comme Mourousi que quatre collaborateurs lui soient adjoints, ajoutera même un petit plaisir à l'accord : arriver en hélicoptère dans la propriété que Francis Bouygues possède en Sologne, où il doit signer le contrat ! Un plaisir d'enfant pour signer un contrat d'adulte...

Mais TF1 n'est pas la seule chaîne à brandir un carnet de chèques en blanc. La Cinq débauche elle aussi à tout va. Ainsi Hervé Bourges, président de TF1 avant la privatisation, a révélé comment Patrick Sébastien était passé de

1. *La Fièvre du mardi soir*, édition° 1, 1991.

l'une à l'autre : « Patrick n'a pas résisté à une offre qui dépassait son propre entendement. On a parlé de plus de 6 millions d'euros de dot, sans compter une rémunération à l'émission dont le budget hebdomadaire était évalué à plus de 500 000 euros[1]. »

Après la polémique sur le salaire de Christine Ockrent, et comme on peut s'en douter, plus aucune star de la télévision ne souhaite évoquer son salaire. Mais un événement va venir rompre cette loi du silence. Le 12 avril 1992, La Cinq meurt, après être devenue un gouffre financier. Chacun cherche alors des responsabilités, et la presse ne se prive pas de publier des chiffres[2] :

– Guillaume Durand, présentateur du journal de 20 heures : 25 000 euros.

– Patrice Duhamel, directeur de l'information : 14 000 euros.

– Patrice Dominguez, directeur du service des sports : 14 000 euros.

– Gilles Schneider, rédacteur en chef et présentateur des journaux du week-end : 11 700 euros.

– Pierre-Luc Séguillon, directeur du service politique : 11 600 euros.

– Pierre Géraud, rédacteur en chef : 11 500 euros.

– Béatrice Schoenberg, chef du service santé : 9 000 euros.

– Michel Cardoze, chef du service culture : 6 900 euros.

– Denis Vincenti, présentateur météo : 5 400 euros.

La fin de La Cinq calme les esprits et l'on se rend compte que la télé n'est pas une simple vache à lait. Du jour au lendemain, les stars peuvent se retrouver sur le carreau. Témoin, la présentatrice-vedette du 20 heures, Marie-France Cubadda. Elle avait quitté le journal de TF1

1. Hervé Bourges, *Une chaîne sur les bras*, Le Seuil, 1987.
2. *La Lettre de Paul Wermus*, 1992.

le week-end pour un salaire évalué à environ 15 000 euros, dans l'optique de prendre en charge la présentation des éditions du week-end de La Cinq. À la cessation d'activités de la chaîne, elle a purement et simplement disparu des écrans de métropole, préférant s'exiler en Nouvelle-Calédonie, d'où elle est originaire. Recueillie au sein de RFO, elle a vu son salaire divisé par quatre ou cinq.

Les Français ont donc commencé à comprendre que, à l'instar de celles des sportifs, les carrières des stars de la télé sont parfois éphémères, et que leur rémunération n'est pas à l'abri de n'atteindre des sommets que quelques mois durant.

Mais ne perdons pas le fil et revenons dès à présent à ce que gagnent les vedettes du service public à l'heure où La Cinq ferme ses portes… Le moins que l'on puisse dire, c'est que leurs contrats sont loin d'être ridicules[1]. Il est d'ailleurs étonnant de constater que le P-DG de France Télévisions est alors bien moins payé que ses animateurs vedettes, avec des émoluments estimés à 13 380 euros mensuels. Dans le même temps, voici ce que gagnent les animateurs de France 2 et France 3, classés par ordre décroissant :

– Bernard Pivot (« Bouillon de culture ») : 25 500 euros.

– Jean-Marie Cavada (« La marche du siècle ») : 21 790 euros.

– Bernard Rapp (« Jamais sans mon livre ») : 19 230 euros.

– Jacques Chancel (« Ligne de Mire ») : 18 460 euros.

– Ève Ruggieri (« Musique au cœur ») : 17 900 euros.

– Marie-France Brière (directrice des divertissements) : 16 600 euros.

– Armand Jammot (producteur) : 16 000 euros.

– Mireille Dumas (« Bas les masques ») : 15 000 euros.

1. *Le Point*, 15 octobre 1999.

– William Leymergie (« Télématin ») : 15 000 euros.
– Christine Ockrent (« Soir 3 ») : 15 000 euros.
– Georges Pernoud (« Thalassa ») : 9 960 euros.

Un peu plus de deux ans après l'échec de La Cinq, un nouveau document avait circulé[1]. Il s'agissait d'une note ultra-confidentielle de France 2 qui récapitulait les salaires des principaux animateurs de la chaîne. Une constatation s'impose : malgré les différents scandales qui se sont succédé, la hausse des salaires était loin d'être enrayée. Voici un extrait de ce nouveau document :

– Ève Ruggieri (« Musique au cœur ») : 20 520 euros.
– Mireille Dumas (« Bas les masques ») : 17 800 euros.
– Patrice Laffont (« Fort Boyard ») : 16 900 euros.
– Thierry Ardisson (« Autant en emporte le vent ») : 15 380 euros.
– Pascal Sevran (« La chance aux chansons ») : 10 770 euros.
– Frédéric Mitterrand (« C'est votre vie » et « Les amants du siècle ») : 10 000 euros.
– Cendrine Dominguez (« Un pour tous » et « Fort Boyard ») : 9 000 euros.
– Georges Beller (« Surprise sur prise ») : 6 920 euros.

Les « voleurs de patates »

Quelques années plus tard, les salaires des stars du petit écran déclenchent à nouveau un séisme. Souvenez-vous. Le dimanche 28 avril 1996, à la fin du journal de 20 heures de France 2, le présentateur de l'époque, Daniel Bilalian, a le visage grave. Il lit de façon solennelle aux téléspectateurs un communiqué officiel de la direction de

1. Document repris par Laurent Neumann, *Les dieux de la télé existent, je les ai rencontrés*, Plon, 1995.

France 2 : « France Télévisions s'interroge sur l'adéquation entre le prix payé pour les émissions de Jean-Luc Delarue et les prestations fournies par la société de l'animateur, Réservoir Productions. France 2 demande au tribunal de commerce la nomination d'un expert indépendant qui sera chargé d'évaluer le coût réel des émissions de Jean-Luc Delarue, et annonce avoir mis fin à l'un des contrats qui liaient la chaîne à l'animateur. »

Nouveau rebondissement, dès le lendemain, toujours à la fin du journal de 20 heures, devant des millions de téléspectateurs encore plus médusés que la veille. Cette fois, c'est un texte lu à la demande du juge des référés du tribunal de grande instance de Paris, saisi par Jean-Luc Delarue. Le tribunal a estimé que le texte lu la veille par Daniel Bilalian constitue « un trouble manifestement illicite en raison de son contenu incomplet et susceptible de créer la confusion chez le téléspectateur ».

« Confusion », c'est le moins que l'on puisse dire. Plus personne n'y comprend rien ! Ce ne sont plus quelques milliers d'euros qui sont cette fois en jeu, mais plusieurs dizaines de millions ! Les Français éberlués découvrent, pour la première fois, le business des sociétés de production. Ils comprennent que les émissions de télévision constituent des mannes financières démentielles pour les animateurs-producteurs. Les premiers à s'engouffrer dans la brèche sont bien sûr les Guignols de Canal +, qui en rajoutent chaque soir, écornant sérieusement Arthur, Nagui et Jean-Luc Delarue, en présentant ces animateurs-producteurs comme des « voleurs de patates ».

Aujourd'hui, cette affaire paraît bien dérisoire en regard des contrats signés avec des géants de la télévision comme Endemol, point sur lequel nous reviendrons ultérieurement. Mais pour l'instant, restons en 1996, année faste pour six animateurs du service public qui se partagent près de 93 millions d'euros : Arthur, Nagui, Jean-Luc Delarue, Michel Drucker, Mireille Dumas et Jacques Martin. En outre, certaines clauses de leurs contrats provoquent la colère des professionnels, alors qu'avec un peu de recul on sait aujourd'hui qu'elles ne marquaient en réalité rien d'autre que les toutes premières heures d'un système qui continue bien sûr de perdurer.

Ainsi, un expert expliquait le 4 mai 1996 à l'hebdomadaire *Le Point* : « À la lecture des contrats de Jean-Luc Delarue et d'Arthur, on s'aperçoit que tout se passe comme si on commençait à fixer un chiffre d'affaires global que la chaîne garantit aux sociétés de production, et qu'ensuite on essayait de remplir des cases afin de le justifier. » L'analyse est certes un peu simpliste, mais elle présente au moins l'intérêt d'éclairer quelque peu la situation actuelle. Car aujourd'hui encore, pour garder des animateurs vedettes, les chaînes garantissent des « volumes de chiffres d'affaires annuels ». C'est aux producteurs de proposer ensuite des idées, des projets, afin que ce volume soit respecté.

Pour être encore plus concrets et didactiques, imaginons la situation suivante : une chaîne de télévision salarie un animateur-vedette dont les émissions sont facturées 500 000 euros par mois. Cet animateur, par le biais de la société de production qu'il a lui-même créée, est donc par la même occasion son propre producteur. Dès lors, chaque année, la chaîne va lui garantir, par exemple, un chiffre d'affaires de 8 millions d'euros correspondant au prix de son émission (500 000 euros multipliés par 12, soit 6 millions d'euros), plus 2 millions d'euros correspondant à quatre émissions « spéciales » en première partie de soirée ou à dix émissions de deuxième partie de soirée. À charge pour l'animateur de trouver des concepts, voire de nouveaux animateurs qui sauront séduire la chaîne, afin de remplir ces cases.

Au bout du compte, tout le monde est content : la chaîne peut garder ses vedettes, qui font quant à elles tourner leur société de production à plein régime et qui, en fin d'année, encaissent le profit dégagé par la structure qu'ils ont créée… Les animateurs-producteurs, lorsqu'ils sont payés par les chaînes au titre d'animateur seulement, ne sont d'ailleurs quasiment jamais augmentés. Ce sont les budgets des sociétés de production alloués aux sociétés de production qui enflent, parfois de façon indécente.

Et il faut savoir qu'en France ce sont 8 % des sociétés de production qui produisent plus de 50 % des heures de programmes diffusées…

En 1998, Guillaume Durand et Nagui se succèdent sur Canal + pour présenter « Nulle Part Ailleurs », et gagnent chacun 40 000 euros par mois. Soit sensiblement plus que leur illustre prédécesseur, Philippe Gildas. En novembre 2004, alors que je l'interroge sur Match TV, ce dernier me confesse : « C'est vrai que, quand je vois les sommes brassées aujourd'hui par les animateurs, cela a de quoi faire tourner la tête. Pour ma part, je n'ai jamais demandé une seule augmentation de ma vie. Quand j'étais sur Canal +, j'ai débuté pour présenter "Nulle Part Ailleurs" à 15 000 euros par mois et j'ai terminé avec 18 000. » Un chiffre plus que raisonnable dans le monde de la télévision, surtout pour une émission quotidienne en direct de plus d'une heure qui était la vitrine de la chaîne.

En septembre 2002, c'est au tour de Frédéric Beigbeder de prendre la suite de Guillaume Durand et de Nagui. Pour sa première expérience télé de présentateur sur une grande chaîne, l'écrivain et critique littéraire était quant à lui payé 25 000 euros. Un poste qui se transformera très rapidement en siège éjectable…

À ce titre, et comme bon nombre de salariés en France, les animateurs perçoivent également de l'argent lorsqu'ils sont remerciés. Mais la différence entre le salarié lambda et l'animateur de télé tient sans doute au nombre de zéros sur le chèque. Guillaume Durand, qui a vécu des moments très difficiles sur Canal +, est ainsi parti avec un chèque de 700 000 euros ; soit six fois plus que ce qu'avait touché Marc-Olivier Fogiel en quittant cette même chaîne, où il présentait l'émission média « TV + ».

Il faut bien avouer que Canal + n'est pas avare en indemnités de départ. À titre d'exemple, l'ex-directeur des ressources humaines avait négocié une prime de 3,8 millions d'euros nets. Denis Olivennes, qui n'a occupé les fonctions de directeur général que durant deux ans, est quant à lui reparti avec 3,2 millions d'euros. Xavier Couture, aujourd'hui dirigeant d'une filiale d'Endemol, a pour sa part eu droit à un chèque de 1,7 million d'euros, après un passage éclair d'à peine neuf mois ! Surprise, en revanche, parmi les plus anciens patrons de la chaîne. Le moins bien gâté aura été Pierre Lescure, qui reconnaît être parti avec moins de 2 millions d'euros.

Voilà en tout cas une situation à l'abri de laquelle se trouvent *a priori* les hauts dirigeants de France Télévisions. En 1999, la Cour des comptes met son nez dans les finances de la chaîne et décide de taper du poing sur la table, suite à des sommes importantes versées à des salariés sur le départ. Le texte du rapport est sans aucune ambiguïté : « À plusieurs reprises dans le passé, la Cour a formulé des observations sur les conditions dans lesquelles des dirigeants ou cadres supérieurs d'entreprises publiques avaient perçu des indemnités de départ ou de fin de carrière au moment de la cessation de leurs fonctions, ou encore avaient bénéficié de retraites complémentaires de façon irrégulière. Le dernier exemple analysé par la Cour concernait le secteur de la communication [...]. La Cour a constaté que des avantages importants avaient été consentis dans des conditions critiquables à des dirigeants ou à des cadres de haut niveau, au moment de leur départ de ces entreprises. [...] Afin d'empêcher à l'avenir le renouvellement de ces abus, un dispositif réglementaire approprié et d'interprétation incontestable devrait être défini en ce qui concerne notamment le régime des indemnités de départ, et les autorités de tutelle devraient veiller à sa stricte application. »

Si la télévision a bien changé, c'est en grande partie dû à ceux qui la font. Car il n'est pas abusif d'affirmer que c'est une nouvelle génération qui a pris le pouvoir. D'ailleurs, Michel Drucker, l'un des patriarches de la télévision française, n'est pas tendre pour ces quadragénaires, qui sont au moins autant des businessmen que des artistes… « J'éprouve du mépris pour le cynisme d'une certaine génération, qui n'a visiblement pas choisi la télévision par goût mais par appât du gain. D'ailleurs, leur qualité d'affairiste est telle qu'ils auraient fait d'excellents businessmen dans tout autre domaine. S'inscrire dans la durée n'est pas leur souci, alors que moi, j'ai toujours préféré le marathon au sprint[1]. » Et Thierry Ardisson d'ajouter : « Je fais partie de ceux qui pensent que c'était mieux avant, quitte à passer pour un vieux réac. Et c'est vrai dans tous les domaines culturels. Dans les années 1970, on avait Sautet, Truffaut, etc. Aujourd'hui, on a *La Beuze*, *Les Onze Commandements* ou *Chouchou*… Comme je dis toujours, Drucker et moi, on est les derniers des Mohicans. Après nous, accrochez-vous, c'est Cauet et Julien Courbet *(rires)*. Moi, je pratique une télé de divertissement qui essaie de faire passer un peu de contenu. Je l'enrobe d'un peu de vaseline, si vous préférez. Et puis il y a ceux qui pensent que la télé ne sert à rien. C'est la télé d'Endemol. »

La télé ? Un business comme un autre…

Attardons-nous justement quelque peu sur la « pieuvre » Endemol…

L'histoire commence en 1994, quand Arthur et son jeune et discret associé, Stéphane Courbit, créent Case

1. *L'Express*, 11 avril 2002.

Productions, une société chargée de fournir clé en main « Les Enfants de la télé » à France 2 – émission qui fera quelques années plus tard les beaux jours de TF1. Les deux hommes créent dès 1996 le holding ASP (Arthur et Stéphane Productions), qui regroupe une multitude de filiales. En 1999, Endemol – du nom de ses créateurs, Joop van den Ende et John De Mol –, une société néerlandaise spécialisée dans le divertissement, s'associe avec Arthur et Stéphane Courbit dans Endemol France, dont Case Productions devient une filiale.

Durant l'été 1999, Stéphane Courbit cède à Endemol 50 % de ASP et empoche une plus-value personnelle estimée à plus de 20 millions d'euros[1]. En 2000, Endemol France sort la hache de guerre et rachète Hubert Productions, qui produit le « Bigdil » sur TF1, ainsi que 50 % de la Société du Spectacle, qui appartient à Karl Zéro et produit ses émissions sur Canal +. Mais la razzia ne s'arrête pas là ; Marc-Olivier Fogiel tombe également dans l'escarcelle d'Endemol en cédant 50 % de sa société PAF Productions. Ajoutons pêle-mêle 2AS Productions (Sylvain Augier, France 3), Usual Productions (« Les Moments de vérité » sur M6), Seca Productions (« La Grosse Émission » sur Comédie !), In the Target (à l'époque : « Plein les yeux », présenté par Jacques Legros et Carole Rousseau sur TF1) et la Boîte 2 Prod (« On en rit encore », sur France 3). À quels prix se sont faits ces rachats ? Mystère… Certains spécialistes croient savoir que Karl Zéro aurait par exemple touché 9 millions d'euros pour vendre 50 % de sa société.

En cette fin de XXe siècle, Endemol France a donc accès aux centaines d'émissions produites par sa maison mère dans le monde, dont l'emblématique « Big Brother », adapté en « Loft Story ». Endemol devient soudain le producteur le plus puissant de France. Le groupe néerlandais,

1. *Challenges*, avril 2004.

présent dans vingt et un pays, produit quatre cents types de programmes (jeux, divertissements et fictions), soit l'équivalent de 25 000 heures de programmes regardés chaque année par plus de 250 millions de téléspectateurs dans le monde ! En France, Endemol réalise avec ses neuf filiales un chiffre d'affaires de plus de 100 millions d'euros par an.

Et comme si tout cela ne suffisait pas, un événement va permettre le 26 avril 2001 à Endemol France d'asseoir plus encore sa position de leader. Endemol vient de vendre le concept du « Loft » à M6. La première émission de télé-réalité apparaît sur les écrans français. C'est un énorme succès d'audience, d'image et financier pour M6. TF1 marque le pas. On se souvient du coup de gueule de Patrick Le Lay dans *Le Monde* du 11 mai 2001, s'insurgeant contre « Le Loft ». Le titre de sa tribune laisse pensif : « Peut-on tout montrer à la télévision ? » La réponse du P-DG de TF1 est clairement négative, pour des raisons « déontologiques, morales et politiques ». Un mois plus tard, Étienne Mougeotte me confie : « TF1 est un partisan de la télé du réel... Celui qui n'en voudrait pas se couperait de la réalité. » Que s'est-il passé entre-temps qui puisse justifier ce brutal changement de cap ?

C'est simple : « Le Loft » a pulvérisé les records d'audience et TF1 a compris qu'elle ne pouvait rester plus longtemps à l'écart de ce type de programme. M6 avait ouvert la voie ; TF1 s'y est engouffré en organisant des représailles. Elles furent efficaces, brutales et cinglantes. En juin 2001, TF1 annonce une alliance sans précédent avec Endemol. Le communiqué publié ce jour-là par les deux entreprises est éloquent : « Endemol proposera chaque année à TF1 un nouveau programme de télévision du réel, adapté à la ligne éditoriale de TF1. » Il s'agit là bien entendu de programmes présentés en premier choix à TF1, c'est-à-dire que les autres chaînes ne pourront se voir proposés que ceux rejetés par la première chaîne. Les restes, en somme… John De Mol précise que Endemol France réalise ainsi 70 % de son chiffre d'affaires avec TF1.

À l'époque, le premier programme annoncé dans cet accord est défini par les termes suivants : « Un jeu destiné à faire émerger un chanteur à succès d'un groupe de jeunes séjournant dans un château équipé d'un studio d'enregistrement. Il devrait s'appeler "Star Maker". » Vous l'avez reconnu, il s'agira finalement de la « Star Academy »…

Endemol vient donc d'asseoir de façon quasi définitive sa position dominante en France, sans toutefois se limiter au simple aspect télévisuel ; en effet, un paragraphe du document passé quasi inaperçu à l'époque prend aujourd'hui une importance capitale : « TF1 et Endemol vont associer leurs moyens de recherche et de développement, ainsi que leurs structures de commercialisation, pour décliner l'ensemble de leurs programmes sur l'ensemble des médias audiovisuels et pour assurer une exploitation optimale de leurs droits dérivés. » En clair, les deux protagonistes s'associent sur les droits dérivés : CD, magazines, DVD, vidéos, spectacles, télématique… C'est un coup superbe : ces déclinaisons promotionnelles constituent une corne d'abondance dont les ressources apparaissent quasi illimitées.

De plus, et comme on pourrait s'en douter, les coulisses de cet accord sont restées secrètes. Mais je vais vous révéler en exclusivité les raisons qui ont présidé à l'association de TF1 et d'Endemol.

Après l'article du *Monde* de Patrick Le Lay, M6 s'est sentie en position de force. Les dirigeants de la « petite chaîne qui monte » avaient le sentiment qu'ils seraient en France les seuls clients de la télé-réalité. Quand le groupe Endemol est venu leur proposer ce contrat de cinq ans, ces mêmes dirigeants ont donc souhaité prendre leur temps. Ils cherchaient en fait essentiellement à faire baisser les coûts et les obligations de M6 vis-à-vis d'Endemol.

C'est donc une discussion de longue haleine qui s'annonçait. Mais, pendant ce temps, TF1 a décidé de passer à la vitesse supérieure. Car Patrick Le Lay, s'il peut parfois paraître obtus, est doté d'un vrai sens du business et des affaires. Devant le succès de « Loft Story », Étienne Mougeotte est monté plusieurs fois au créneau pour tenter d'infléchir Le Lay. Avec son efficacité, son habileté et sa persuasion coutumières, Étienne Mougeotte finit par convaincre son patron que « la télé-réalité est une évolution inévitable de la télévision, et [*que*] TF1, chaîne leader, ne peut pas rester sur le bord de la route ».

Et pendant que M6 tergiverse sur les conditions du contrat d'Endemol, Le Lay et Mougeotte mettent en place une *« task force »*. Si TF1 se lance dans la télé-réalité, il n'y a pas à hésiter, ce sera avec les meilleurs programmes, les concepts les plus efficaces et des audiences à faire pâlir les concurrents. En l'espace de quelques jours, TF1 et Endemol vont s'entendre sur ce fameux contrat de cinq années. Toutes ces discussions ont eu lieu dans le plus grand secret, alors que M6 pense encore être le seul interlocuteur d'Endemol. Quand, soudain, TF1 publie le communiqué annonçant cet accord historique, c'est une véritable claque pour M6, qui ne comprend pas comment elle a ainsi pu se faire prendre de vitesse.

Contrairement à une opinion fréquemment répandue à cette époque, l'article de Patrick Le Lay dans *Le Monde* n'était pas un leurre. Il était réellement et très précisément le reflet de sa pensée. Mais l'homme est brillant et sait faire évoluer sa réflexion quand son interlocuteur est convaincant. Et voilà comment, sûre d'elle, M6 est passée à côté de cet énorme contrat qui aurait pu lui assurer des audiences record et une solidité encore assurée.

Bien entendu, le grand bénéficiaire de cette concurrence entre les chaînes reste Endemol France, qui fournit aujourd'hui, selon le magazine *Écran total*, 26 heures et 48 minutes de programmes par semaine. Et, à travers elle, sa maison mère.

À ce stade de mon exposé des faits, il me semble important et opportun d'évoquer la situation actuelle d'Endemol. John De Mol a cédé, en juin 2000, 99,35 % de sa société de production au groupe espagnol Telefonica, pour 4 milliards d'euros. Endemol produit chaque année quatre cents émissions de divertissement, soit l'équivalent de 25 000 heures de programmes. Alors, qui pourrait racheter la société, à l'heure où Telefonica souhaiterait s'en défaire ? Plusieurs hypothèses sont avancées. De grands groupes appartenant au secteur de la communication ont déjà déclaré leur intérêt. Il faut reconnaître qu'avec des profits estimés à 151 millions d'euros en 2002, soit 17 % de rentabilité, elle constitue une proie de rêve. Mais on évoque aussi son rachat par… son propre fondateur, John De Mol, qui a quitté son groupe il y a quelques mois !

Endemol fait donc rêver, et son rachat suscite de nombreuses convoitises. Mediaset, le groupe télévisuel italien de Silvio Berlusconi, comme Pearson, le groupe britannique de presse et d'édition, lui feraient ainsi les yeux doux. Les Américains de Time Warner (CNN, *Time*…) auraient quant à eux mis 2 milliards d'euros sur la table. Proposition refusée par Telefonica, qui avait investi le double lors de l'achat.

En France, la situation est plus complexe ; à l'époque du rachat par Telefonica, Stéphane Courbit et Arthur avaient accepté de céder leurs parts en signant en échange un contrat de travail exclusif de cinq ans. La renégociation de ces contrats commence lentement, puisque c'est en 2005 qu'ils arrivent à échéance. Quelles sont alors les intentions de nos deux animateurs-producteurs ? À l'époque, Stéphane Courbit déclarait au magazine

Le Point qu'il « cesserait de travailler dans la télévision à l'issue des cinq ans ». Mais il a peut-être changé d'avis, si l'on en croit des rumeurs selon lesquelles le patron de la filiale française serait intéressé par l'idée de monter un tour de table dans lequel Bolloré serait intégré. À en croire *Le Journal du dimanche*, Stéphane Courbit et Arthur devraient toucher à l'horizon de fin 2005 un chèque de 500 millions d'euros, en guise de « reliquat » de la vente à paiement échelonné de leur société de production ASP à Endemol en 2001[1].

De son côté, Vincent Bolloré ne cache pas sa volonté de créer en 2005 un pôle de communication en France. Vincent Bolloré, à la tête d'un groupe présent dans de nombreux secteurs d'activité (transport maritime, plantations, distribution d'énergie, papier...), a indiqué qu'il souhaitait investir 10 % des actifs de son groupe dans le secteur des médias, soit plus de 400 millions d'euros. Il faut dire que l'homme a déjà commencé à bâtir les fondations de cette branche média, puisque son groupe détient 20 % de la société Euromédia et qu'il a pris en plus de cela une participation de 30 % dans la SFP (Société française de production et de création audiovisuelles). Par ailleurs, la SFP a racheté la société de production Vidéo Communication France (VCF), et mars 2005 marque la création par Vincent Bolloré de la chaîne Direct 8 de Télévision numérique terrestre (TNT). La stratégie de Bolloré alliée au savoir-faire de Courbit et au talent d'Arthur : on imagine aisément le monstre de communication que pourraient créer ces trois hommes s'ils décidaient réellement d'unir leurs forces...

En attendant, Stéphane Courbit poursuit son chemin atypique dans le monde des médias. Pas de photos, pas d'interviews. Rares sont les journalistes qui ont pu l'approcher et lui parler. La plupart d'entre eux ignorent

1. *Journal du dimanche*, 14 novembre 2004

jusqu'à son visage. Pour ma part, j'ai eu la chance de le rencontrer à plusieurs reprises en 2004 et en 2005, de façon totalement informelle. Avec son allure chic et décontractée, l'homme est à l'opposé du cliché du businessman. Son allure juvénile est une vraie force. D'ailleurs, on prête à Nicolas de Tavernost, patron de M6, cette petite phrase ; présentant Stéphane Courbit à des invités, il aurait déclaré : « Désolé, Stéphane n'a pas pu venir, il a envoyé son fils. »

Ma première rencontre avec lui remonte au mois d'août 2004, dans ses bureaux du XVIIe arrondissement de Paris. Il est arrivé en jean's, basket et T-shirt. Il avait l'allure d'un étudiant sortant de cours. Son discours est simple et parfaitement argumenté, ses mots précis. L'homme est un charmeur. Il aime convaincre, se montrer à l'écoute. Mais il n'en demeure pas moins qu'il a du caractère et qu'il tient tête aux patrons de chaîne. Dressant son portrait en septembre 2004, le magazine *Challenges* affirme même : « On l'a entendu insulter Patrick Le Lay, le président de TF1 ! [...] Courbit est un excellent conteur, il parle volontiers de l'adoption de l'aînée de ses trois enfants, des beautés de son village drômois... Apparences trompeuses. Qui veut mieux le connaître se heurte à des parois de verre. "C'est un coffre-fort, je ne sais rien de lui", avoue Benjamin Castaldi. Un collaborateur l'a observé en voiture : "Au lieu de me parler, il téléphonait non-stop. Le portable est une protection. Alors qu'à discuter de tout et de rien on risque d'être entraîné là où on ne veut pas aller". »

Malgré le mystère et le secret quasi total dont il se drape, Stéphane Courbit est donc indéniablement le véritable homme fort du PAF. Et pourtant, contrairement à ce que l'on pourrait hâtivement imaginer, il reste un garçon abordable et chaleureux. Tous ceux qui ont travaillé avec lui et que j'ai pu rencontrer parlent d'un homme ouvert, à qui l'on peut parler d'« humain à humain ». Mais il demeure avant tout une véritable machine de guerre, comme en atteste la mésaventure survenue à son vice-président Axel Duroux, licencié du jour au lendemain en juillet 2004. Ce dernier s'est d'ailleurs fendu d'un e-mail à tout le personnel le jour de son départ, en ces mots : « J'ai reçu ce matin ma lettre de licenciement et je vais quitter dans quelques minutes définitivement mon bureau. À quatre mois de l'échéance de mon plan de stock-options, je trouve ce procédé malhonnête. Et je ne resterai pas sans réaction. » L'affaire est devant les prud'hommes et il est difficile de savoir ce qui s'est vraiment passé.

Mais revenons-en à Endemol. Elle est indéniablement la plus grosse et la plus visible des sociétés de production françaises, en raison principalement de sa forte implication dans la télé-réalité. Son chiffre d'affaires en France (180 millions d'euros en 2004, soit 20 % de l'activité du groupe) fait rêver plus d'un producteur-animateur. Elle n'est cependant pas la seule société de production en France ; il en existe une foule d'autres, plus discrètes, quoique parfois tout aussi rentables. En menant mon enquête, je me suis en effet aperçu que certaines d'entre elles affichaient des comptes très profitables, tandis que d'autres préféraient cultiver une sorte d'omerta. C'est le cas par exemple de Réservoir Prod, de Jean-Luc Delarue, qui ne rend pas publics ses comptes, contrairement à ce que la loi exige.

Commençons donc par les plus transparents.

Michel Drucker a vendu en 2000 sa société DMD à une autre société de production, en l'occurrence Expand, filiale de Canal + et donc de Vivendi, pour une somme que les spécialistes estiment à 30 millions d'euros. L'animateur n'avait pas été rémunéré en *cash*, mais en actions Expand. Problème : depuis cette date, ces actions ont perdu beaucoup de leur valeur. DMD produit les émissions dominicales de Michel Drucker « Vivement dimanche », ainsi que des *prime time* et des émissions spéciales. Son chiffre d'affaires annuel est légèrement supérieur à 15 millions d'euros et dégage chaque année un résultat net d'environ 3 millions. En 2004, Michel Drucker a fini par racheter DMD à Vivendi, car, en homme d'affaires avisé, il avait inséré dans le contrat une clause l'autorisant à s'opposer à une revente ultérieure de sa société. Si bien qu'au moment où Vivendi a souhaité revendre DMD, Michel Drucker a ainsi pu refuser de tomber dans le giron d'Endemol, mais aussi, plus surprenant, dans celui de Sony qui était également intéressé par l'affaire. Michel Drucker s'est expliqué : « Le risque, si l'on appartient à Sony, c'est de ne devoir inviter que des chanteurs de chez Sony. » L'animateur-producteur de France 2 a donc créé le holding Drucker Channel, qu'il détient à 85 %, les 15 % restants appartenant à Canal +. Le montant du rachat de DMD par Michel Drucker est tenu secret, mais il serait très nettement inférieur aux 30 millions d'euros de la première opération...

Autre producteur à avoir monté sa « petite entreprise qui ne connaît pas la crise » : Patrick Sébastien, dont la société Magic TV affichait 10,7 millions de chiffre d'affaires pour la saison 2003-2004, avec un bénéfice de 1,2 million d'euros. Mais créer sa propre société de production n'est en aucun cas une garantie de décrocher le jackpot. Nagui en a fait l'amère expérience, puisqu'en 2003 Air Production a perdu 900 000 euros pour un chiffre d'affaires de 1,3 million.

Parmi les entreprises en plein développement, on pourrait citer Loribel, propriété de Bataille et Fontaine. Une société qui fonctionne plutôt bien, puisque les deux hommes se sont versé 150 000 euros de dividendes en 2003. La société Loribel a été constituée en juillet 2001 par Pascal Bataille et Laurent Fontaine et produit aujourd'hui

« Y a que la vérité qui compte » ou encore « La Méthode Cauet ». Loribel a très vite fait son trou si l'on en croit son chiffre d'affaires qui, pour son premier exercice (juillet 2001/juin 2002), s'est élevé à 8,1 millions d'euros, pour un résultat d'exploitation de l'ordre de 1,1 million. Ce résultat la plaçait déjà parmi les quinze premières sociétés françaises de production de programmes de flux et les cinq premiers producteurs indépendants. Outre les émissions précitées, Loribel est par ailleurs créatrice ou propriétaire des droits de nombreux concepts, comme « Y a pas photo », « Photos de vacances », « Tout le monde se lève », « Drôles de champions », « Drôles de petits champions », « Zéro de conduite », « Les premiers de la classe » et « Pourquoi pas moi? ». Mais la plupart de ces émissions n'ont pas survécu à l'épreuve du *prime time*; elles illustrent par là ce qui reste la faiblesse de Loribel: ne pas avoir réussi à imposer un programme à 20 h 50, alors que ses deuxièmes parties de soirée sont de gros succès. En janvier 2005, Bataille et Fontaine se sont d'ailleurs associés à Évelyne Thomas pour créer une nouvelle société de production commune.

N'oublions pas d'évoquer, au moins, ceux qui voient « petit ». C'est le cas de Daniela Lumbroso, qui a créé le 22 décembre 2000 une structure dont elle est la seule et unique actionnaire, et qui n'a brassé que 400 000 euros en 2003. Une paille dans le monde de la télé où les contrats se comptent souvent en millions! Mais 2005 devrait être une année plus florissante, puisque France 2 lui a confié la production d'une soirée entière, le 15 janvier 2005. C'est ce qui s'appelle un cadeau en or pour une petite société qui débute, puisque le seul budget de cette soirée représente plus de 500 000 euros!

Il est en revanche plus difficile de pénétrer dans les comptes de Jean-Luc Delarue et de Réservoir Prod, qui ne sont pas déposés. Néanmoins, Réservoir Prod est aujourd'hui la première société de production indépendante en France. Pas moins, excusez du peu, de sept cents de ses émissions sont réalisées chaque année, puis vendues à TF1, France 2 ou, depuis cette année, M6. Selon une enquête publiée dans *VSD* le 8 juillet 2004, le chiffre d'affaires de Réservoir Prod était de 18 millions d'euros en 1994, 38 millions en 2000, 60 millions en 2003, avec marges nettes de 20 à 40 %.

Jean-Luc Delarue parle peu, et encore moins de ses affaires. Néanmoins, il a accordé une interview au mensuel *L'Entreprise*. Une occasion rêvée, donc, pour entendre parler « l'autre » Jean-Luc Delarue. Morceaux choisis : « Je vis bien, même si c'est parfois au-dessous de mes moyens. J'ai placé au bon moment dans l'immobilier, les œuvres d'art, des élevages de chevaux en Camargue ou en Argentine. [...] Il y a dans ce groupe 260 permanents, je suis conscient de mes responsabilités vis-à-vis d'eux. [...] L'expérience n'est pas tout. La première leçon de ce métier est qu'on ne sait jamais. Il faut rester sans cesse en éveil, voir comment la société évolue, sortir partout, être aux aguets. Je ne suis pas mono-client. Nous ne faisons pas plus de 8 % de notre chiffre d'affaires avec "Ça se discute". Notre activité se répartit de manière équilibrée entre les quatre premières chaînes. »

Il faut noter que, depuis cette interview, Jean-Luc Delarue a perdu l'essentiel de ses revenus sur France 3 en ne produisant plus « C'est mon choix », même si sa société a vendu de nouveaux programmes, en particulier des émissions quotidiennes pour la tranche 18/19 heures de France 2. Son activité consiste désormais essentiellement en l'animation de « Ça se discute », « Jour après jour » et quelques émissions spéciales. « Cela ne me prend pas plus de 10 % de mon temps, précise Jean-Luc Delarue. Dans "Ça se discute", je suis un ingrédient au même titre que les invités, l'enquête faite en amont et les reportages.

Si le reste n'est pas bon, je peux toujours faire des claquettes sur le plateau, ce sera zéro. »

Concernant les finances de Réservoir Prod, elles étaient bonnes, voire excellentes jusqu'en 2004. Bien sûr, Jean-Luc Delarue a perdu beaucoup d'argent dans des placements ces dernières années, en particulier en se lançant dans la restauration. Il a également subi des revers en créant en 2000 deux filiales qui sont loin d'avoir rempli leurs objectifs. Réservoir Sport, dont s'occupait Pierre Sled, et Réservoir Net auraient accumulé 1,5 million d'euros de pertes. Deux filiales qui sont en sommeil depuis 2002. Quant au chiffre d'affaires de la maison mère, Réservoir Prod, il serait selon des sources internes de l'ordre de 45 millions d'euros pour la saison 2003-2004. Une situation financière tellement enviable qu'Endemol aurait proposé 200 millions d'euros à Jean-Luc Delarue pour acheter son empire. Refus poli, mais ferme, de ce dernier, qui tient à conserver la totalité de ses parts, qui constituent 95 % du capital. Endemol aurait même évoqué une prise de participation à 50 % tout en laissant le producteur-présentateur maître à bord. Là encore, la réponse a été négative.

Mais c'est à la rentrée 2004 que les choses se sont corsées. Les pertes conjuguées de « C'est mon choix » sur France 3 et de « La Vie en clair » sur Canal + auront été fatales à de nombreux collaborateurs, provoquant même une chute de 50 % du chiffre d'affaires. Et, pour la première fois, c'est la soupe à la grimace dans une société qui était jusqu'alors en constante progression. Le communiqué publié le 9 novembre 2004 tombe comme un couperet : « Réservoir Prod a soumis à la discussion avec les représentants des salariés un projet qui passe notamment par une réduction d'effectifs et par un dispositif important de mesures d'accompagnement. Le projet prévoit la suppression de trente-trois CDI sur cent onze. Sur les trente-trois emplois supprimés, 70 % correspondent à des salariés des rédactions qui travaillaient pour l'une des émissions qui se sont arrêtées, et qui n'ont pu être reclassés au sein du groupe Réservoir. 30 % correspondent à des "fonctions supports". La réduction significative du volume de production de Réservoir Prod implique un redimensionnement proportionnel de ses charges fixes de structure. »

Les salariés de Réservoir Prod découvrent ce jour-là les affres d'un plan social. Pour avoir rencontré à plusieurs reprises Jean-Luc Delarue au sein même de sa société, j'avais eu l'occasion de discuter longuement avec plusieurs de ses employés. Contrairement aux rumeurs qui circulaient ici ou là, je n'ai jamais vu dans les couloirs de cette entreprise des salariés terrorisés par leur patron. Bien au contraire. J'ai parlé avec des journalistes ravis de travailler pour « Jean-Luc » depuis cinq ou six ans, heureux et fiers d'appartenir à cette société. Au milieu du couloir, son chien gambade allégrement. C'est donc un véritable déchirement pour nombre d'entre eux. Le communiqué de Réservoir Prod, sans doute écrit par Jean-Luc Delarue lui-même, précise d'ailleurs les raisons de la crise et les perspectives d'avenir : « L'accélération récente de la mutation du marché de la production, qui offre désormais une visibilité très faible et qui est moins demandeur de *talk shows*, ainsi que la perte soudaine d'émissions (qui ont divisé le chiffre d'affaires par deux) conduisent Réservoir Prod à une remise à plat profonde de son modèle de développement et de son modèle d'organisation, afin de pouvoir assurer la pérennité de la société », ajoute la direction. D'autre part, Réservoir Prod « compte poursuivre les diversifications engagées dès 2000 et qui ont porté leurs fruits (variétés et documentaires) et prendre position sur de nouveaux marchés (jeux, fictions d'humour, docu-fiction) ».

En tout état de cause, Jean-Luc Delarue semble vouloir rester seul maître à bord de sa société et n'envisage pas pour l'instant de céder aux clins d'œil « amicaux » de plusieurs grosses entreprises qui voudraient bien entrer dans son capital.

Ainsi, tous les animateurs-producteurs savent parfaitement combien ce métier est délicat, et surtout instable. La plupart d'entre eux ont donc décidé de diversifier très discrètement leurs activités… dans l'immobilier.

Je peux ainsi vous révéler l'existence de plusieurs sociétés dont les gérants et les actionnaires sont nos stars du petit écran. À commencer par Flavie Flament et Benjamin Castaldi. Unis dans la vie, ils ont mêlé leurs noms pour, le 26 juillet 2001, créer Castalment, une société civile immobilière au capital de 1 000 000 euros domiciliée dans le xe arrondissement de Paris.

Jean-Pierre Foucault, en bon père de famille, a quant à lui pensé à l'avenir de sa fille en donnant son prénom à la société chargée de la location de biens immobiliers qu'il préside : Virginie Immobilier. Un tout petit capital d'à peine plus de 3 000 euros pour cette société créée le 12 janvier 1989 et dont le siège est basé à Carry-le-Rouet (Bouches-du-Rhône). En revanche, et assez curieusement, on ne trouve rien au nom d'Arthur, que ce soit sous son pseudonyme ou sous son vrai nom, Jacques Essebag. Quant à Jean-Luc Delarue, il a pour sa part créé Happy Hours, organisme de placement en valeurs immobilières. Le capital de cette société, qui existe depuis un peu plus de cinq ans, est légèrement supérieur à 38 000 euros.

La recherche des entreprises détenues par les stars de la télévision révèle quelques surprises. On apprend ainsi sur tous les documents officiels de sa société Quai Sud Productions que Julien Courbet s'appelle en réalité Frédéric Courbet, et qu'il a investi à Bordeaux dans un débit de boissons appelé *Les Trois Frères*, mis en liquidation judiciaire le 30 juin 2002. Mais, selon *Entrevue* du mois de janvier 2005, Courbet aurait depuis rebondi en investissant dans une boîte de nuit de Mérignac, le Méga

Macumba, dont le chiffre d'affaires dépasserait les 2 millions d'euros par an !

Je dois signaler qu'en général, dans la plupart de ces sociétés, nos animateurs vedettes ne touchent pas d'argent au titre de directeur ou de président. La situation est toutefois bien différente pour les dirigeants des grandes chaînes de télévision, qui sont quant à eux largement récompensés – et c'est tout à fait légitime – pour leurs responsabilités.

Voici donc les sommes que touchent les patrons de nos grandes chaînes françaises.

Patrick Le Lay, à la tête de TF1, émarge à 2 593 601 euros[1]. Le vice-président de la chaîne, Étienne Mougeotte, gagne 935 411 euros par an, plus 39 642 euros d'avantages en nature et 18 850 euros de jetons de présence[2]. Mais en plus de leurs salaires, les principaux cadres de TF1 ont également un programme de stock-options pour le moins intéressant, qui a pu leur permettre de réaliser une plus-value totale de 62 millions d'euros en trois ans, à en croire une estimation publiée durant l'été 2004 par le mensuel *L'Expansion* : « En 2003, le président de TF1, Patrick Le Lay, a levé 150 000 stock-options, soit un gain de 2,4 millions d'euros. De son côté, Étienne Mougeotte affiche un gain de 2,3 millions d'euros. »

Du côté de l'autre chaîne privée, en l'occurrence M6, le président du directoire, Nicolas de Tavernost, touche un salaire fixe annuel de 619 180 euros, auquel il faut ajouter une part variable qui lui a été versée en 2004 de 591 700 euros[3]. Thomas Valentin, l'homologue sur M6 d'Étienne Mougeotte, gagne 448 522 euros annuels de façon fixe, plus une part variable de 355 020 euros versés en 2004.

1. *Le Figaro Entreprises*, 30 août 2004.
2. Rapport annuel 2003 de TF1.
3. Rapport annuel 2003 de M6.

Qu'il me soit permis de faire une pause de quelques instants avant de poursuivre ces tribulations dans les millions d'euros perçus par les dirigeants de chaîne ; j'imagine en effet qu'en lisant ces chiffres vous vous posez une seule question : tout cela est-il bien moral, et surtout, méritent-ils de gagner autant d'argent ?

Ma réponse sera la suivante : penchons-nous sur le cas des autres patrons de grandes entreprises. Le P-DG de L'Oréal, par exemple, Lindsay Owen-Jones, demeure de très loin le patron le mieux payé de France. Il gagne près de 6 millions et demi d'euros par an, et cela sans le moindre complexe. Il a l'habitude de dire à ceux qui l'interrogent sur cette fortune qu'il amasse : « Je gagne beaucoup d'argent, mais je le mérite. À performance exceptionnelle, salaire exceptionnel. » On conviendra qu'une telle déclaration manque sans doute un peu de modestie, mais au fond, il n'a peut-être pas entièrement tort. Il est du reste assez courant de relever aujourd'hui que même les actionnaires minoritaires ne semblent plus choqués par les rémunérations annuelles des grands patrons. En juin 2004, dans *Le Figaro Entreprises*, le porte-parole du cabinet Derminor, représentant des actionnaires minoritaires, déclarait : « Qu'un patron dont la société figure au CAC 40 gagne 2 ou 3 millions d'euros ne me choque pas en soi. Au-delà, il faut une justification. Dans le cas de Lindsay Owen-Jones, il a fait gagner beaucoup d'argent à ses actionnaires. Sa rémunération est donc légitime. » Il suffit du reste de se tourner vers les États-Unis pour constater que la patronne du holding Citigroup, Sandy Weill, gagne 30 millions de dollars par an !

Les temps ont bien changé. Personne n'est plus vraiment ému de savoir qu'en 2004, Michel Sardou a

1. *Le Figaro Entreprises*, 24 janvier 2005..

gagné 3,7 millions d'euros[1] ; Cabrel, 3,4 ; Aznavour, 3,2 ; Corneille, 3,1 ; Obispo, 3 ; Calogero, 2,9 ; Renaud, 2,8. Chez les acteurs, je n'ai pas entendu de voix s'élever contre les 3 millions d'euros annuels versés à Depardieu, les 2 millions de Jean Reno ou de Daniel Auteuil. Faut-il encore ajouter quelques chiffres dans le domaine du sport, qui donnent le vertige : les 50 millions d'euros perçus par Michael Schumacher, les 28 millions de David Beckham ou du golfeur Tiger Woods, et les 26 du boxeur Roy Jones Jr... Le « pauvre » Michael Jordan se traînant pour sa part à 17 millions d'euros par an.

Ajoutons à cela quelques revenus d'humoristes[1] : Jean-Marie Bigard, 5,4 millions d'euros par an ; Laurent Gerra, 3,47 ; Jamel, 3 ; Franck Dubosc, 2,1.

On est donc obligé de constater que les salaires de nos dirigeants de chaîne sont dans la norme et même largement dépassés par les chanteurs, acteurs et comiques !

Concernant Canal +, il est un peu plus complexe d'obtenir des chiffres fiables, car l'organigramme a énormément évolué ces derniers mois. Les seuls chiffres disponibles concernent l'année 2003, au cours de laquelle Dominique Farrugia, alors en charge des programmes, a touché un peu plus de 800 000 euros, contre 1 032 860 euros pour le P-DG, Bertrand Méheut. Rodolphe Belmer, aujourd'hui directeur général de la chaîne, occupait cette année-là le poste de directeur marketing et de stratégie du groupe, pour un salaire de 163 641 euros[2]. On peut aisément deviner que son salaire a depuis au moins atteint celui de Dominique Farrugia.

Un mot enfin sur France Télévisions. Marc Teissier, le président du holding, est de très loin le plus mal payé des dirigeants, puisqu'on estime son salaire à 170 000 euros

1. *Capital*, février 2005.
2. Rapport annuel 2003 de Canal +.

par an[1], soit sept fois moins que Patrick Le Lay. Enfin, concernant le poste de directeur des programmes sur France 2 ou France 3, il ne faut pas tabler sur plus de 10 000 euros par mois !

Le prix des émissions

Poursuivons maintenant notre exploration méthodique de l'argent de la télé en nous penchant plus précisément sur le coût des émissions. Le premier constat est qu'au fil des années les budgets ont explosé. Il faut déjà savoir que le moindre programme nécessite au minimum plusieurs dizaines de milliers d'euros. Des éclairagistes aux maquilleuses, en passant par les décorateurs ou les responsables de la sécurité, il arrive même fréquemment qu'une importante émission doive faire appel à cent personnes. Les décors créés sur mesure constituent un poste important dans les budgets. Celui du journal de 13 heures de France 2, lancé en septembre 2004 et présenté jusque fin janvier 2005 par Christophe Hondelatte, a par exemple coûté à lui seul 225 000 euros[2] ! Quant à la refonte de l'habillage et des décors de LCI en décembre 2004, son coût était de 640 000 euros.

La célébrissime émission de variétés « Champs-Élysées » coûtait 150 000 euros en 1985, tout compris. On avait alors droit à du show, des vedettes, du grand spectacle. Quelques années plus tard, une simple émission d'images d'archives réunissant quelques invités autour d'un plateau est facturée près de 540 000 euros. Il s'agit des « Enfants de la télé », présentés par Arthur[3]. Même tarif pour « Surprise sur prise », dont les caméras cachées lui valurent des

---

1. *Le Point*, 30 mai 2003.
2. *Télé Loisirs*, 17 septembre 2004.
3. *Le Point*, 4 mai 1996.

records d'audience en piégeant les stars. Nagui a dû pour sa part se contenter de 150 000 euros pour « Taratata », émission qui a marqué l'histoire de la musique à la télé, mais certainement pas les hit-parades d'audiences, en dépit de son excellente réputation.

Aujourd'hui, sur France 3, chaque numéro de « On ne peut pas plaire à tout le monde » est facturé un peu moins de 300 000 euros pour deux heures et demie d'émission, alors que la série allemande qui était diffusée jusque-là à la même heure revenait à l'achat à 60 000 euros, mais ne durait qu'une heure. 250 000 euros, c'est plus du double de ce que coûtait cette même émission auparavant, lorsqu'elle était diffusée le vendredi, en deuxième partie de soirée. Malgré les heures de nuit payées au personnel technique, la chaîne ne réglait alors que 140 000 euros par numéro.

Mais aujourd'hui, on le sait, les émissions qui prédominent et qui « comptent » sont celles de télé-réalité. Et, contrairement à ce que l'on pourrait penser, elles sont extrêmement onéreuses. Ainsi, les cinq épisodes de « Gloire et Fortune » diffusés sur M6 en octobre et novembre 2004 ont été facturés 1 500 000 euros à la chaîne par la société de Benjamin Castaldi, B3 Com. Malgré l'argent investi, ce programme aura été un échec en termes d'audience, avec chaque jeudi seulement 11 % de parts de marché et moins de trois millions de téléspectateurs. Du reste, je peux vous révéler un secret concernant ce programme. Avant son lancement, M6 n'avait pas divulgué le nombre d'épisodes qu'elle diffuserait ; la raison officielle à ce silence était une volonté d'entretenir précisément une sorte de « secret industriel » autour de la conception et du déroulement de l'émission. Mais la réalité était beaucoup plus prosaïque et moins réjouissante : M6 n'avait dans un premier temps fait monter que trois épisodes, dans l'attente des premiers résultats d'audience ; si le succès avait été au rendez-vous, la chaîne aurait alors pris la décision d'étirer le programme sur huit ou neuf semaines afin de faire fructifier l'audience. Finalement, devant l'échec de ce programme, la chaîne a au contraire demandé au producteur de le réduire à cinq épisodes. Une procédure classique, qui évite d'une part d'avoir à traîner pendant des semaines une émission qui plombe les audiences et qui permet d'autre part à M6 de démentir tout constat d'échec, puisqu'elle peut alors affirmer sans aucune crainte d'être démentie qu'il n'y avait jamais eu plus de cinq épisodes prévus... Procédure identique pour « Oui chef ! », toujours sur M6, en janvier et février 2005 : quatre épisodes sont montés et un cinquième ajouté quand la chaîne constate que près de 4,5 millions de téléspectateurs suivent le programme.

Le service public sait également faire de gros chèques. Ainsi, en 2003, le record d'audience de France 3 a été enregistré par un docu-fiction d'un budget global de 3 millions d'euros : « L'Odyssée de l'espèce ». Bien sûr, France 3 ne l'a pas intégralement financé puisqu'il s'agissait d'une coproduction, mais le coût de ce programme dépassait largement celui d'une fiction classique. Cependant, l'investissement semble très rentable si l'on en croit l'augmentation de budget de 700 000 euros prévue pour « Homo Sapiens », la suite, qui a été diffusé le 11 janvier 2005. L'un des records a sans douté été atteint le 21 décembre 2004 par la diffusion sur France 2 du « Clan des rois » un docu-fiction dans lequel des animaux ont la parole. Les chaînes européennes ont dû s'associer pour débourser les 7,5 millions d'euros qu'a coûté la réalisation de ces 90 minutes, suivies en France par des millions de téléspectateurs.

France 3 a également quelques astuces dans sa manche. Quand une émission comme « La Carte aux trésors », animée par Sylvain Augier et diffusée pendant l'été, coûte trop cher, il suffit d'en faire payer une partie par...

les conseils généraux ! Cette émission, filmée depuis des hélicoptères, qui se déroule en effet dans nos belles régions de France, fait ainsi dire à ses producteurs qu'elle est « une belle promotion pour la région et qu'il est donc normal que celle-ci mette la main au portefeuille » ! Les responsables de « La Carte aux trésors » demandent ainsi en moyenne 70 000 euros par émission au conseil régional concerné, au titre de subvention. Pas de subvention, pas d'émission ! Avec 22 % de parts de marché, ses producteurs peuvent ainsi se permettre d'imposer leurs propres règles. C'est à prendre ou à laisser !

Une méthode similaire a été employée pour l'élection de Miss France, le 4 décembre 2004 sur TF1. La cérémonie a ainsi bénéficié d'une subvention de 190 000 euros versée par la mairie de Tours. C'est le passage obligé, là encore, pour profiter de spots promotionnels diffusés tout au long de l'émission, mais aussi pour accueillir cet événement qui réunit chaque année plusieurs millions de téléspectateurs.

La « Star Academy 4 » a quant à elle coûté, en fabrication, environ 16 millions d'euros pour quatre mois de tournage, 24 heures sur 24. Cela met environ le *prime time* à 500 000 euros, coût normal. En revanche, voici ce que confie Axel Duroux, ancien directeur général d'Endemol : « Sur la partie production, nous faisons une marge normale, sans plus, car nous investissons beaucoup sur la technique et consacrons par exemple 3 millions aux frais de développement. Mais l'émission rapporte tout de même 100 millions d'euros de droits dérivés pour 16 millions d'euros en production[1]. » Cela sans compter les droits empochés par TF1 et le chiffre d'affaires d'Universal... « Loft Story » aurait par exemple coûté bien moins cher à M6, pour un gain de l'ordre de 45 millions en produits dérivés.

---

1. G. Petit, *La Face cachée de la Star Ac'*, éditions Télémaque, 2005.

Les magazines d'information reviennent eux aussi très cher. « Envoyé spécial », diffusé sur France 2, paie ainsi entre 600 et 900 euros la minute de reportage achetée à une société de production. Il est dès lors plus rentable de faire mener les enquêtes en interne.

Sur France 5, les documentaires sont achetés pour une somme forfaitaire avoisinant les 70 000 euros, somme importante eu égard à l'audience de la chaîne.

Observons à présent ce qu'il en est des *access prime time*; autrement dit, des émissions diffusées entre 19 et 20 heures. L'émission « Frou frou », animée le samedi par Christine Bravo et sa petite bande, et produite par Thierry Ardisson, bénéficiait en 1993 d'un budget équivalent à 92 000 euros. Le dimanche, la même année, sur la même chaîne à la même heure, Michel Drucker présente « Déjà dimanche », pour un coût de 230 000 euros. Au cours de la saison 2003-2004, Emmanuel Chain facturait chaque émission quotidienne de « Merci pour l'info », sur Canal +, 120 000 euros. Pour la saison 2004-2005, l'émission de Michel Denisot « Le Grand Journal » a un budget d'environ 90 000 euros[1]. L'émission de Laurent Ruquier « On a tout essayé », produite par Catherine Barma, est facturée un peu plus de 100 000 euros par numéro. Endemol facture la même somme pour son jeu « À prendre ou à laisser », diffusé à la même heure sur TF1, mais il réalise des économies substantielles en enregistrant jusqu'à quatre ou cinq émissions par jour... Au cours de la saison 2003-2004, France 3 a quant à elle payé 40 000 euros par numéro de l'émission « Le Fabuleux Destin », présentée par Isabelle Giordano et produite par Marc-Olivier Fogiel.

Concernant les émissions de deuxième partie de soirée, Jean-Luc Delarue a demandé, le 12 septembre 1994, un peu moins de 180 000 euros pour le premier numéro de

1. *Le Monde*, 27 septembre 2004.

« Ça se discute ». Aujourd'hui, il est bien sûr difficile, pour ne pas dire impossible, d'obtenir les prix réels d'une telle émission, car tous ces contrats sont classés « top secret »... Je suis néanmoins parvenu à obtenir des chiffres. Jean-Luc Delarue n'a quasiment pas fait varier le prix de « Ça se discute » depuis le début de son contrat, et chaque émission ne dépasserait pas aujourd'hui les 200 000 euros. En revanche, fort de ses succès d'audience, il a proposé une version *prime time*, « Ça se discute jour après jour », qui propose encore plus de reportages, et dont les prix s'envolent à 450 000 euros par numéro.

De son côté, Thierry Ardisson facture son émission du samedi soir « Tout le monde en parle » à moins de 150 000 euros. On est à peu près dans les mêmes eaux pour « La Méthode Cauet », diffusée sur TF1 le jeudi. En revanche, Thierry Ardisson a droit à quelques *prime time* dans l'année, pour lesquels les prix grimpent jusqu'à 500 000 euros, notamment pour chaque numéro de « Opinion publique », émission dans laquelle un panel de Français se prononce sur un sujet déterminé.

Sur TF1, les prix des « deuxièmes parties de soirée » sont à peu près tous les mêmes : entre 150 000 euros pour des programmes comme « Y a que la vérité qui compte » et 190 000 pour « Vis ma vie », une émission qui nécessite le tournage de nombreux reportages. France 2 n'accorde quant à elle qu'un peu plus de 100 000 euros à son émission culturelle de qualité « Campus[1] ». Deux poids, deux mesures. Chaîne privée contre chaîne publique. Seule exception : la grille d'été, où TF1 joue plutôt la carte de l'économie en faisant tomber les coûts des émissions de deuxième partie de soirée à 100 ou 120 000 euros.

Sur le câble et le satellite, les émissions sont généralement faites avec des bouts de ficelle, la plupart du temps sur un plateau exigu appartenant à la chaîne. Il existe

1. *Les Échos*, 9 juillet 2001.

toutefois quelques exceptions, notamment pour les émissions destinées à « produire de l'image ». C'est le cas de l'émission de Thierry Ardisson diffusée sur Paris Première, « 93, rue du Faubourg-Saint-Honoré ». Pour 50 000 euros, l'animateur propose chaque semaine à l'antenne une émission originale et créative.

Sur France 3, le rendez-vous de l'après-midi présenté par Valérie Benaïm « J'y vais, j'y vais pas » s'est arrêtée brutalement le 17 décembre 2004 ; il s'agissait de l'une des émissions les moins coûteuses de la grille, qui revenait à 30 000 euros par jour. Mais la chaîne a profité d'une situation exceptionnelle. Petit retour en arrière. En 1998, cette case horaire est occupée par « Parole d'expert », un magazine présenté par Valérie Expert, aujourd'hui journaliste sur LCI. Plusieurs spécialistes viennent durant cinquante-deux minutes y assurer une chronique à l'antenne. L'émission est plutôt sympathique, mais l'audience ne décolle pas. Elle est alors facturée un peu plus de 20 000 euros par jour. France 3 décide alors de modifier ses programmes et Jean-Luc Delarue arrive avec « C'est mon choix » et Évelyne Thomas dans ses bagages. L'émission est plus chère, 40 000 euros, mais l'audience au rendez-vous. Devant ce succès, Réservoir Prod arrivera même à faire grimper les prix. Fin juin 2004, France 3 doit s'acquitter de 45 000 euros par émission, plus 15 000 euros pour les *best of* diffusés le samedi et 25 000 pour les *super best of* programmés le dimanche.

Lorsque France 3 décide de supprimer l'émission en raison de la brouille entre Évelyne Thomas et Jean-Luc Delarue, la chaîne en profite pour faire un appel d'offres, en réduisant très sensiblement les coûts de production. Pour la chaîne, ce sera 30 000 euros par émission, et cette proposition est à prendre ou à laisser pour les producteurs. Et ils prennent. Pas moins de seize projets sont ainsi proposés. Trois d'entre eux sont retenus. L'un est soumis par Évelyne Thomas, qui veut conserver sa case ;

le deuxième par Jean-Luc Delarue, qui ne souhaite pas davantage laisser s'échapper la tranche du 14-15 de France 3 ; et le dernier par un invité surprise, Dominique Ambiel, démissionnaire quelques semaines plus tôt de son poste de conseiller en communication du Premier ministre Jean-Pierre Raffarin.

C'est ce dernier qui est finalement choisi. Certains n'ont bien sûr pas hésité à voir dans cette décision un geste d'allégeance de Marc Teissier, président de France Télévisions, envers le gouvernement en place. Il faut dire que la question du renouvellement de Marc Teissier va se retrouver au cœur de l'actualité média dès le mois d'août 2005.

En fait, pour pouvoir se prononcer dans cette affaire, il est indispensable de se souvenir que Dominique Ambiel est avant tout producteur. C'est son métier d'origine. Avant d'entrer au service du Premier ministre, il avait dirigé pendant quinze ans le premier groupe français de production télé, Expand Images, et mis à l'antenne des programmes comme « Fort Boyard », « La Carte aux trésors » ou « Koh-Lanta ». Son arrivée sur France 3 n'est en fait qu'un retour aux sources. Du côté de la chaîne, on défend également le choix de Dominique Ambiel. « C'était le seul à proposer une émission en direct, et le direct doit devenir la nouvelle marque de fabrique de France 3 », explique en juillet 2004 Bertrand Mosca, le directeur des programmes.

Au bout du compte, l'émission de Valérie Benaïm peine à décoller et les audiences du premier mois sont inquiétantes, évoluant entre 8 et 11 % de parts de marché là où Évelyne Thomas enregistrait près de 16,6 % en moyenne. Un mois après le lancement, Bertrand Mosca intervient lors du MIPCOM de Cannes en octobre 2004 et confie que le direct n'est plus sa priorité : « L'émission va désormais être enregistrée afin de se dynamiser. J'ai parfois le sentiment que l'on assiste plus à une réunion

Tupperware qu'à un show télévisé. » Mais Thierry Pflimlin, le DG de France 3, me confie de son côté que « l'émission aurait du temps pour s'installer et que, quoi qu'il arrive, un contrat a été signé pour un an. L'émission ira donc jusqu'à son terme, même avec des résultats médiocres, c'est-à-dire jusqu'à la fin juin 2005. » Deux mois plus tard, le 17 décembre 2004, « J'y vais, j'y vais pas » s'arrête. Les scores d'audience ont fini par être plus forts que les souhaits du directeur général de France 3, lequel a dû se rendre à l'évidence. Cette émission est bel et bien un échec.

On peut très bien imaginer que d'ici quelques années les chaînes de télévision, en particulier celles du câble et du satellite, diffuseront des programmes qui ne leur auront pas coûté un seul euro. Des programmes fournis clé en main par des sponsors. Pour l'instant, cette technique fort rentable pour les chaînes ne touche que les programmes courts de deux à cinq minutes, mais elle pourrait bien être appelée à se développer dans un très proche avenir. Tout a débuté en France en 1997, lorsque la société Leroy-Merlin a souhaité parrainer un programme de décoration intérieure. Malheureusement, aucune chaîne hertzienne ne diffusait ce type d'émission. Résultat, Leroy-Merlin a fait fabriquer un programme sur mesure et est allé le proposer à TF1.

Toujours à l'antenne sept ans plus tard, « Du côté de chez vous » est l'ancêtre de ces programmes courts, qui se multiplient aujourd'hui avant et après les journaux de 20 heures de TF1 et de France 2. Non seulement les coûts de fabrication de ces programmes ne sont pas extrêmement élevés, mais en plus les chaînes offrent des forfaits annuels. Le coût de production varie ainsi entre 5 000 et 15 000 euros pour une minute, contre 100 000 à 500 000 pour un spot publicitaire classique. Enfin, l'achat d'espace forfaitaire, avant ou après 20 heures, est facturé environ

5 millions d'euros par an par TF1, 3 millions par France 2 et 1,5 million par M6.

Mais dans les prochaines années, les chaînes du câble et du satellite vont avoir besoin de programmes frais pour se différencier, sans avoir les moyens de les fabriquer. Elles seront donc tentées de diffuser des programmes bien ficelés et attractifs que leur livreront de grosses entreprises. Pourquoi une chaîne musicale ne diffuserait-elle pas une émission musicale fournie par Coca-Cola, qui, en échange, aurait inséré son logo et son produit dans les images ? De même, les chaînes de sport pourraient avoir envie de diffuser des interviews de pilotes automobiles exclusives fournies par Renault.

Il faut ainsi se souvenir que, au début de la FM, de grosses sociétés envoyaient aux radios locales des programmes musicaux prêts à diffuser, animés par des vedettes. La radio les diffusait gratuitement, en même temps que les spots de publicité inclus par le sponsor. Les petites FM pouvaient ainsi offrir à leurs auditeurs de grands animateurs, chanteurs ou acteurs sur son antenne. Cette méthode perdure aujourd'hui, avec quelques sociétés comme Radio & Co, créée par l'ancien directeur d'antenne de NRJ, Éric Angioletti, qui fournit actuellement gratuitement à plusieurs dizaines de stations de radio des chroniques parrainées. Parmi elles, des chroniques de beauté et de santé pour Vichy (L'Oréal) sur cinquante stations ; des portraits de coureurs cyclistes célèbres à l'occasion des cent ans du Tour de France diffusés sur quatre-vingts stations ; des rubriques quotidiennes d'horoscope diffusées sur cent cinquante fréquences.

Alors, prochaine étape : la télé avec des programmes revenant à zéro euro pour les chaînes ? Sauront-elles résister très longtemps ?

Journalistes : les salaires s'envolent !

Maintenant que vous en savez plus sur le coût des émissions, parlons des salaires. La télé paie-t-elle trop ses animateurs et ses journalistes ? Pour la majorité des téléspectateurs, la question ne se pose même pas : c'est une certitude, tous ces saltimbanques gagnent trop d'argent ! Quant aux journalistes, il y a dans l'esprit du public deux catégories. Les grands reporters « qui risquent leur vie chaque jour pour nous informer et qui sont sous-payés » et les présentateurs « qui sont confortablement assis dans un studio chauffé et qui empochent des dizaines de milliers d'euros ».

Faisons donc nous aussi la différence entre animateurs et journalistes, même s'il est aujourd'hui de plus en plus difficile pour le commun des mortels de distinguer ce qui sépare un Marc-Olivier Fogiel, qui a une carte de presse, d'un Thierry Ardisson qui n'en a pas.

Les écarts de salaires entre les journalistes sont innombrables. 75 % des revenus mensuels bruts s'inscrivent dans une fourchette allant de 2 000 à 3 000 euros. Il existe en effet de grandes disparités de revenus dans cette profession. Le salaire moyen est ainsi de 2 600 euros. Malgré la percée notable des femmes, il existerait encore aujourd'hui un écart de près de 20 % entre leurs salaires et ceux de leurs homologues masculins. Ce qui n'empêche naturellement pas l'existence de quelques gros salaires chez ces dames. En 2001, Anne Sinclair gagnait ainsi 381 000 euros par an sur TF1[1].

Les apprentis journalistes tout juste sortis de leur école sont quant à eux payés un peu moins de 1 500 euros par mois. Mais ne nous voilons pas la face : même si personne n'ose le dire officiellement, il existe bel et bien une hiérarchie des médias, un classement qui définit

1. *Marie-Claire*, août 2001.

votre salaire. Les quatre médias les plus rémunérateurs sont, par ordre décroissant, les télés nationales, la presse magazine d'information générale (*Le Point, L'Express, Le Nouvel Observateur*...), les radios nationales dites généralistes (RTL, Europe 1, France Inter...) et enfin la presse quotidienne nationale (*Libération, Le Figaro, Le Monde, Le Parisien*...). C'est également peu ou prou à ce niveau que l'on pourrait situer les radios musicales (NRJ, Fun Radio...) et les télévisions régionales. Les plus faibles rémunérations se trouvent au sein des radios locales, de la presse institutionnelle et de la presse régionale non quotidienne.

Du côté du petit écran, c'est donc sans la moindre surprise TF1 qui paie le mieux ses journalistes. Du bas en haut de l'échelle de la rédaction, la Une veut les meilleurs et y met le prix. Un journaliste débutant est ainsi payé entre 2 500 et 3 000 euros, et verra son salaire atteindre 4 000 euros après quelques années d'expérience. De leur côté, les grands reporters, qui prennent parfois de véritables risques pour nous informer, peuvent être rémunérés de façon honorable. Selon plusieurs critères, dont leur ancienneté, ils touchent ainsi entre 4 000 et 6 000 euros mensuels. Ces salaires sont 30 à 40 % supérieurs à ceux pratiqués dans la presse écrite.

Concernant les chaînes du service public, il existe des grilles salariales qui sont rendues publiques, mais chaque directeur de la rédaction conserve bien sûr la possibilité de bien mieux rémunérer un collaborateur s'il juge qu'il le mérite. Un seul regard sur le budget de l'information de TF1 montre à quel point informer coûte cher. Robert Namias a révélé que l'info sur TF1 coûtait 100 millions d'euros par an, contre un peu moins de 50 millions pour la petite sœur LCI[1]. À TF1, ce sont plus de deux cents

1. *Le Monde*, 15 octobre 2004.

journalistes qui travaillent, contre près de trois cents sur France 2.

Quels sont donc les salaires du service public ? Un rédacteur en chef est payé au minimum 2 600 euros par mois (contre 5 000 euros en moyenne sur TF1), un grand reporter au moins 2 500 euros (contre 4 000 à TF1), un reporter en moyenne 2 000 euros (3 000 à TF1). N'oublions pas qu'à ces chiffres il faut ajouter les notes de frais souvent importantes des journalistes, mais aussi l'abattement fiscal dont bénéficient les porteurs de la carte de presse. Malgré tout, le service public, on le voit, affiche des salaires inférieurs au secteur privé. Il faut dire que les augmentations sont décidées par des commissions paritaires, où siègent représentants syndicaux et membres de la direction. Un processus très bureaucratique, qui fait la part belle aux avancements automatiques, comme l'illustre par exemple le témoignage de cet ancien grand reporter du service public, passé aujourd'hui dans le privé. « J'ai touché seulement 110 euros d'augmentation au cours de mes trois années de travail à France 2. En partant dans le privé, j'ai vu mon salaire brut passer de 2 500 à 3 300 euros par mois[1]. » Même rancœur de la part de ce journaliste de France 2, qui comptabilise une douzaine d'années de carte de presse : « En guise de reconnaissance, j'aimerais recevoir autre chose qu'un clin d'œil dans le couloir... » Son salaire : 3 100 euros bruts.

Bien sûr, tous ces journalistes vanteront la « liberté de ton de leur chaîne », mais en fouillant un peu, on s'aperçoit également que certaines habitudes sont parfois caricaturales. J'en veux pour preuve cette situation ubuesque[2] : « Arnaud (ce n'est pas son nom), un ancien journaliste parti depuis sur une chaîne privée, n'a pas oublié son premier reportage pour France 2, en juin 1996.

1. *L'Express*, 11 avril 2004.
2. *Libération*, 4 août 2004.

Sa rédactrice en chef avait décidé de l'envoyer en Alsace suivre une course de tracteurs. Avant de partir, le jeune journaliste passe au service du planning, qui lui affecte un caméraman et un preneur de son. "C'était mon premier reportage, j'étais très motivé", se souvient-il. Très vite, il déchante, en voyant l'un de ses coéquipiers emporter sa canne à pêche [...]. Olivier Mazerolle, à l'époque directeur de l'information, a failli s'étouffer au milieu d'un comité de direction. Il venait d'apprendre qu'un journaliste parti couvrir les Jeux olympiques d'hiver n'était pas disponible pour travailler : il était en congé de récupération à Salt Lake City... » « France 2 est une machine molle, marquée par l'absence de responsabilités, une boîte bloquée », commente également, désabusé, un cadre supérieur de la chaîne.

Outre, bien évidemment, le statut de présentateur, l'un des postes les plus enviables sur le plan financier est celui de rédacteur en chef. C'est lui qui a la responsabilité éditoriale du programme. En fonction de l'importance dudit programme et de son horaire de diffusion, la paie est plus ou moins élevée. Sur une grosse émission diffusée en *prime time* ou très exposée, il faut compter entre 8 000 et 12 000 euros par mois. Le rédacteur en chef d'un programme comme « Combien ça coûte ? », sur TF1, touche par exemple 10 000 euros. Pour les autres émissions, sur le câble ou en journée, on peut espérer entre 4 000 et 7 000 euros.

Autre métier indispensable, celui de journaliste reporter d'images, plus communément appelé « caméraman ». Il s'agit le plus souvent d'un travail à la pige ou au forfait. Les rémunérations sont d'environ 73 euros bruts pour une pige journalière, 80 pour un dossier ou une enquête, avec une majoration de 20 % si le JRI assure en plus le commentaire.

Mais les mieux payés restent bien sûr les présentateurs de journaux, l'image même de la chaîne. Là encore, un secret quasi absolu règne autour de leurs émoluments. En 1987, le *Journal du dimanche* avait mené une enquête[1] avec l'institut Ipsos révélant que, selon les sondés, « les rétributions mensuelles sages et honnêtes » des journalistes vedettes devaient être inférieures à 8 000 euros. Avec l'inflation, on peut estimer que les Français pensent aujourd'hui qu'un salaire « sage et honnête » serait de l'ordre de 10 000 euros. Mais honnêtement, on en est bien loin…

À tout seigneur, tout honneur, la vedette toutes catégories en France, Patrick Poivre d'Arvor. Difficile de connaître son salaire exact. On peut d'une part s'appuyer sur ses déclarations. Le 25 novembre 2004, dans *France-Soir*, PPDA affirme : « Je gagne cinq fois moins que le P-DG de Renault. » Cette petite phrase est plutôt maligne, car elle a le mérite de remettre ce salaire à l'échelle des dirigeants, puisque PPDA est également directeur adjoint de la rédaction de TF1, première chaîne d'information française. Cinq fois moins que le P-DG de Renault, cela représente environ 35 000 euros par mois. Soit environ 10 000 euros de moins que les chiffres avancés ici ou là dans la presse. Reste à savoir ce que recouvrent ces 35 000 euros évoqués à demi-mot par PPDA, car, en plus de ses fonctions à la rédaction de TF1, il a de nombreuses autres activités sur TF1 comme sur LCI, où il anime une chronique littéraire. En réalité, si l'on regroupe toutes ses activités télévisuelles, on peut estimer que son salaire se situe entre 40 et 45 000 euros.

De son côté, Claire Chazal m'a confirmé le 18 novembre 2004, dans mon émission sur Europe 1, qu'elle gagnait 22 000 euros par mois, auxquels il faut ajouter 800 euros hebdomadaires pour l'émission qu'elle présente sur la chaîne gay Pink TV. Cette même Claire Chazal était entrée en 1991 à TF1, à la demande insistante

1. Sondage *JDD*/Ipsos réalisé du 19 au 22 mai 1987 auprès de 900 personnes.

de Patrick Le Lay, pour un peu moins de 10 000 euros. Il faut dire qu'elle était très courtisée... Elle présentait alors le dernier journal à France 2 avec talent, et La Cinq lui avait déjà proposé 10 000 euros, qu'elle avait refusés. Et pourtant, à l'époque à France 2, elle ne touchait que 4 000 euros par mois. Flair ? Instinct féminin ? Quoi qu'il en soit, il est aujourd'hui évident que Claire Chazal a fait le bon choix en ne se précipitant pas sur le premier gros salaire qui lui était offert, en l'occurrence par la défunte Cinq !

Autre journaliste à m'avoir dévoilé son salaire, Laurence Ferrari. Le 17 décembre 2004, elle me révélait sur Europe 1 : « Je sais que certains avancent des chiffres fantaisistes sur mon salaire. Moi, je suis pour la transparence à l'américaine. Je peux donc vous dire que je gagne 9 000 euros à TF1. » À ce salaire, et pour être complet, il convient toutefois d'ajouter une prime d'environ 1 500 euros par mois pour la présentation de « 7 à 8 », et environ 12 000 euros supplémentaires pour « Vis ma vie », en deuxième partie de soirée. Soit un salaire total d'environ 22 000 euros mensuels. De son côté, son mari, Thomas Hugues, touche également un peu plus de 20 000 euros par mois, mais sans avoir à présenter d'émission de deuxième partie de soirée. Il a la chance d'être payé quasiment le double à TF1, mais touche le même forfait de 1 500 euros par mois pour « 7 à 8 ».

Sur France 2, les salaires des présentateurs de journaux sont bien évidemment moindres. On estime généralement celui de David Pujadas à 12 000 euros, et celui de Béatrice Schoenberg à environ 10 000. Quant à Élise Lucet, qui réalise d'exceptionnels scores d'audience au 19/20 de France 3, elle doit elle aussi se contenter de 10 000 euros, soit moins de la moitié du salaire de Claire Chazal sur TF1. Il est donc certain que ce n'est pas l'argent qui fait rester les journalistes sur France Télévisions. En revanche, certains ne cherchent pas à faire jouer la concurrence.

En passant de façon spectaculaire de Canal + à TF1, la nouvelle star du foot de la Une, Thierry Gilardi, n'a pas tenté de faire grimper son salaire. Il affirme être resté à 23 000 euros par mois[1]. De son côté, Christophe Hondelatte, qui présentait le 13 heures de France 2 jusqu'au 28 janvier dernier, affirmait : « Je me tais, j'ai passé un *deal* avec mon patron. » En réalité, son salaire était l'un des plus élevés de la rédaction. *Le Point* du 3 février 2005 l'estimait à 22 800 euros.

Les journalistes qui ont acquis une certaine notoriété restent bien évidemment les mieux pourvus, même si leur talent demeure parfois confiné dans des émissions aux scores d'audience confidentiels. Cette saison, Daphné Roulier, qui présente « + Clair » le samedi midi, sur Canal +, touche 10 000 euros mensuels[2]. Ce qui reste sensiblement supérieur à ce à quoi peuvent prétendre la plupart des journalistes qui travaillent pour i-Télé, filiale de la chaîne cryptée.

En effet, Canal + a décidé, le 4 novembre 1999, de lancer sa propre chaîne d'information « à l'économie ». Afin de réduire les coûts salariaux, les responsables choisissent alors de faire appel à de jeunes journalistes n'ayant pas plus de trois ans d'expérience en moyenne. Cela permet de ne les payer que 2 500 à 3 000 euros. Et pourtant, ces jeunes doivent être très polyvalents : enquête, prise d'images, montage et mixage avec commentaire. En province, les correspondants sont seuls avec un assistant pour couvrir toute la région. Les assistants sont quant à eux payés 1 200 euros par mois. Pour beaucoup, c'est leur premier contrat à durée indéterminée. Noël Couëdel, qui était à l'époque directeur de la rédaction, considérait que « i-Télé les paie avec une aventure qui doit les motiver. Et

1. *Télé Loisirs*, 4 octobre 2004.
2. *Libération*, 7 août 2004.

puis participer à la naissance d'une chaîne n'arrive pas tous les jours. Ce ne sont pas les plus hauts salaires de la place, mais vu leur moyenne d'âge, ils sont plutôt pas mal payés. »

Estampillés « JRI en devenir », les assistants pourraient prendre du galon si la chaîne décidait d'ouvrir de nouveaux bureaux en province. Le quotidien *Libération*, qui réalise à l'époque un reportage dans les locaux de la chaîne naissante, n'en revient pas : « Les jeunes journalistes de la future chaîne tout info de Canal + font d'abord penser à une colonie de vacances de retour de l'atelier poterie. Une colonne de trublions détendus qu'on imagine mal à l'aube d'une grande aventure audiovisuelle[1]. »

i-Télé avait alors clairement choisi de parier sur la technique plus que sur les hommes. 200 000 euros vont en revanche être investis dans le matériel mis à la disposition des journalistes en province. Mais l'histoire de i-Télé s'est écrite différemment. Après avoir fait l'objet de moqueries, notamment de la part des Guignols, à propos de l'inexpérience des équipes, la chaîne a décidé de recentrer son concept. L'aboutissement de ce repositionnement se traduira en septembre 2004 par l'arrivée de Guillaume Durand, journaliste émérite… et expérimenté. Il rejoint Thierry Gilardi, venu quelques mois plus tôt, et qui avait depuis plusieurs années déjà fait ses preuves sur Canal +. Du reste, Guillaume Durand, avec son franc-parler habituel, n'hésite pas à m'expliquer ce qui fait aujourd'hui la différence entre LCI et i-Télé : « En fait, j'ai le sentiment que LCI s'est un peu embourgeoisée ; j'ai du mal à comprendre pourquoi il y a autant d'émissions sur l'économie et la bourse sur cette chaîne. J'adore l'équipe avec laquelle j'ai passé des années formidables là-bas, mais nous allons essayer de faire autre chose, de dynamiser tout cela. »

1. *Libération*, 27 septembre 1999.

Aujourd'hui subsiste tout de même une différence dans les fiches de paie des journalistes présentateurs des chaînes d'info. Sur LCI, ils touchent en moyenne 4 500 euros par mois, soit 1 000 à 1 500 euros de plus que sur i-Télé. Il faut dire également que, selon les derniers sondages, i-Télé fait trois à quatre fois moins d'audience que la chaîne d'info du groupe TF1.

En définitive, et pour conclure sur la question, retenons que l'information coûte cher. Prenons un dernier exemple précis, celui du coût total d'une équipe de reportage sur le terrain. En l'occurrence, une équipe de France 2, envoyée à Bagdad en novembre 2004. Le logement, les billets d'avion, les déplacements, l'argent nécessaire pour effectuer les enquêtes et assurer un minimum de protection forment un budget de 97 000 euros. Lorsque l'équipe fait parvenir son reportage à Paris, il faut utiliser une liaison satellite. Pour chaque reportage envoyé, il faut compter 694 euros. En trois semaines d'une actualité « normale », les équipes sur place peuvent envoyer entre quinze et vingt reportages. En cas de grosse actualité, la rédaction parisienne souhaite souvent obtenir des interventions en direct de ses correspondants. C'est ce que l'on appelle un « duplex », qui se fait là encore par satellite. Un duplex de Bagdad coûte 926 euros.

On constate donc à quel point l'information coûte cher, en particulier lorsqu'il s'agit d'une grande chaîne qui souhaite avoir ses propres reportages et ses propres équipes sur le terrain, sans avoir à être tributaire d'images tournées par des équipes de télévisions étrangères. Le point le plus important n'est donc pas celui du salaire des journalistes, mais très clairement celui du reportage sur le terrain.

Les salaires des animateurs

Après avoir abordé la question des salaires des journalistes, il est grand-temps d'évoquer en détail celui des « véritables stars » de la télévision, je veux bien sûr parler des animateurs… Toutefois, avant de nous intéresser à ceux que nous connaissons en France, je vous invite à faire un petit tour en ma compagnie de l'autre côté de l'Atlantique, où le public potentiel est bien plus vaste et les sommes brassées pas moins étonnantes.

Au sommet de la hiérarchie des animateurs américains se trouve Oprah Winfrey. Elle est, si l'on veut et toute proportion gardée, une sorte d'Évelyne Thomas qui aurait réussi en faisant des émissions populaires, mais de qualité. Ses activités sont multiples. Outre son *talk show* quotidien sur CBS, elle dirige notamment un mensuel de presse écrite féminin, tout simplement intitulé *Oprah*. Selon l'hebdomadaire télé américain *TV Magazine*, ses revenus ont été de 210 millions d'euros pour la simple année 2004. La « reine des *talk shows* » voyage en jet privé lorsqu'elle part en vacances dans sa propriété de Hawaï évaluée à 20 millions d'euros, ou bien à Montecito, en Californie, où elle possède une autre somptueuse villa d'une valeur de 50 millions d'euros. Quand elle vient à Paris, comme durant l'été 2004, elle assiste en VIP au défilé Chanel, accueillie comme une diva par Karl Lagerfeld en personne. Il se murmure même de façon insistante qu'à la fin dudit défilé elle a été conduite dans un salon privé pour faire son choix. La facture, pour cette seule journée, se serait montée à 360 000 euros ! Il y a tout de même un domaine dans lequel Oprah Winfrey continue d'afficher des goûts simples : l'alimentation. Elle a en effet confié à un magazine américain : « Le caviar, ce n'est pas mon truc, je préfère les paquets de chips des supermarchés ! » Tout cela est certes passionnant, mais revenons-en à des préoccupations plus proches de nos attentes, à savoir les émissions télévisées. En plus de ses activités professionnelles susnommées, Oprah Winfrey s'est également payé le luxe de produire un autre *talk show* quotidien sur CBS, diffusé juste avant le sien, et animé par un docteur qui était un invité régulier de sa propre émission. C'est ainsi que le Dr Phil prodigue chaque jour ses bons conseils aux téléspectatrices américaines, pour un modeste salaire mensuel de l'ordre de 1,6 million d'euros, grâce auquel il s'est notamment permis le luxe de payer *cash* 75 millions d'euros une villa à Beverly Hills !

Comme la télévision est, vous le savez, une très grande famille, les États-Unis ont évidemment eux aussi leur duo de frères ennemis, de « meilleurs ennemis », un peu à l'image de nos Fogiel et Ardisson nationaux. Ils s'appellent Jay Leno et David Letterman. Tous deux présentent un *talk show* quotidien à 23 h 35, Leno sur NBC, Letterman sur CBS. Si le premier devance chaque soir le second en termes d'audience, les rapports sont en revanche inversés sur le plan financier, au privilège de l'ancienneté. Jay Leno touche ainsi 1,6 million d'euros par mois, et possède par ailleurs cent quatre-vingts voitures et motos dans deux hangars de l'aéroport de Burbank ! Folie des voitures qu'il partage avec David Letterman, lequel possède entre autres une Ferrari 212 estimée à plus de 400 000 euros. Broutilles, sachant que l'animateur de CBS empoche 2,8 millions d'euros chaque mois pour l'animation de son show, somme à laquelle il convient d'ajouter les 10 millions d'euros que lui a rapportés sa société de production l'année passée.

Il existe également outre-Atlantique une nouvelle mode, qui consiste à transformer des sportifs ou des hommes politiques en animateurs. En septembre 2004, la chaîne NBC a tenté l'expérience avec l'ancienne gloire du tennis John McEnroe. L'audience s'est révélée catastrophique. Mais cela n'a pas découragé la chaîne d'avoir recours à des personnalités dont la télé n'est pas le métier premier. NBC a ainsi proposé dans la foulée un poste d'animateur à l'ancien Président Bill Clinton, moyennant 3,3 millions d'euros par mois.

En France, il existe de nombreux cas de figure de statut et de rétribution pour les animateurs. Certains sont payés à l'émission, d'autres sont mensualisés comme des salariés « classiques », d'autres ne le sont que sur les dix mois que compte la saison télé. Certains cumulent des salaires d'animateurs et de producteurs, alors que d'autres se contentent d'être présentateurs. Quelques-uns bénéficient également d'avantages en nature – voiture, chauffeur, frais de représentation… À ces chiffres viennent s'ajouter ce que l'on appelle les « ménages », autrement dit les animations « extérieures » pour des conventions d'entreprises par exemple. Il est donc difficile de dresser de façon précise un tableau des rémunérations de ces animateurs, qui bénéficient de bien plus de liberté que les journalistes. Pour ces derniers, les activités extérieures sont très contrôlées par la Commission nationale de la carte d'identité des journalistes.

Alors, combien brassent nos petits animateurs dans l'Hexagone ? En lisant un numéro de *VSD* du début du mois de juillet 2004, beaucoup de Français ont dû penser que les patrons de chaîne étaient devenus fous. L'article s'intitulait tout simplement « Dechavanne et l'argent ». Le journaliste, François Sérié, faisait l'inventaire du patrimoine de Christophe Dechavanne. Quelques jours plus tôt, ce dernier avait terminé de présenter avec succès la première édition de « La Ferme célébrités » sur TF1, une émission qui l'avait remis en selle, après plusieurs mois de « traversée du désert » durant lesquels aucune chaîne n'avait souhaité lui confier le moindre *prime time*. Quasiment dix ans plus tôt, en 1995, Patrick Le Lay avait alors prononcé cette phrase, restée gravée dans la mémoire de tous les observateurs du petit écran : « Les audiences de Christophe Dechavanne ne sont pas satisfaisantes. Je pourrais même dire qu'il s'agit là d'un accident industriel. » Cela prouve en tout cas que rien n'est jamais définitif dans ce métier, même et y compris pour quelqu'un comme Christophe Dechavanne, dont le retour réussi a semble-t-il alimenté son compte en banque de façon appréciable, puisqu'il aurait touché 45 000 euros par semaine pour animer « La Ferme »[1].

Mais revenons à l'article de *VSD* consacré à Christophe Dechavanne : « Il dépenserait entre 45 000 et 90 000 euros mensuels. [...] Il a acheté un hôtel particulier à Montmartre pour 1,8 million d'euros, et en a dépensé autant pour les travaux d'intérieur. Il jouit d'ailleurs d'une terrasse de trois cents mètres carrés avec vue imprenable sur les toits de Paris. [...] Dans sa résidence secondaire de Sologne (prix d'achat 2,4 millions d'euros), il possède une piste d'atterrissage pour son hélicoptère et 250 hectares clos. [...] Son hélicoptère actuel est d'ailleurs un Écureuil AS 352 B1 d'une valeur de 700 000 euros, basé à l'héliport d'Issy-les-Moulineaux. Quant à son mariage, le 14 juillet 2004, il a été vendu en exclusivité à un magazine pour la somme de 150 000 euros. »

Un mariage vendu ? Cela pourrait vous surprendre au premier abord, mais sachez que ce genre de pratique est très répandu parmi les vedettes du showbiz. Vous avez d'ailleurs sans doute vu dans la presse ces images qui montrent – si l'on peut dire ! – les mariés cachés derrière d'immenses parapluies alors qu'il ne pleut pas une goutte. Ces parapluies sont destinés à protéger les mariés des paparazzis. Le photographe du magazine ayant l'exclusivité est du bon côté, tandis que les autres photographes doivent, dans le meilleur des cas, se contenter de photographier un

1. *Télé Star*, 14 novembre 2004.

ballet de parapluies colorés... C'est d'ailleurs exactement ce qui s'est passé quelques jours après le mariage de Christophe Dechavanne, lorsque Laurence Boccolini est à son tour passée devant monsieur le curé au bras de Mickaël, son « Mister Tahiti ».

Une fois de plus, *Gala* avait acquis l'exclusivité des images, en payant cela dit un peu moins cher que pour Dechavanne. Laurence Boccolini a d'ailleurs souhaité jouer la transparence, puisqu'elle reconnaissait le 19 novembre 2004 sur Match TV avoir touché « 60 000 euros, qui ont essentiellement servi à assurer la sécurité de l'événement ». Les autres magazines, comme *Public*, ont dû se contenter de s'amuser à publier des images de parapluies pour illustrer l'article sur ce mariage. Et il en a été ainsi durant toute la saison : *Gala* a acquis pour 50 000 euros le mariage de l'ancien gardien de but de l'Olympique de Marseille Pascal Olmeta, tout auréolé de sa nouvelle et glorieuse médiatisation suite à son passage dans « La Ferme célébrités » ; le mariage entre Benjamin Castaldi et Flavie Flament aurait été vendu au magazine *Oh La !* pour 137 400 euros, qui aurait également versé 120 000 euros pour les photos exclusives de la compagne de Jean-Paul Belmondo enceinte, ou encore 152 500 euros, en 1998, pour l'exclusivité du mariage de l'ex-patineur Philippe Candeloro[1].

Il convient toutefois de relever deux exceptions notables dans ce commerce de la vie privée. Ainsi, Arthur n'a pas touché un seul euro lors de son mariage avec Estelle, et a même offert les superbes photos de la cérémonie au magazine *Elle*. *Elle*, qui fera même coup double en septembre 2004, à l'occasion de l'union de Patrick Bruel et d'Amanda ! Mais au-delà de ces gestes d'une rare élégance d'Arthur et de Patrick Bruel, il faut bien savoir

1. Ces chiffres proviennent d'une enquête ayant pour thème les tarifs des photos de stars, réalisée par la revue *Entrevue* en octobre 2000.

que toutes les stars vendent leurs photos. En septembre 2004, par exemple, Michel Polnareff apparaît nu à la une de *Paris Match*, photo pour laquelle le magazine aurait payé 100 000 euros…

Malgré les apparences, toutes ces sommes demeurent ridicules si on les compare à celles versées à certaines stars étrangères. Le magazine *OK* aurait ainsi payé 2,7 millions d'euros l'exclusivité de l'union de Michael Douglas et de Catherine Zeta-Jones. C'est plus que le 1,7 million d'euros empoché par Michael Jackson pour poser avec son fils Jackson Junior, âgé aujourd'hui de huit ans. Enfin, en 2000, David et Victoria Beckham avaient vendu à la presse leur mariage pour 1,5 million d'euros. Des sommes qui font assurément tourner la tête.

Mais Christophe Dechavanne, qui ne m'en voudra pas de le prendre comme étalon, n'est pas le seul à dépenser des sommes que Madame Michu trouvera sans doute vertigineuses. Arthur débourserait quant à lui « 150 000 euros, uniquement pour l'entretient de sa villa de Saint-Tropez, un village dans lequel il se déplace à bord d'un 4×4 Mercedes Classe G d'une valeur de 60 000 euros[1] ». Arthur, dont le salaire reste l'un des mystères les mieux gardés de France. Certains parlent d'environ 100 000 euros par mois, ce qui en ferait alors l'un des animateurs télé les mieux payés, même si cette somme recouvre probablement sa rémunération au titre de ses fonctions à Endemol.

Ne perdons cependant pas de vue que les salaires font souvent le yo-yo d'une saison à l'autre. C'est l'expérience vécue par Christine Bravo, qui touchait 18 000 euros par mois[2] en présentant « Union Libre » sur France 2, alors qu'aujourd'hui son salaire varie en fonction du nombre de ses prestations au sein de « On a tout essayé », animé par Laurent Ruquier, qui lui rapporteraient 2 000 euros chacune.

---

1. *Public*, 16 août 2000.
2. *Télé Star*, 15 novembre 2004.

L'une des particularités de l'univers de la télé est d'ailleurs de voir les salaires s'envoler sans beaucoup de logique. Nagui raconte ainsi : « Quand je suis entré à TMC au début de ma carrière, je n'étais pas payé. À France 3 régional ensuite, je touchais 500 ou 600 euros. À M6, je suis entré à 1 500 euros par mois à raison d'une émission par semaine. J'en suis sorti à 11 000 euros par mois. Mon salaire a décollé sur TF1 avec 15 000 euros par mois. À France 2, je touchais 20 000 euros pour présenter le jeu "Que le meilleur gagne". Quant à "Taratata", c'est une émission qui ne me rapportait quasiment rien[1]. » Aujourd'hui, Nagui vend des émissions clé en main aux chaînes de télévision ; il est donc directement payé par sa société de production Air Productions, et non plus par les chaînes.

Jean-Luc Delarue demeure une fois de plus un cas particulier, car il est toujours propriétaire de sa société de production Réservoir Prod. Quand le magazine *Capital* établit en mai 2004 le classement des grandes fortunes d'Île-de-France, JLD apparaît en bonne position avec un patrimoine estimé à 117 millions d'euros. Réaction de l'intéressé : « Ça me fait plaisir de constater que Réservoir est valorisé à ce prix-là. C'est important d'avoir les reins solides dans ce métier soumis à une grande concurrence et à une forte exposition. Avec cet argent, je me fais plaisir. Je voyage souvent. Je me suis acheté un appartement, une maison au bord de la mer, de l'art contemporain. J'ai perdu de l'argent dans ceci… gagné dans cela… J'essaie de faire en sorte que le peu de temps libre que j'ai soit hyper-dense[2]. » Alors, quel est le salaire de Delarue ? À peu près le même que celui d'Arthur. Le patron de Réservoir Prod gagnerait ainsi entre 100 000 et 120 000 euros par mois[3].

---

1. *Les dieux de la télé existent, je les ai rencontrés, op. cit.*
2. *Le Figaro Entreprises*, 30 août 2004.
3. *Le Point*, 13 mai 2004.

Emmanuel Chain, de son côté, a toujours joué la carte de la transparence sur ses salaires. D'ailleurs, en 1993, lors du premier numéro de l'émission « Capital » qu'il présente sur M6, il reçoit Edwy Plenel, alors chef de service au journal *Le Monde*. Lorsqu'il lui révèle gagner 4 000 euros par mois, Emmanuel Chain ne peut s'empêcher de s'exclamer : « C'est tout ? » Il faut dire que lui gagne déjà à cette époque 8 000 euros par mois, six ans après être entré à M6 pour 2 000 euros par mois. Lors de sa dernière année à la tête de « Capital » sur M6, en 2003, Emmanuel Chain a confié qu'il gagnait 24 000 euros par mois pour présenter cette émission, omettant au passage de préciser combien lui rapportait sa société de production Élephant et Compagnie. Quelques mois plus tard, alors qu'il anime « Merci pour l'info » sur Canal +, il déclare courageusement gagner 6 000 euros par émission. 120 000 euros par mois ! Le chiffre fait bondir plus d'un producteur, car avec une moyenne de 500 000 téléspectateurs, l'émission est certes un succès d'image, mais certainement pas un succès d'audience.

Vrai et grand professionnel, Emmanuel Chain a du mal à trouver la formule qui marche. Après quasiment deux mois d'interruption, « Soyons directs » revient dans une formule rénovée et en *prime time* en février 2005. Je souhaite sincèrement bonne chance à Emmanuel Chain, un très bon intervieweur, en particulier dans le domaine économique et politique, où il fait preuve d'une grande culture et de connaissances que nombre de journalistes peuvent lui envier. En tout état de cause, en arrivant sur M6 pour présenter « Soyons directs » le vendredi soir, le salaire d'Emmanuel Chain est retombé à 30 000 euros. Quant à son successeur pour « Capital », Guy Lagache, lui aussi joue la transparence : « Je gagne 7 500 euros par mois, plus 2 500 euros sous forme de prime de présentation. Je ne peux pas être à la tête d'une émission économique et refuser de répondre à une question comme celle-là ! »

Ce franc et fort respectable point de vue n'est pas partagé par Jean-Pierre Pernaut qui, avec « Combien ça coûte ? », présente pourtant lui aussi une émission à tendance économique. Sa vision des choses est tout à fait différente : « J'ai lu ici ou là des informations erronées sur mes revenus. C'est vrai que je présente une émission liée à l'argent, mais je n'ai jamais dévoilé les revenus des personnalités privées sans leur accord. Cela reste un tabou en France. Je ne m'autorise à poser cette question sur les salaires qu'aux ministres et aux députés, parce que c'est l'argent de nos impôts. »

Faute de précisions plus importantes, il nous faut nous contenter des informations que Jean-Pierre Pernaut qualifie « d'erronées », mais qui semblent toutefois cohérentes au vu des autres salaires. Pour « Combien ça coûte ? », Jean-Pierre Pernaut gagnerait ainsi 20 000 euros par émission, qui s'ajoutent aux 30 000 euros mensuels qu'il perçoit pour présenter et diriger le journal de 13 heures de TF1.

Autre salaire, affiché celui-là, et dont on peut dire qu'il entre dans la norme télévisuelle : celui de Marc-Olivier Fogiel. Il se paie 22 860 euros par mois pour la présentation de son *prime time* sur France 3. C'est très précisément le double de ce qu'il s'attribuait en deuxième partie de soirée. Mais n'oublions pas là encore que Fogiel est son propre producteur, et qu'il est donc fiscalement plus intéressant pour lui de se payer « peu » et de percevoir les dividendes de sa société en fin d'année. Quant à Guy Carlier, qui l'accompagne chaque dimanche soir, il touche 2 250 euros par émission, soit 9 000 euros par mois en moyenne.

Même cas de figure pour Thierry Ardisson, qui dispose lui aussi de plusieurs sociétés et se rémunère 18 300 euros par mois pour « Tout le monde en parle ». Sur France 3,

Mireille Dumas se paie un peu moins de 10 000 euros par émission, en sachant qu'elle a une émission toutes les trois semaines. Autrement dit, environ 12 000 euros pour la brillante Mireille Dumas, qui affiche en outre des audiences très satisfaisantes pour France 3, dans une émission délicate, qui n'en oublie cependant pas de rester fort digne.

Mieux payés que Mireille Dumas, Marc-Olivier Fogiel ou Thierry Ardisson, on trouve Pascal Bataille et Laurent Fontaine. Les deux animateurs de « Y a que la vérité qui compte », l'une des émissions les plus *trash* de la télévision française, bénéficient en effet de l'une des plus grosses fiches de paie du PAF, au titre d'animateurs. Chaque mois, ils avouent eux-mêmes toucher chacun 30 000 euros. Mais il ne faudrait toutefois pas nous indigner de les voir gagner une somme aussi importante pour une telle émission… Allons, allons ! Ce serait faire du mauvais esprit… Et oublier qu'ils dirigent par ailleurs une société de production, Loribel, dont ils touchent les dividendes… À titre d'exemple, ceux de 2003 se montent à 150 000 euros. Mais il n'est pas si simple de dégager des bénéfices. Pour la rentrée 2004, et devant le succès de leur émission, TF1 a d'ailleurs décidé d'augmenter le rythme de diffusion. Les « Laurel et Hardy » de la télévision sont ainsi passés d'un rythme bimensuel à trois émissions par mois.

Sur le service public, Évelyne Thomas bénéficiait d'une situation un peu particulière. En 2004, alors au faîte de la gloire sur France 3, elle était parvenue à imposer des conditions exceptionnelles. Résultat : sa société de production facturait 2,5 millions d'euros pour la présentation de la quotidienne et de dix *prime time* sur la saison 2003-2004, soit plus de 200 000 euros par mois. Difficile en revanche de savoir comment cet argent était ensuite réparti et ce que l'animatrice touchait réellement, la société étant trop récente pour avoir rendu publics ses comptes.

Outre les animateurs, on trouve aussi, sur un nombre croissant d'émissions, les chroniqueurs, qui viennent présenter des gadgets, lancer des reportages, apporter un peu de vie. Leurs salaires varient en fonction des émissions. Chez Laurent Ruquier, par exemple, chaque chroniqueur touche entre 1 500 et 3 000 euros par émission en fonction de sa notoriété. La productrice et le présentateur Laurent Ruquier ont toujours eu la réputation de plutôt bien redistribuer l'argent donné par la chaîne, comme on peut le constater. Ce qui n'est pas le cas dans toutes les productions, loin de là.

Contrairement à Catherine Barma et Thierry Ardisson, qui produisent Ruquier, beaucoup de producteurs ne souhaitent pas partager avec leurs employés les fruits de leur réussite. D'ailleurs, les sommes versées chez Laurent Ruquier constituent l'un des tarifs les plus élevés du marché. Les autres se contentent de donner en moyenne 700 euros, voire moins de 300 à 500 euros lorsqu'il s'agit d'émissions à petit budget, comme dans le cas de « Télématin » sur France 2. Sur le câble et le satellite, il faut compter environ 500 à 700 euros pour les chroniqueurs « connus » sur des chaînes comme Paris Première ou TF6, et 200 euros sur des chaînes plus modestes. Un animateur d'émissions de jeunesse sur Disney Channel ou Canal J va de son côté gagner entre 1 500 et 3 000 euros mensuels en fonction de la fréquence de son émission.

Et qu'en est-il de la télé-réalité ? Les candidats « anonymes » ne sont pas payés, mais défrayés, en particulier quand ils ont un emploi qu'ils quittent pour participer au programme. La production leur verse ainsi entre 400 et 600 euros par semaine. À cela s'ajoutent 33,33 % des montants des cessions de toutes les photos sur lesquelles ils figurent. Des photos vendues aux magazines entre 1 000 et 5 000 euros. Les candidats touchent également une fraction des droits liés aux produits dérivés, comme la télématique ou les disques. Seuls les candidats du « Pensionnat de Chavagnes », diffusé sur M6 durant l'été 2004, ont été mieux rémunérés ; il faut toutefois dire qu'ils n'avaient rien à gagner à l'issue du jeu, excepté le plus symbolique qu'honorifique « certificat d'études ». Ils se sont ainsi chacun vu offrir 2 000 euros et un appareil photo numérique pour trois semaines de tournage. Quant à Mathieu, le héros de l'émission de M6 « Gloire et Fortune », il m'a révélé avoir touché 70 euros par jour, pour un tournage qui en a duré dix. À la fin du jeu, il a néanmoins remporté le gros lot, soit un chèque de 40 000 euros, mais aussi un billet d'avion pour aller rejoindre sa sœur en Australie.

En ce qui concerne les ex-stars de la télé-réalité, leur cote tombe en chute libre aussitôt qu'elles retrouvent un anonymat que certaines auraient été bien inspirées de ne jamais quitter. Ainsi, dans l'édition du 23 novembre 2004 de *Var Matin*, Morgan, l'un des colocataires de M6, affirme : « Aujourd'hui, je me retrouve en boîte de nuit avec d'anciennes gloires de la télé-réalité. C'est difficile, on est payés 350 euros par soirée. Mais, pour le seul mois de décembre, j'en ai déjà huit de bookées ! »

Certains d'entre vous objecteront, non sans raison, que c'est à ces soi-disant vedettes de la télé-réalité de savoir tirer leur épingle du jeu et de faire fructifier leur « petite entreprise ». Évidemment, les propositions pleuvent sur eux sitôt qu'ils sortent des émissions. Aziz, candidat de la première édition de « Loft Story », s'est confessé en août 2004 dans *L'Express* : « On m'a tout proposé. Créer ma ligne de vêtements, faire des vidéos d'arts martiaux ou de musculation, devenir animateur sur Fun TV, écrire un livre. J'ai tout refusé. Les autres ont touché entre 54 000 et 125 000 euros simplement pour enregistrer un disque. »

Et pendant qu'Aziz disait « non », Loana, elle, disait « oui » à tout. Elle a su utiliser son expérience du « Loft » pour créer un véritable business, très rentable et profitable[1]. Elle aurait ainsi touché 189 000 euros pour son livre *Miette*, auxquels s'ajoutent 100 000 euros pour son *single* « Comme je t'aime », et presque autant pour son calendrier vendu à 30 000 exemplaires. Elle toucherait également 30 000 euros par an pour avoir cédé son nom à une collection de vêtements et de chaussures commercialisés par La Halle aux Vêtements et Chaussland, plus 8 à 10 % sur les ventes de ses collections. Enfin, si vous êtes patron d'une boîte de nuit et que vous souhaitez une prestation de la jolie blonde, il vous en coûtera 10 000 euros pour trente petites minutes de spectacle ! Loana a même monté sa propre société en septembre 2001, Loana Production Internationale (LPI). Une structure qui affichait en 2003 un chiffre d'affaires de 326 000 euros, dont la moitié de bénéfices. Selon la journaliste Valérie Domain, du magazine *Gala*, Loana aurait 500 000 euros sur ses comptes épargne et une trésorerie disponible de 125 000 euros. Il se murmure même qu'elle aurait refusé de participer à « La Ferme célébrités », car la production ne lui proposait pas assez d'argent à son goût…

Et pourtant, les participants à ce jeu ont empoché entre 10 000 et 15 000 euros par semaine en fonction de leur notoriété. TF1 a toujours refusé de confirmer ces chiffres, mais Vincent Mac Doom m'a personnellement confirmé qu'il avait gagné 15 000 euros par semaine, tout comme l'ancienne Miss France, Élodie Gossuin. Mais dans ce type d'émission, ce n'est pas tant l'argent qui compte pour ceux qui y participent, que l'exposition médiatique qu'elle leur procure. Tous espèrent pouvoir en tirer profit à long terme. Mais, un an après « La Ferme 1 », force est de constater que très peu restent dans l'actualité. Quasiment

1. *Gala*, 28 octobre 2004.

tous ont signé un livre (Massimo Gargia, Ève Angeli, Vincent Mac Doom...), certains comme Danièle Gilbert ou Massimo Gargia ont sorti un disque, mais en fin de compte, il ne reste pas grand-chose. Seul Vincent Mac Doom a réellement tiré son épingle du jeu.

Ève Angeli dans *Ma revanche, mon innocence*[1] raconte comment sa vie a changé. « La popularité est un point positif de cette expérience, car avant "La Ferme", je ne donnais que quinze concerts l'été. Ce chiffre a été multiplié par trois en quelques semaines. [...] Je ne fais plus mes courses toute seule. J'ai bien essayé début juillet, mais dès que les gens m'ont reconnue dans la grande surface, un attroupement se forme autour de moi. Nous étions quarante à pousser le caddie. C'est quand même gênant quand vous achetez du papier-toilette ! » Allons, Ève, il ne faut peut-être pas exagérer ta notoriété ! À moins qu'il ne s'agisse là d'un nouvel « évangélisme »...

Massimo Gargia, autoproclamé « roi des jet-setters », arpente quant à lui les plateaux télé comme une âme en peine, à la recherche d'un nouveau rôle. On a ainsi pu le voir le 22 décembre 2004 sur M6 – mais oui, la chaîne concurrente ! – dans « Ma nounou est une célébrité » : il devait garder des enfants pendant une semaine en l'absence de leurs parents. Dans tous ces glorieux cas, on reste tout de même très loin des 3,2 millions de dollars versés par la chaîne américaine NBC au milliardaire Donald Trump pour participer à la deuxième saison de « The Apprentice », série diffusée en 2004-2005...

Le 5 février 2005 a débuté sur TF1 « Première Compagnie ». Des célébrités y sont envoyées en Guyane sous la houlette de Laurence Boccolini. Bien sûr, la rétribution de ces vedettes en mal de gloire est classée top secret ! Chacun de ces héros aurait touché 50 000 euros à la signature de son contrat, plus de 15 000 euros par semaine de

1. City Éditions, 2004.

présence. Au bout de six semaines, les derniers en lice se sont donc vus gratifier de 140 000 euros : le prix de l'humiliation.

Dans les émissions comme la « Star Academy », les professeurs touchent également le gros lot. Oscar Sisto, le professeur de théâtre, reconnaît gagner 15 000 euros par mois. Un salaire qui lui a permis de trouver les fonds nécessaires pour acheter un théâtre[1]. Kamel Ouali, Raphaëlle Ricci, Mathieu Gonnet ou encore Armande Altaï touchaient 450 euros pour chaque cours d'une heure environ et 900 euros pour les *prime*. Deux des trois profs que j'avais invités sur Europe 1 au début du mois de décembre 2004 m'ont confirmé avoir gagné entre 30 000 et 150 000 euros en fonction de leur notoriété pour les quatre mois de la « Star Academy ». Il s'agit de Jasmine Roy et Milo Lee. Seule la prof de chant, présente également ce jour-là dans le studio, a fait la grimace, affirmant que son salaire se situait au-dessous de ces chiffres. Malaise…

Rares sont les animateurs qui ont la chance d'avoir des émissions hebdomadaires à la télévision. Les chaînes préfèrent généralement un rythme bimensuel, voire mensuel. Il faut dire que le rythme hebdomadaire représente un jackpot pour les animateurs. Par exemple sur TF1, Julien Courbet et Cauet présentent chaque semaine une émission en deuxième partie de soirée. « Sans aucun doute » et « La Méthode Cauet » permettent ainsi à leurs présentateurs d'engranger entre 12 000 et 15 000 euros par semaine, soit environ 50 000 euros par mois… Et tout cela ne semble pas près de s'arrêter, puisque le 4 janvier 2005 Étienne Mougeotte me confiait qu'il souhaitait que Julien Courbet reste sur TF1, alors que son contrat prend fin en juin 2005. « Je vais lui proposer en plus de ce qu'il a aujourd'hui des *prime time* », m'a même précisé le

1. *Entrevue*, septembre 2004.

vice-président de TF1, ajoutant : « Julien Courbet est sur TF1 depuis plus de dix ans et il fait partie de la famille. » Des *prime time* qui seront bien sûr et fort logiquement facturés en plus à TF1, et qui devraient faire augmenter les revenus de Julien.

Pour être complet sur la question des salaires des animateurs, il faut préciser que des clauses d'exclusivité viennent s'y ajouter, lesquelles permettent de « tenir » les animateurs afin qu'ils n'aillent pas travailler sur d'autres chaînes. Avec l'avènement du câble et du satellite, ces clauses ont été modifiées et ne concernent aujourd'hui que les chaînes hertziennes. Un Thierry Ardisson peut ainsi apparaître sans problème sur Paris Première, mais il ne pourra pas animer d'émission sur TF1 ou sur M6. En revanche, aucune clause n'interdit à sa société de production ou à l'une de ses filiales de travailler pour ces mêmes chaînes concurrentes. Ainsi, Jean-Luc Delarue, alors même qu'il travaille sur France 2, vend « Vis ma vie » à TF1 ; Marc-Olivier Fogiel officie chaque semaine sur France 3, mais produit « + clair » pour Canal + et « On a échangé nos mamans » pour M6. Ces clauses d'exclusivité sont bien évidemment rémunérées, et font parfois l'objet de contrats indépendants. En 1996, le montant annuel de ces « exclusivités » était révélé pour plusieurs animateurs du service public :

- Nagui : 45 000 euros ;
- Mireille Dumas : 415 000 euros ;
- Jean-Luc Delarue : 2 153 000 euros.

On constate d'ailleurs à quel point les sommes varient d'un animateur à l'autre. Seul début d'explication : le contrat signé avec l'animateur de « Ça se discute » comprenait l'exclusivité, mais aussi des prestations diverses comme la proposition de nouveaux concepts ou encore la recherche de talents neufs.

CLASSEMENT DES SALAIRES MENSUELS À LA TÉLÉVISION (EN EUROS)

(L'astérisque signale une estimation)*

1. Patrick Le Lay (TF1) : 216 000.
2. Jean-Luc Delarue (France 2) : 120 000*.
3. Nicolas de Tavernost (M6) : 100 000.
4. Arthur (TF1) : 100 000*.
5. Étienne Mougeotte (TF1) : 80 000.
6. Thomas Valentin (M6) : 65 000.
7. Jean-Pierre Pernaut (TF1) (JT de 13 heures et « Combien ça coûte ? »), Cauet (TF1) (« La Méthode Cauet »), Julien Courbet (TF1) (« Sans aucun doute ») : 50 000*.

10. Patrick Poivre d'Arvor (TF1) : 45 000* (toutes activités télévisuelles confondues).
11. Pascal Bataille (TF1), Laurent Fontaine (TF1), Emmanuel Chain (M6) : 30 000.

14. Flavie Flament (TF1) : 25 000.
15. Thierry Gilardi (TF1), Marc-Olivier Fogiel (France 3) : 23 000.

17. Claire Chazal (TF1), Laurence Ferrari (TF1), Thomas Hugues (TF1), Daniela Lumbroso (France 2) : 22 000.

21. Thierry Ardisson (France 2), Mireille Dumas (France 3) : 20 000.

23. Marc Teissier (France Télévisions), Béatrice Schoenberg (France 2), Daniel Schneidermann (France 5), Bruno Gaccio (Canal +) : 15 000 euros.

27. David Pujadas (France 2), Christopher Baldelli (DG France 2), Rémy Pfimlin (DG France 3) : 12 000.

30. Daphné Roulier (Canal +), Élise Lucet (France 3), Guy Lagache (M6), Béatrice Schoenberg* (France 2) : 10 000.

34. Guy Carlier (France 3) : 9 000.
35. William Leymergie (France 2) : 5 000*.
36. Présentateur de LCI, grand reporter (TF1) : 4 000*.
37. Paul Wermus (France 3) : 4 000.
38. Claire Chazal (Pink TV) : 3 200.
39. Présentateur d'i-Télé : 3 000.
40. Journaliste (TF1) : 2 800*.
41. Grand reporter (France 2) : 2 200.
42. Journaliste (France 2) : 1 800.
43. Journaliste (câble et satellite, hors chaîne d'info) : 1 200*.

Hors catégorie

(Ces salaires sont versés aux animateurs, uniquement durant la période ou ils présentent leurs émissions)

- Christophe Dechavanne (TF1) : 45 000 euros par semaine* pour « La Ferme célébrités ».
- Candidats pour « La Ferme célébrités » : 15 000 à 20 000 euros par semaine.
- Les Queers (TF1) : 4 000 euros par semaine.
- Candidats « Première Compagnie » (TF1) : 50 000 euros à la signature du contrat + 15 000 euros par semaine.
- Profs de la Star Academy (TF1) : 30 000 à 150 000 euros* pour quatre mois d'émission.
- Candidats de la Star Academy (TF1) : 600 euros par semaine.
- Mathieu (« Gloire et Fortune »/M6) : 500 euros par semaine.
- Alain Meunier (M6) : 1 000 euros par émission.
- Animateur sur TF1 : (« Les 100 plus grands... », « 50 tubes de légende », « Les Enfants de la télé »...) : de 20 000 à 30 000 euros par émission en *prime time*.
- Animateur sur M6 (« Le Grand Classement », « Le Bachelor », « À la recherche de la nouvelle star »...) : de 12 000 à 20 000 euros par émission en *prime time*.

Séries télé : les salaires des acteurs

Journalistes, animateurs... Il ne manque plus que les salaires des acteurs de séries télévisées pour clore ce panorama des salaires du petit écran.

Direction les États-Unis, pour commencer. C'est un acteur de sitcom qui a pris la tête du classement des stars les mieux payées, avec l'équivalent de 800 000 euros par épisode de 26 minutes ; avec 44 millions d'euros pour la seule saison 2004, le comédien Ray Romano est donc aujourd'hui le mieux payé des États-Unis. Son nom ne vous dit pourtant sans doute rien, pas plus que la série dont il est le héros, *Tout le monde aime Raymond.* Cette sitcom n'a jamais percé en France, mais elle réunit chaque semaine près de 20 millions de téléspectateurs outre-Atlantique ! De même, grâce à la série *Frasier*, quasi inconnue dans l'Hexagone, Kelsey Grammer a touché plus de 38,4 millions d'euros pour la saison 2004-2005, se plaçant ainsi à la deuxième place.

Parmi les dix premiers, on trouve également James Gandolfini, plus connu chez nous pour son rôle phare dans *The Sopranos*, série diffusée sur France 2 et Canal Jimmy. Il gagne 12 millions d'euros par an. Encore plus célèbre en France, Noah Wyle, alias le docteur Carter dans la série *Urgences*, termine chaque saison avec un chèque équivalent à 10 millions d'euros.

Le « pauvre » Martin Sheen, pourtant venu du cinéma, doit pour sa part se contenter de 7 millions d'euros pour son rôle de Président des États-Unis dans *The West Wing* (*À la Maison-Blanche* en version française), diffusée sur France 2 et Série Club. Un salaire qui semble modeste au regard de celui des autres héros de série, mais qui n'a toutefois pas empêché une rumeur de circuler durant l'été 2004, rumeur selon laquelle les producteurs pourraient purement et simplement se priver de l'acteur. Michael Ausiello, chroniqueur de l'hebdomadaire américain *TV Guide*, écrit ainsi en juillet 2004 : « Les audiences de *The West Wing* ne sont pas satisfaisantes. NBC a donc demandé aux producteurs de réduire les frais s'ils veulent avoir une chance de signer pour la saison 2005-2006. Du coup, les scénaristes pourraient imaginer une élection présidentielle qui permettrait de virer Martin Sheen ! » Une méthode originale pour changer le casting. Dommage que l'on ne puisse pas faire de même dans la vraie vie ! Il faut dire qu'aux États-Unis, lorsque les acteurs deviennent trop exigeants, les maisons de production emploient les grands moyens.

La grande série à succès depuis trois ans est *CSI*, que TF1 diffuse en France le mercredi soir à 23 heures, sous le titre *Les Experts*. Les chiffres sont impressionnants :

25 millions de téléspectateurs américains ! Au cœur de l'été 2004, deux des acteurs principaux, George Eads et Jorja Fox, exigent que CBS double leur salaire, estimé à 90 000 euros par épisode. CBS leur fait alors une offre à 120 000 euros, à prendre ou à laisser. Mécontents, les deux acteurs décident alors d'arrêter purement et simplement les tournages. Colère de la chaîne, qui annonce publiquement le licenciement de George Eads et de Jorja Fox, qui ne feront donc évidemment pas partie de la saison 2004-2005 ! Ces derniers se croyaient en position de force, et découvrent en réalité qu'ils peuvent très bien être remplacés au pied levé par la chaîne, et sans le moindre état d'âme ! CBS exige alors des excuses publiques et retire son offre d'augmentation. Si les acteurs reviennent, ce sera au même salaire que la saison précédente : 90 000 euros. Pis, leur salaire est figé pour trois ans, ce qui fait que les deux acteurs ne pourront plus le négocier avant 2007... Les deux héros des *Experts* capitulent et présentent leurs excuses. « Nous avons été maladroits et injustes dans cette affaire avec CBS. Nous regrettons vivement notre comportement. Nous remercions également la chaîne et les producteurs de bien vouloir nous reprendre dans la série et leur présentons de façon publique nos excuses. »

De telles excuses constituent un réel événement dans l'histoire des séries télévisées ; jusque-là, lorsque les acteurs exigeaient une augmentation, ils l'obtenaient. On se souvient en particulier des acteurs de la série *Friends*, qui demandaient chaque année une revalorisation de leur salaire. De 100 000 euros par épisode lors de la première saison de tournage, ils sont passés, à la fin de la série, à la somme record de 1 million chacun et par épisode. NBC, qui diffusait la série, avait à l'époque accepté chacune de leurs exigences. Il faut dire que *Friends*, série plébiscitée sur le plan international, rapportait gros, très gros, à hauteur de plusieurs centaines de millions d'euros chaque année. Mais avec cette affaire des *Experts*, une chaîne a résisté et, pour la première fois, gagné. Voilà qui va sans doute servir de référence pour les années à venir.

Il faut bien avouer que les sommes brassées par les séries américaines ont de quoi faire tourner la tête[1]. Chaque épisode de *24 heures chrono*, diffusé en France sur Canal +, nécessite un budget de plus de 5 millions de dollars, et il faut en compter 3,5 pour chaque épisode des *Experts*. Rien d'anormal, dès lors, à voir les acteurs réclamer leur part du gâteau. Dans *Les Experts*, William Petersen est payé 500 000 dollars par épisode pour son rôle du chef Grissom, tandis que Marg Helgenberger, qui tient le premier rôle féminin, empoche pour sa part 250 000 dollars. Dans la série *Alias*, ce sont 4 millions de dollars par an qui tombent dans l'escarcelle de Jennifer Garner ; et dans *NCIS Enquête spéciale*, chaque héros voit son compte se garnir de l'équivalent de 100 000 euros par épisode.

Pour rentabiliser d'aussi colossaux investissements, les producteurs tablent naturellement sur l'exportation et les ventes de DVD. Tous pays confondus, *Les Experts* rapportent ainsi quelque 140 millions de dollars ; *Les Sopranos* font encore mieux, avec 240 millions de dollars pour les seules ventes de DVD ! Une série comme *FBI Portés disparus*, qui a été le succès de l'année pour France 2, réunit un peu plus de six millions de téléspectateurs en France, et cent cinquante millions à travers le monde. L'énorme avantage qu'ont les chaînes françaises à acheter ce type de séries est que l'investissement est très largement et rapidement amorti. Ainsi, *New York 911*, qui dépasse les 20 % de parts de marché chaque soir sur France 2, n'est payé que 80 000 euros par épisode. Et *Les Experts* représentent pour TF1 un investissement d'environ 130 000 euros par numéro, ce qui reste très bon marché au vu des audiences !

1. *Capital*, novembre 2004.

En France, le culte du secret s'applique également aux stars des séries télévisées. La seule indication fiable que l'on ait concerne l'augmentation sensible des cachets au cours de ces dernières années. Le ministre de la Culture a ainsi reçu en 2004 le rapport Schwarz, qui fait état d'un accroissement des salaires des comédiens de séries télévisées de l'ordre de 73 % entre 1997 et 2002. Alors combien sont payés nos héros du petit écran ?

Pour ce qui est des héros récurrents, je n'étonnerai personne en vous disant que l'on retrouve en tête Roger Hanin chez les hommes, et Véronique Genest chez les femmes. L'héroïne de *Julie Lescaut* s'est d'ailleurs plainte à plusieurs reprises ces dernières années de la différence de salaire qui existait dans ce métier entre les hommes et les femmes. Pourtant, avec tout le respect que j'ai pour elles, les femmes ne sont pas tant à plaindre, si l'on en croit le classement des cinquante femmes les plus riches de France, au sein duquel certaines actrices de séries figurent en très bonne place ! En 2001, Véronique Genest se targue d'être la femme de télévision la mieux payée de France[1], avec 610 000 euros par an. Vingt places derrière elle, dans ce classement où foisonnent les femmes d'affaires et les dirigeantes d'entreprise, on retrouve Corinne Touzet et ses 305 000 euros. Mais elles restent, cette année-là, les deux seules actrices de série télévisée présentes au palmarès.

Il n'en demeure pas moins que l'inégalité dont parle Véronique Genest existait bel et bien, et que fort heureusement, les choses sont aujourd'hui plus ou moins rentrées dans l'ordre. Lors de notre dernière rencontre, madame la commissaire Lescault m'a assuré qu'elle n'avait pas à se plaindre. Il faut dire qu'avec désormais 260 000 euros par épisode, elle a quasiment rattrapé son

1. *Marie-Claire*, août 2001.

collègue Navarro et ses 300 000 euros ! Signalons justement que Roger Hanin sait par ailleurs faire des efforts sur son cachet, sitôt que le projet l'intéresse ; il a ainsi accepté sans la moindre hésitation un cachet de « seulement » 200 000 euros pour chaque épisode de la trilogie de France 3, *Marius*, *Fanny* et *César*, que France 2 a d'ailleurs rediffusé les 22, 23 et 24 décembre 2004, à l'occasion des fêtes de fin d'année.

À ces sommes, il faut toutefois ajouter quelques petits bonus. Antoine Schwarz évoque ainsi dans son rapport le « tabou des suppléments de cachets versés aux comédiens lorsque les séries ou téléfilms sont rediffusés. Un bonus plafonné à 10 % du cachet initial depuis 1992. » En effet, à chaque rediffusion, les comédiens peuvent percevoir de l'argent si leur contrat le stipule. Ce qui constitue alors une manne financière en cas de multidiffusion.

Si ces salaires de stars sont aussi élevés, c'est bien sûr que les téléfilms sont diffusés à un horaire de grande écoute et qu'ils rapportent donc beaucoup d'argent. Une série de TF1 comme *Sous le soleil*, qui passionne essentiellement les ados, paie par exemple beaucoup moins bien ses acteurs que celles diffusées en *prime time*. Les héros de *Sous le soleil* ne touchent que 2 000 euros par épisode[1]. Précisons tout de même que les durées de tournage ne sont pas les mêmes. Il faut en effet plusieurs semaines pour tourner un *Navarro* ou un *Julie Lescaut*, alors que chaque épisode de *Sous le soleil* est mis en boîte en sept jours, ce qui permet aux acteurs d'en tourner près d'une trentaine par saison. Mais attention, ces salaires ne sont en aucun cas des rentes de situation. Les contrats pour les séries en *prime time* sont signés chaque année pour un nombre donné d'épisodes, de quatre à huit selon les saisons et les disponibilités. Tous ont conscience que la

1. « Combien ça coûte ? », TF1, émission du 24 juin 2004.

moindre baisse d'audience significative pourrait donner un coup fatal à la série… et aux salaires.

Les sommes dépensées par les chaînes de télé dans la production de séries sont souvent considérables. Ainsi, TF1 a investi 224 millions d'euros dans les fictions en 2004, soit 40 millions de plus qu'en 2000. En moyenne, une fiction coûte aujourd'hui 1,749 million d'euros à TF1, contre 1,343 million d'euros en 2000[1]. En 2004, TF1 a diffusé cent dix-sept fictions en *prime time*, dont soixante-seize en première diffusion, c'est-à-dire totalement inédites.

Pour être une fois de plus très concret, le téléfilm *Le Silence de la mer*, diffusé en octobre 2004 par France 2 et qui a attiré 7 millions de téléspectateurs, aura coûté plus de 1 500 000 euros à la chaîne, ce qui constitue un rapport qualité/prix indiscutable. Plus discutables en revanche sont les 23 millions d'euros investis par France 3 dans le feuilleton *Plus belle la vie*, diffusé à 20 h 15 depuis le mois de septembre 2004, et qui peine à dépasser les 10 % de parts de marché. C'est le plus gros investissement de France 3 depuis dix ans, mais au vu des résultats d'audience, les tarifs publicitaires ont dû rapidement être baissés de 15 % !

Créer un « héros récurrent », comme disent les professionnels, est un exercice délicat et coûteux… C'est une subtile alchimie, dont il faut doser avec une extrême précision chacun des éléments, afin de ne pas risquer de froisser ou de fatiguer le public. Parmi les experts en la matière, on peut sans l'ombre d'un doute citer le nom de Tito Topin, créateur notamment de Navarro et de Malone. Par ailleurs graphiste, peintre et illustrateur, Tito Topin est

1. Déclaration d'Étienne Mougeotte au MIPCOM (Marché international des films et des programmes pour la télévision, la vidéo, le câble et le satellite) de Cannes, en octobre 2004.

un septuagénaire qui n'a pas sa langue dans sa poche. Il fait partie de ceux qui montent au créneau, souvent de façon excessive, pour défendre ses personnages. Témoin cette lettre qu'il a adressée le 26 avril 2004 au directeur des fictions de TF1, Takis Candilis, et que j'ai expurgée de ses passages les plus virulents, pour ne garder que l'évocation du difficile travail du scénariste, coincé entre la création d'un personnage récurrent et le respect du cahier des charges d'une chaîne. En l'occurrence, ici, TF1.

Paris, le 26 avril 2004.

Le Maître de la Clonerie.

[...] *Le Nouveau Maître des Belles Écritures et des Belles Images de TF1, le Vizir qui se voit Calife à la place du Calife, semble décidé à détruire dans l'entreprise qui l'emploie tout ce qui n'a pas été de son initiative. Cela ressemble à ce qui se fait en politique et de pire pour le pays. Ainsi, sous son ministère absolu où la pensée est unique, sans contre-pouvoir, la politique prend le pas sur le succès public. Il prétend exiger des scénarios tirés au cordeau par une famille de scénaristes triés sur le volet et soumis à la pression, ce sont ses termes, mais qu'est-ce qu'un bon scénario pour lui ? C'est un scénario mort, avec encéphalogramme plat, formaté, normaté, sans crêtes, sans autres passions que le bonheur béat, sans réalité.*

Le Nouveau Maître des Belles Écritures, des Belles Images et des Belles Musiques de TF1 n'a qu'une pensée et qu'une recette, il met du polar dans tous les scénarios, il plonge tous ses récurrents dans des faits divers ; docteurs, juges, procureurs, femmes de ménage ou plombiers, tous condamnés à la moulinette du crime. Mais du crime noble, mondain, sans vraie méchanceté, motivé par des sentiments hautement humains. Du fait divers à gogo, mais du fait divers consensuel comme on le traite dans la « Bibliothèque verte », avec des personnages volés à la collection « Harlequin ». Dans le but, écrit-il, de réconcilier les Français autour d'histoires qui les changent des mauvaises nouvelles du JT de 20 heures. Réconcilier les Français ? Voilà qu'il se prend pour de Gaulle. [...]

Tito Topin

Vous aurez compris ce qui provoque le courroux de Tito Topin : les chaînes veulent de plus en plus contrôler le contenu des séries qu'elles diffusent à l'antenne ; il s'agit parfois simplement de modifier le déroulement d'un épisode, ou l'épilogue. Mais certaines fois, la chaîne exige le changement complet de l'intrigue et même du dénouement. Il faut bien avouer que, sur TF1, les enjeux sont importants. On a tout de même du mal à comprendre la véhémence de Tito Topin, car le prédécesseur de Takis Candilis, Claude de Givray, ancien scénariste de François Truffaut, avait déjà mis en place ce même type de règles. Mais les choses se faisaient visiblement avec plus de douceur, ou alors les scénaristes étaient moins exigeants...

Autre grand nom des superproductions : Jean-Pierre Guérin, à qui l'on doit *Julie Lescaut*, *Fabio Montale*, *Le Comte de Monte-Cristo* ou encore *Napoléon*. Quand on lui demande de réagir aux propos de Tito Topin, il tente de calmer le jeu, mais on comprend tout de même qu'il existe aujourd'hui un véritable problème. « Je ne peux pas partager le coup de gueule de Tito Topin sur la forme, qui est excessive. Mais sur le fond, oui. On ne peut pas multiplier à l'infini les *Julie Lescaut*, et d'ailleurs, on n'a pas manqué de la copier. Mais je crois qu'à terme le formatage des séries plaquées sur les scénarios comme un catéchisme est un danger. Ça me rappelle ce comique qui racontait des histoires drôles dans le cabaret de mon père. Quand l'une d'entre elles provoquait des rires francs, il disait : "Ça vous a plu ? Alors, je vais la refaire !" Bien sûr, la deuxième fois, plus personne ne riait. Eh bien ! sur TF1, ou ailleurs, c'est pareil. Un jour, le public se lassera des mêmes ficelles[1]. »

On retrouve trace du même genre de discours chez certains acteurs, qui osent dire tout haut ce que beaucoup pensent tout bas, mais qui courent le risque de se retrouver inscrits sur la *black list* des chaînes de télévision. Claude Brasseur m'a ainsi confié : « Osons dire que les chaînes sont trop frileuses. Nos héros sont formatés et, résultat, on a le sentiment qu'ils se ressemblent tous. Moi, je joue Franck Keller sur TF1, et j'ai régulièrement le sentiment d'être à l'étroit dans ce personnage. On a le sentiment que l'ère du politiquement correct a gagné les chaînes et qu'elles ne laissent plus aucune marge de manœuvre aux scénaristes. Il faudrait qu'on leur lâche un peu la bride et qu'on cesse de tout vouloir faire rentrer dans des petites cases. Il y a un épisode qui a été totalement remonté, remanié par la chaîne, après le tournage, sans que le réalisateur soit consulté. Ce sont quand même des choses qui ne se font pas[2]. »

En entendant ces mots, Takis Candilis m'explique très froidement quelques jours plus tard[3] que Claude Brasseur l'a appelé pour s'excuser, affirmant que ses mots avaient dépassé sa pensée. Et Takis Candilis de conclure : « De toute façon, si Claude Brasseur se sent aussi à l'étroit dans son personnage, il n'a qu'à arrêter de tourner. C'est quand même lui qui est venu dans mon bureau en me disant qu'il souhaitait rejoindre TF1 pour interpréter Franck Keller. Alors aujourd'hui, s'il n'est plus content, il s'en va ! Quant à son histoire d'épisode remanié sans l'autorisation du réalisateur, c'est bien sûr totalement faux. Toutes les modifications que nous avons apportées ont été faites en

1. *Le Point*, 27 mai 2004.
2. Europe 1, 16 septembre 2004.
3. Europe 1, 23 septembre 2004.

totale synergie avec lui. Alors je suis vraiment désolé pour Claude Brasseur, mais ce qu'il dit est totalement faux ! »

Quelques semaines plus tard, c'est une nouvelle venue sur TF1, Isabel Otero, qui estime à son tour qu'elle arrive sur la Une en toute connaissance de cause[1]. Provenant de France 2, où elle jouait dans *La Crim'*, Isabel Otero incarne sur TF1 *Diane, femme flic*, dont le premier épisode est diffusé le 14 octobre 2004. À la question : « Vous allez être une Julie Lescaut *bis*? », sa réponse est pour le moins claire : « Vous avez raison, pourquoi pas ? Le traitement ne sera pas forcément différent. De toute façon, faire une série n'est pas une fin en soi, mais un moyen. Diane, je l'espère, m'offrira la possibilité de développer des projets plus personnels. Je suis dans une fiction à formule, je n'ai aucune illusion. »

Les scénarios semblent donc très encadrés, et Tito Topin n'hésite pas à repartir à la charge en précisant ce qu'il reproche à TF1. « Selon les nouveaux canons de TF1, le meurtrier dans ces séries doit d'abord être une victime. On doit lui trouver des raisons, à ce pauvre petit : il est devenu méchant parce que sa mère l'a mal allaité, parce que son père le battait, ou que sais-je... En fait, pour TF1, il n'y a plus de méchants. La Une refuse l'idée de pulsion meurtrière. » Et le créateur de *Navarro* de poursuivre : « Et tout est à l'avenant. Dans un épisode, les deux mulets de Navarro se moquaient gentiment d'une personne âgée. Censuré ! Au motif qu'on ne se moque pas des vieux parce que c'est notre clientèle. Interdit également de parler du terrorisme en Corse. Nous avions écrit une histoire autour d'une vendetta corse, inspirée d'un fait divers réel. Ce script a fait l'objet de quatorze réécritures, mais n'a jamais été tourné. Le terrorisme en général est banni des scénarios. Il est pourtant au cœur de nos angoisses d'aujourd'hui. »

1. *TV Grandes Chaînes*, 4 octobre 2004.

Le 22 novembre sur Europe 1, je reçois Tito Topin, dont les propos vont me laisser sans voix. « Vous savez, à TF1, on n'aime pas trop mettre des étrangers dans les séries. Pour être très précis, quand j'ai écrit un jour un scénario qui mettait en scène un Bosniaque, on m'a dit que ce serait mieux s'il était Auvergnat. On n'aime pas les gens de couleur, ou ceux qui sont d'origine maghrébine. Ou alors quand ils sont vraiment obligés d'en mettre un dans un scénario, ils prennent un Kabyle avec les yeux bleus. » De telles accusations sont extrêmement graves, et la colère qui a saisi les dirigeants de TF1 à l'écoute de mon émission sur Europe 1 ce jour-là paraît on ne peut plus légitime. Ils se sont vraiment sentis insultés ; on le serait à moins !

Quarante-huit heures plus tard, Takis Candilis se confie de nouveau : « Jusque-là, je préférais ne pas répondre directement à Tito Topin, mais il y a franchement des limites qu'il ne faut pas dépasser. Ce qu'a dit Tito Topin est faux et archi-faux. Je l'ai d'ailleurs attaqué en justice pour ses propos. La vérité, c'est que les scénarios écrits par Tito Topin sont de moins en moins bons. Oui, la qualité des épisodes de *Navarro* a baissé, et aujourd'hui Tito Topin vient cracher dans la soupe. Cet auteur est devenu un scénariste installé qui peine à écrire de bons scénarios et à mouiller sa chemise. Quant à ce qu'il dit sur les étrangers, c'est une contre-vérité totale. Alors, puisqu'il faut tout dire, moi, je vais vous dire la vérité. La vérité, c'est que Tito Topin n'écrit que des scènes dans lesquelles les Beurs et les Arabes sont des repris de justice, des drogués ou des vendeurs de drogue. Moi, je pense qu'on n'a pas besoin de diaboliser les gens de couleur, qu'il faut arrêter de véhiculer ce genre d'idées. »

Et Takis Candilis, visiblement blessé que l'on puisse imaginer une quelconque censure envers les gens de couleur, continue à révéler certains éléments clés dans la vie de Navarro : « Alors, que Tito Topin dise la vérité ! Qu'il nous explique pourquoi Navarro avait un collègue de couleur que Tito Topin a fait disparaître contre notre avis. On a eu de longues discussions là-dessus, on voulait conserver ce personnage, et Tito Topin, lui, n'en voulait plus ! Alors, arrêtons de donner la parole à Tito Topin. Il y a en France des scénaristes qui sont très heureux de travailler avec nous, et ce sont des gens de talent ! Et puis, continuons à tout dire. Grâce à nous, Tito Topin a gagné plusieurs millions de francs, alors il a beau jeu aujourd'hui d'exprimer son mécontentement ! »

En plus des exigences des chaînes, les scénaristes doivent également se plier aux desiderata des acteurs et aux contraintes des tournages. Des informations là encore confidentielles. Un seul exemple, le grand succès de l'été 2004, *Zodiaque.* Souvenez-vous de cette grande saga de TF1 qui a battu tous les records en dépassant les 11 millions de téléspectateurs en plein cœur de l'été. Du jamais vu ! L'histoire de la famille Saint-André a certes passionné les Français, mais à quel prix pour les scénaristes Malina Detcheva et Franck Ollivier…

Ces derniers n'ont pas eu une tâche facile. L'écriture a duré quinze mois, durant lesquels ils ont régulièrement rencontré Takis Candilis afin d'écouter ses remarques et les modifications qu'il souhaitait. Habitués à travailler avec TF1, ils connaissaient dès le départ les règles du jeu. Et aux exigences de la chaîne sont venues s'ajouter celles des acteurs. Plusieurs éléments sont ainsi intervenus, les obligeant à changer leur scénario.

Francis Huster, tout d'abord, refuse de jouer un Saint-André et exige d'interpréter le commissaire qui, dans la version initiale, était un jeune homme sans expérience. Il faut donc modifier l'histoire et créer un passé au dit commissaire. En revanche, la scène d'amour entre l'héroïne et le commissaire est conservée, malgré la différence d'âge entre les deux acteurs. Après tout, cela ne fait qu'ajouter une touche de modernité au scénario !

Mais le deuxième contretemps ne tarde pas à survenir : Claire Keim refuse de jouer une scène où elle doit se jeter dans le Vieux-Port de Marseille, estimant « que c'est dégueulasse et qu'il faut changer le scénario ». Réalisateur et scénaristes céderont. À cela s'ajoutent à leur tour les aléas, les contraintes inhérentes au tournage, au premier rang desquelles la tragique canicule de l'été 2003. Autre exemple qu'aucun scénariste n'aurait pu prévoir, justement : l'un des voisins de la maison qui sert de décor, à Aix-en-Provence, met le feu à deux reprises à la forêt, agacé par les va-et-vient incessants des équipes de tournage ! Il faudra l'intervention de plusieurs Canadairs pour éteindre les incendies[1]. Scénariste, un métier imprévisible et loin d'être de tout repos !

La saga de l'été 2004 de France 2 a subi la même pression de la part de la chaîne. Il serait en effet faux de laisser penser que TF1 est la seule chaîne à intervenir autant dans les scénarios. La saga de France 2, *Le Miroir de l'eau*, avec entre autres Christiana Reali et Line Renaud, a dû elle aussi être remaniée à la demande de France 2. La première mouture de l'histoire était axée « polar », alors que la chaîne souhaitait un scénario plus romanesque. Les scénaristes ont donc dû entièrement reprendre le scénario entériné dès le printemps 2003 ! Et ils n'ont une fois de plus pas eu d'autre choix que celui de céder.

Aujourd'hui, il se dit que TF1 ferait retravailler les scénarios en moyenne quatorze fois contre seulement deux ou trois fois pour France 2[2]. On voit là d'une manière très claire les façons fort différentes de travailler des deux chaînes. Or, qui peut se permettre de se fâcher avec les grandes chaînes hertziennes, en particulier TF1, qui représente à elle seule 40 % du marché de la fiction télé ?

1. *Télé Loisirs*, 21 août 2004.
2. *Le Point*, 28 octobre 2004.

Les scénaristes se plaignent en effet d'être trop encadrés. Tous les collaborateurs de Takis Candilis que j'ai pu rencontrer vantent la régularité de son discours : « On n'a aucune surprise, les héros que nous créons doivent plaire à la ménagère de moins de cinquante ans. Le seul souci de Takis Candilis est le respect des règles qui imposent de plaire au plus grand nombre. Des héros positifs, des histoires qui finissent bien et aucune révolte contre les institutions. » D'ailleurs, Takis Candilis a l'habitude de dire à ses interlocuteurs que, « chaque fois que nous ne respectons pas ses règles, l'audience décroche ».

La fameuse méthode de l'identification est de nouveau de règle. Et revoilà notre bonne vieille Madame Michu, téléspectatrice qui doit pouvoir se retrouver dans les héroïnes qui défilent sous ses yeux émerveillés. D'où le nombre élevé de femmes policières sur TF1, de *Julie Lescaut* à *Une femme d'honneur*, avec Corinne Touzet. Quand elles ne sont pas policières, elles sont rien moins que des anges gardiens, comme Joséphine, *alias* Mimi Mathy. Et lorsque les héros sont des hommes, tels Navarro ou le commissaire Moulin, ce sont leurs filles qui viennent inévitablement semer le trouble. Les filles de Madame Michu. Des filles que l'on regarde grandir et évoluer au fil des épisodes. À tel point que la fille de Navarro, apparue pour la première fois en 1996, va elle-même devenir l'héroïne d'une série que TF1 va diffuser en 2005 et qui, tout simplement, s'intitulera *Mademoiselle Navarro*.

On est bien loin des héros américains récurrents, avec lesquels les chaînes ont moins de scrupules. Aux États-Unis, l'action de *Six Feet Under* se déroule au sein d'une famille de croque-morts dont l'un des frères est gay et couche avec un policier noir. Dans *The Shield*, le héros est un flic aux méthodes musclées et peu orthodoxes, qui n'hésite pas à pratiquer le racket et à tuer l'un de ses collègues au moment où celui-ci s'apprêtait à le démasquer. *Les Sopranos* racontent l'histoire d'une famille de mafieux. *Sex and the City* suit des femmes trentenaires et célibataires, qui ne parlent que d'amour et de sexe. Même schéma dans *Queer as Folk*, qui met cette fois en scène des trentenaires gays et lesbiennes. L'un des protagonistes, Justin, a tout juste dix-huit ans et sort avec un garçon de trente ans. Ajoutons également, parmi les dernières séries diffusées, *Rescue Me*, lancée aux États-Unis fin juillet 2004, dont le dénommé Denis Leary est le héros ; pompier new-yorkais alcoolique, et hanté par le souvenir du 11 septembre, il est sur le point de divorcer ! On est bien loin du « héros à la française »... Quelle chaîne aurait en effet le culot de produire de tels téléfilms en France ? Beaucoup d'espoirs reposaient sur Canal +, mais la chaîne cryptée a fait savoir que ce type de programmes coûtait trop cher pour une production uniquement française.

L'espoir a pourtant surgi d'où on ne l'attendait probablement pas. C'est France 2 qui, fin 2004, annonce le tournage de *Clara Scheller ou le Désordre amoureux* (titre provisoire). Sur le papier, cette série renoue avec les bonnes vieilles ficelles américaines. Une jeune femme, interprétée par Mélanie Doutey, cherche l'homme de sa vie en enchaînant sans succès les amourettes (voilà pour le côté *Sex and the City*). Elle vit une relation ambiguë avec son colocataire (et une petite couche de *Friends...*), incarné par Frédéric Diefenthal, qui est par ailleurs amoureux de Thierry Neuvic, son voisin de palier, et de Cyril Descours, son amant de passage (et voilà pour la pincée de *Queer as Folk* !). Comme aucun mafieux ne semble poindre à l'horizon, on devrait donc en revanche échapper à toute référence aux *Sopranos*... Budget affiché pour les six épisodes de 52 minutes : 5,5 millions d'euros.

Pendant ce temps, d'autres scénaristes de téléfilms plus classiques se plaignent de voir leurs productions mises en chantier, pour bien souvent terminer au fond d'un placard. Une telle mésaventure est par exemple arrivée à Eddy Mitchell : il a joué dans un téléfilm pour TF1 qui n'a jamais été diffusé, provoquant la colère du chanteur. Il pourra toujours se consoler en se disant que, programmé ou non, il aura tout de même touché son cachet. Ce n'est pas le cas des scénaristes, dont la plus grande partie des revenus est directement liée à la diffusion. Les sommes en jeu sont considérables, car outre la somme forfaitaire de départ qui est en moyenne de 40 000 euros par scénario, les scénaristes touchent environ 700 euros par minute de téléfilm diffusé en *prime time* sur TF1. Sur TF1, la durée moyenne de ces programmes est de 90 minutes. Faites le calcul… Sur France 2, il faut compter 400 euros la minute. Ce qui constitue un jackpot, à condition que le téléfilm soit effectivement diffusé. Faute de quoi le scénariste est orphelin de son scénario et ne touche pas les sommes qu'il espérait. Une situation ubuesque, face à laquelle l'auteur n'a pour ainsi dire aucun recours.

On comprend dès lors mieux la colère de certains scénaristes, dont les œuvres ont certes été achetées, mais jamais mises en production. Pis encore : certaines sont produites, mais jamais diffusées. Il n'y a pas de chiffres officiels quant à ces téléfilms qui dorment dans les placards de TF1, mais, selon plusieurs recoupements que j'ai pu faire, leur nombre serait en moyenne d'une quinzaine par an. Certaines mauvaises années, ce sont même près d'une trentaine de téléfilms qui finissent ainsi au fond d'un tiroir. Les raisons sont multiples : réalisation décevante, scénario plus en phase avec l'actualité… C'est parfois même une série complète qui se retrouve en rade sur les étagères. Entre la signature des contrats et la livraison, la stratégie de la chaîne a pu changer. L'ensemble est donc gelé en attendant des jours meilleurs. Ou, plus prosaïquement, en attendant d'être jeté à la corbeille…

Contrairement à ce que l'on pourrait croire, les chaînes dites « riches » ne sont les seules à faire tourner des téléfilms sans jamais les diffuser. Même M6, la petite dernière, malgré des budgets très inférieurs à ceux de TF1 ou de France 2, stocke des productions dans son placard. Dernier exemple en date : un DVD intitulé *Tout contre Léo* sort à la vente en novembre 2004. Il s'agit à l'origine d'un téléfilm destiné à M6, mais dont la chaîne n'a finalement pas voulu, alors même qu'elle avait financé, fait tourner et même organisé une projection pour la presse. Le réalisateur, Christophe Honoré, avait écrit le roman éponyme, qui racontait l'histoire de deux frères, Marcel, onze ans, et Léo, vingt ans. Ce dernier découvre sa séropositivité, une nouvelle que toute la famille souhaite cacher au petit dernier. Léo et Marcel vont alors quitter leur Bretagne natale pour un voyage initiatique vers Paris.

Un film hors des sentiers battus, doté entre autres qualités d'une réalisation soignée et d'un producteur de talent, en la personne de Serge Moati. Quant à Christophe Honoré, il relate ainsi son expérience avec M6 : « Quand on m'a proposé d'adapter le livre pour la télévision, j'étais contre, car je préparais un autre téléfilm. On m'a soumis une version du scénario qui ne m'a pas plu. En fin de compte, j'ai repris le projet et me suis retrouvé derrière la caméra. M6 m'a vraiment facilité le travail, me faisant par exemple tourner sans séquencier, ce qui est pourtant la règle. J'ai eu une très grande liberté. Le budget modeste de 800 000 euros est réuni, et le téléfilm produit par Serge Moati se tourne en trois semaines. *Tout contre Léo* est montré en juillet 2001 à la direction de M6, qui, ravie du résultat, organise même dans la foulée une projection officielle, tant elle y croit. En avril 2002, mon téléfilm n'était toujours pas programmé. L'affaire a traîné jusqu'à l'automne, où j'ai enfin réussi à obtenir un rendez-vous avec le nouveau directeur de la fiction, qui m'a dit : "On adore le téléfilm, mais il faut couper une scène, sinon il faudra obtenir un accord parental souhaitable pour être en phase avec le CSA." Or, M6 ne peut pas présenter de film nécessitant ce type d'accord[1]... »

Précisons au passage qu'il arrive très régulièrement que M6 diffuse en deuxième partie de soirée des téléfilms interdits aux moins de douze ans, ce qui aurait semble-t-il été le cas de celui-là. Mais dans la mesure où la chaîne diffuse chaque dimanche soir un film érotique interdit aux moins de seize ans, on peut se montrer quelque peu perdu dans les explications de la direction...

Christophe Honoré poursuit son récit : « Que contient la fameuse scène ? On y voit Léo brancher un garçon et s'offrir à lui, avant de se rétracter. La scène est forte, à peine sexuelle, il n'y a pas pénétration. On a vu bien plus *hot* dans des téléfilms hétéros, mais ce qui a gêné, c'est le côté "sexe direct". J'ai donc refusé la coupe. »

Aussi surréaliste que cela puisse paraître, ce téléfilm 100 % français fera presque le tour du monde des festivals, en rencontrant très souvent un vif succès, sortant notamment en DVD en Allemagne, en Angleterre et aux USA. Le dernier pays à le commercialiser sera... la France ! Et encore aura-t-il fallu pour cela un long et infructueux bras de fer entre la société de production et M6. Et Christophe Honoré d'ajouter : « Ce qui est incompréhensible, c'est que le scénario avait été accepté tel quel par la chaîne. Pourquoi ne pas avoir émis des réserves dès le début ? En tout cas, j'ai découvert que ce téléfilm était placé dans la colonne "pertes définitives" par M6... »

Il est de plus en plus fréquent que les chaînes s'orientent vers des séries de prestige, qui emploient de grands noms du cinéma. Ce fut le cas sur TF1 avec *L'Affaire Dominici*, dont les rôles-titres furent tenus par Michel

1. *Têtu*, novembre 2004.

Blanc et Michel Serrault. Tous deux ont touché la somme de 760 000 euros pour leur participation. Investissement rentabilisé pour TF1, à la fois en terme d'image et en terme d'audience, car ce sont plus de 12 millions de téléspectateurs qui se sont retrouvés deux soirs de suite devant leur écran, offrant ainsi à la chaîne l'une des meilleures audiences de l'année.

Plus difficile aura été l'amortissement de la série *Princesse Marie*, d'abord diffusée sur France 5, puis sur France 2. Catherine Deneuve, pour 610 000 euros, tenait le haut de l'affiche de ce film de Benoît Jacquot, qui n'aura retenu l'attention que de quelques millions de téléspectateurs.

De plus en plus d'acteurs de cinéma cèdent aux sirènes du petit écran. Pierre Arditi, par exemple, vaut plus de 200 000 euros par épisode. Comptez le double pour Gérard Depardieu. Quant à Gérard Klein, il demandait près de 200 000 euros pour chaque épisode de *L'Instit*, diffusé sur France 2, avant d'en abandonner définitivement le tournage en 2004, plus par lassitude que pour des raisons financières. Il continue toutefois de garder un œil sur l'avenir de la série, puisqu'il en est le coproducteur depuis plusieurs années, et qu'en tant que tel son accord est nécessaire pour que la série se poursuive.

Le tournage d'une fiction de télévision nécessite en moyenne un mois par épisode de 90 minutes, c'est-à-dire bien moins que pour un film. Malgré tout, les salaires des acteurs n'ont de sens que s'ils sont mis en perspective avec ceux du cinéma. Inutile, dès lors, de chercher de quelconques comparaisons avec les États-Unis, où le record a été pulvérisé en 2004 par Brad Pitt, qui a touché un pactole de 25 millions d'euros pour le film *Troie*, auxquels s'ajoute bien évidemment un pourcentage sur les entrées… Restons plus modestement en France, en gardant en mémoire qu'une série à succès sur TF1 peut rassembler jusqu'à 10 millions de téléspectateurs chaque semaine. Au cinéma, on parle déjà d'énorme succès dès la barre des 5 millions de spectateurs franchie…

Question « gros sous », Gérard Depardieu a touché plus de 2 millions d'euros pour son rôle dans *Tais-toi*. La même somme a été versée à Jamel Debbouze pour sa participation à *Mission Cléopâtre* (14,5 millions de spectateurs). Dans ce même film, Christian Clavier empochait quant à lui 1 600 000 euros. Somme quasiment identique pour Jean Reno dans *Les Rivières pourpres 2* (2,1 millions de spectateurs). Comme à la télévision, les femmes restent moins bien payées. Sur la saison 2003-2004, c'est Audrey Tautou qui arrive en tête avec 1 million d'euros pour *Un long dimanche de fiançailles*, suivie par Juliette Binoche dans *Décalage horaire*, avec 800 000 euros (1 million d'entrées) et Sophie Marceau, avec 400 000 euros pour *Belphégor*, qui enregistre pourtant 2 millions d'entrées. Là encore, on a le sentiment que c'est un coup de poker… Dernier exemple en date, Vanessa Paradis et son film *Mon ange*, sorti en janvier 2005. La délicieuse actrice a touché 500 000 euros, plus 5 % des recettes en salles. Quant à Éric et Ramzy, c'est un chèque de 450 000 euros chacun qu'ils ont vu arriver sur leur compte pour *Les Daltons*. Finalement, le cinéma se montre aussi injuste que la télé !

Les salaires à la radio

Permettez-moi de m'offrir une petite digression dans ce chapitre consacré à la télévision, ou plus exactement une demi-digression, tant il est vrai que beaucoup d'animateurs du petit écran arrondissent leurs fins de mois en travaillant à la radio. C'est le cas de Patrick Poivre d'Arvor, Laurence Ferrari et Julien Courbet (TF1 et RTL pour tous les trois), Cauet (TF1 et Fun Radio), Laurent Ruquier (France 2 et Europe 1), Nagui (France 2 et RTL), Pascale

Clark (Canal + et RTL), Stéphane Bern (Canal + et France Inter), Laurent Boyer (M6 et RTL). Et ils auraient tort de s'en priver puisque, contrairement à ce que l'on pourrait penser, les salaires à la radio sont élevés, y compris sur les stations de la bande FM.

En janvier 2005, le magazine *Entrevue* publiait le salaire de Julien Courbet sur RTL. L'animateur de TF1 empocherait 180 000 euros par an. Sachant que son émission n'est diffusée que dix mois dans l'année, cela représente environ 18 000 euros par mois, qui s'ajoutent aux 50 000 euros gagnés en moyenne sur TF1, mais aussi à ses autres activités de producteur et de responsable d'un magazine de presse écrite de consommation.

En annonçant le transfert de Cauet d'Europe 2 vers Fun Radio, Robin Leproux, président du directoire de RTL, doit répondre à une question des journalistes : « Quel est le montant de ce transfert[1] ? » La réponse fuse, laconique : « Le salaire annuel d'un grand animateur de radio équivaut au prix d'un seul *prime time* de télévision. » Autrement dit, il faut compter environ 500 000 euros par an, prix moyen d'un *prime time*. Voilà qui met le salaire de Cauet à 40 000 euros mensuels pour assurer la tranche matinale. C'est environ 10 000 de plus que ce qu'il facturait la saison précédente sur Europe 2. À cela, il faut bien sûr ajouter l'équipe, les assistants, et parfois même les auteurs qui écrivent dans l'ombre les gags et les textes des parodies de chansons.

30 000 à 40 000 euros par mois, c'est le chiffre qui avait été avancé en 2003 pour le salaire de Philippe Bouvard aux « Grosses Têtes » de RTL. Je l'avais d'ailleurs interrogé à l'époque sur la réalité de ce chiffre. Sa réponse avait été plutôt évasive : « Vous savez, on raconte beaucoup de choses et surtout n'importe quoi... » Impossible d'en savoir plus. Mais on le voit, ce salaire n'aurait absolument

1. *L'Express*, 19 juillet 2003.

rien d'indécent, et se situerait totalement dans la logique commerciale de Robin Leproux. Dans le même groupe, sur Fun Radio, on indique de façon confidentielle qu'Arthur gagnait un peu plus de 30 000 euros par mois, avant de raccrocher les gants en septembre 2004.

Même les « petites » radios généralistes paient de façon plutôt généreuse leurs employés. Ainsi, Jean-Jacques Bourdin, qui anime la matinale sur RMC, est payé 20 000 euros par mois, ce qui est un salaire plus que confortable pour une telle radio, dont le moins qu'on puisse dire est qu'elle ne dynamite pas les plafonds d'audience. Du reste, lorsque le bruit court en novembre 2004 que Jean-Jacques Bourdin aurait pu aller sur LCI s'il avait accepté la proposition d'Étienne Mougeotte, le principal intéressé lui-même n'hésite pas à expliquer à quel point l'argent est un moteur : « Si LCI m'avait proposé le double de mon salaire à RMC, j'aurais sans doute davantage réfléchi. Or, à LCI, j'aurais seulement gagné un peu plus[1] ! » Cela a au moins le mérite d'être clair ! Selon mes informations, LCI avait proposé à Jean-Jacques Bourdin un salaire mensuel de 23 000 euros. Insuffisant pour l'ancienne star de RTL.

Parmi les « héros radio » des ados, on trouve plusieurs animateurs qui se partagent le marché. Sur Skyrock, Difool affirme gagner 15 000 euros par mois pour animer à la fois la tranche matinale et celle du soir, tout en touchant un salaire supplémentaire au titre de directeur d'antenne de la station. Maurad, qui est arrivé en juillet 2004 sur Europe 2, gagne un peu moins de 10 000 euros par mois. Il gagnait 7 000 euros il y a deux ans, alors qu'il travaillait sur NRJ. Quant à Max, animateur du soir sur Fun, il serait lui aussi à un peu moins de 10 000 euros par mois, auxquels il faut ajouter son salaire de présentateur des matinales de M6.

Marc-Olivier Fogiel, qui anime tous les samedis sur France Inter une émission média d'une heure, perçoit

1. *Le Parisien*, 4 novembre 2004.

1 300 euros par émission, soit un peu plus de 5 000 euros par mois. Toujours à Radio France, certaines voix connues, comme celles de Jacques Kessler ou de Joël Collado, qui font la météo, touchent 3 500 euros par mois[1].

Il est bon là aussi d'avoir une grille globale des salaires pour mettre en perspective les sommes brassées. Commençons par les stations locales qui émettent sur une seule ville. Du côté des radios associatives, ce sont généralement des bénévoles qui occupent l'antenne, ou bien des animateurs recevant une rémunération sous forme de défraiement. En tout état de cause et dans le meilleur des cas, les salariés ne doivent pas espérer beaucoup mieux que le Smic…

Dans le cas des radios locales commerciales, du type Radio Star à Marseille ou Voltage à Paris, les salaires sont légèrement supérieurs au Smic, plus précisément de 1 300 à 2 200 euros, montant exceptionnellement jusqu'à 3 200 euros, pour un animateur qui tient la tranche à plus forte audience, c'est-à-dire la matinale (6/10 heures).

Quant aux animateurs et aux journalistes travaillant sur des radios locales filiales d'un grand réseau, comme NRJ Lille, Europe 2 Lyon, Chérie FM Toulouse, leurs salaires ne dépassant jamais les 1 600 euros.

Il y a également le cas des radios régionales, qui couvrent plusieurs villes. On y retrouve des stations issues aussi bien du service public que du privé. Dans celles appartenant au service public, comme France Bleu, les fiches de paie varient en moyenne de 1 500 à 2 200 euros. Des salaires relativement modestes là aussi, mais la plupart de ces salariés bénéficient de près de onze semaines de congés payés ou de RTT ! Dans les radios privées régionales, telles Scoop à Lyon, Alpes 1 à Gap ou Vibration dans le nord de la France, il faut tabler sur une fourchette allant de 1 400 à 3 000 euros.

---

1. « Capital », M6, 20 juin 2004.

On passe ensuite aux grandes radios nationales que sont NRJ, Europe 2, RTL 2, ou encore Fun Radio, sur lesquelles apparaissent les premières divergences entre animateurs vedettes et anonymes. Et même entre les anonymes, un écart sensible peut être observé : 1 500 euros pour un premier job d'animateur, et jusqu'à 4 000 euros après plusieurs années d'expérience. Il faut préciser que les carrières peuvent se montrer fort courtes pour les animateurs qui ne parviennent pas à se faire un nom assez rapidement.

Et encore... La logique est souvent bien plus pernicieuse ; il n'est en effet pas toujours dans l'intérêt d'une station de radio de voir l'un de ses animateurs sortir du lot. Les patrons des stations FM recherchent souvent des jeunes, qu'ils pourront sous-payer, faire travailler souvent six jours sur sept, et écarter ensuite de l'antenne sitôt qu'ils deviennent un tant soit peu gourmands... Il n'y a du reste guère de secrets, c'est bien pour cette raison que la plupart des stations FM ne médiatisent pas leurs animateurs. Pour Roberto Cirlueo, le directeur de NRJ, « il s'agit en fait de ne pas créer une marque dans la marque avec un animateur qui aurait un nom trop fort et qui risquerait ainsi de déstabiliser l'audience de la radio au moment de son départ ».

Mais d'un autre côté, il faut bien avouer qu'un animateur « anonyme » a peu de chances de devenir exigeant. Les auditeurs ne connaissent d'ailleurs pas les noms de ceux qui animent les tranches de la journée (10/16 heures). Ils sont souvent interchangeables, ce que les directions ne se gênent pas de leur faire remarquer. Combien de fois peut-on entendre : « Estime-toi heureux d'avoir du travail ! Tu sais, ils sont des dizaines en province à rêver de monter à Paris pour travailler sur une tête de réseau. Alors à ta place, je calmerais mes exigences financières... ». Trois phrases types par excellence, qui permettent aux patrons d'obtenir quelques mois de répit avant de voir revenir à la charge l'animateur, et de se donner ainsi le temps de la réflexion pour ou bien lui accorder cette petite augmentation après laquelle il aura tant couru, ou bien se débarrasser d'un « fils adoptif » devenu trop gourmand !

Pendant plusieurs années, les stations de radio utilisaient d'ailleurs la méthode des CDD successifs afin de conserver une liberté totale dans leur grille des programmes. Chaque animateur avait donc un CDD du 1er septembre au 30 juin, sous prétexte « d'emploi temporaire lié à la grille des programmes de la saison ». Il suffisait donc de ne pas renouveler les contrats des animateurs réclamant une augmentation ou ayant pris la « grosse tête ». Une méthode simple et efficace, qu'utilisent d'ailleurs aujourd'hui encore certains patrons de radios en dépit des requalifications des contrats en CDI, et des procès aux prud'hommes qui se multiplient dans le monde des médias.

Selon le ministère du Travail, environ un contrat sur trois signé chaque année reste un CDD. En fait, l'employeur a tout à gagner, car les employés en CDI sont trop chers à licencier et imposent trop de contraintes. En revanche, en théorie, l'usage des CDD est très réglementé. Une entreprise ne peut y avoir recours qu'en cas d'accroissement temporaire de son activité ou pour remplacer un salarié absent. Sa durée maximale est de neuf mois, et il ne peut être renouvelé qu'une fois. Mais les employeurs utilisent une « astuce » : à la fin des contrats, ils accordent généreusement un mois de vacances au salarié – qui se retrouve donc à ce moment sans contrat –, et lui proposent dès son retour un nouveau CDD, évitant ainsi toute accusation de « renouvellement abusif »... Une autre astuce consiste simplement à modifier l'intitulé du contrat ; en radio, un réalisateur devient technicien, animateur ou assistant, en fonction des contrats. Les prud'hommes sont de façon générale plus « ouverts » et tolérants pour les contrats signés à la télé et à la radio. Mais attention à l'abus ! Et souvent, il faut bien le reconnaître, la télévision et les sociétés de production franchissent la ligne blanche…

Laissez-moi vous donner un exemple sidérant. Jean Cocart a cinquante-huit ans, il est employé par deux sociétés de production attachées à M6. Ce chargé de production s'est, huit ans durant, consacré à « Plus vite que la musique » et à « Hit Machine ». Au total, enfilant les CDD courts comme des perles, il en aura accumulé, tenez-vous bien, cent cinquante avant d'être remercié. Cent cinquante CDD, rendez-vous compte ! Il n'y a qu'à la télé que l'on peut voir ça…

L'Expansion a recueilli auprès des prud'hommes d'Île-de-France et des chambres de la cour d'appel de Paris des jugements et autres arrêts édifiants sur les pratiques du milieu[1]. Les sociétés de Jean-Luc Delarue, d'Arthur, de Christophe Dechavanne, de Mireille Dumas ou de Nagui, pour ne citer que les cas les plus illustres, ont été épinglées à plusieurs reprises ces dernières années. La justice dénonce « l'abus » de CDD, « requalifie » ces contrats, constate des « licenciements sans cause réelle et sérieuse », et condamne ces employeurs à verser de lourds dédommagements. Autre exemple : la société ProTV et les quarante-sept contrats hebdomadaires qui avaient été signés avec une productrice pour « 30 Millions d'amis »… Ou encore, la société Expand et les sept années conclues avec un réalisateur pour « Le Juste Prix » et « Une famille en or », qui étaient ensuite vendus à TF1 ; le 25 janvier 2002, les prud'hommes ont ainsi requalifié ces sept années de CDD en CDI, imposant par la même occasion le règlement de 46 412 euros d'indemnités !

1. *L'Expansion*, 29 janvier 2003.

On peut encore évoquer AB Broadcast, qui avait fait signer à une actrice de sitcoms pas moins de 426 contrats ! La jeune femme avait joué dans « Premiers baisers » et « Les Années fac », ces séries préadolescentes fabriquées à la chaîne par AB Productions, et qui occupaient les matinées et les fins d'après-midi de TF1. Cette jeune femme avait été remerciée brutalement alors que les séries continuaient, sans elle évidemment. Le 16 septembre 1999, les prud'hommes de Paris ont là aussi requalifié ses CDD en CDI, estimant son licenciement « sans cause réelle et sérieuse ». Elle a ainsi obtenu 119 650 euros d'indemnités. Un jugement confirmé en cassation le 6 mai 2002.

Intermittents : combien gagnent-ils vraiment ?

Il serait trop simpliste et manichéen d'affirmer qu'il y a d'un côté les gentils intermittents du spectacle et, de l'autre, les méchants patrons. Pour avoir dirigé des radios pendant plusieurs années, je peux vous assurer que j'ai eu en face de moi des intermittents heureux. Bien qu'il s'agisse d'un sujet sensible, je n'hésiterai pas à dire haut et fort que j'ai eu face à moi des intermittents qui refusaient de quitter leur statut pour celui de salarié. Il faut préciser que ces animateurs avaient ainsi la possibilité de prendre plusieurs mois de vacances par an tout en étant grassement payés par les congés spectacle. Dans ces conditions, il est aisé de comprendre pourquoi ces gens-là ont refusé à plusieurs reprises les CDI qui leur étaient proposés. « Non, c'est trop de contraintes », me répondit un jour une animatrice. « Tu comprends, là, je suis libre de travailler ou pas une fois que j'ai fait mon quota d'heures dans l'année. Avec un CDI, j'ai des comptes à rendre, des obligations, et mes vacances sont limitées à cinq semaines par an. » Je vous assure qu'aussi étonnants que ces propos puissent paraître, ils ont bien été tenus dans mon bureau, et devant témoin ! Mais le pire restait à venir… Alors que je travaillais dans une radio musicale, j'avais embauché un animateur pour la tranche matinale de 6 à 10 heures. Certes, il s'agit d'une tranche très contraignante, qui exige une hygiène de vie parfaite. Le réveil sonnait pour l'animateur chaque matin aux alentours de 4 heures, mais en contrepartie d'un salaire plus que décent – en l'occurrence, plus de 4 000 euros. En outre, sa journée se terminait à 10 heures. Après six mois de bons et loyaux services, cet animateur dont je tairai le nom par charité, et qui a fait quelques apparitions sur TF1, me demande un rendez-vous. La conversation va alors prendre une tournure totalement invraisemblable :

« Jean-Marc, tu sais, c'est fatigant de faire le matin.

— Oui je sais, je l'ai fait pendant plusieurs années sur Chérie FM. Tu ne le fais que depuis six mois, mais c'est un rythme à prendre…

— Tu sais, j'ai une vie de famille, et se lever tôt ce n'est pas évident, d'autant qu'après je fais des piges à droite et à gauche.

— Euh, oui… Où veux-tu en venir ? On est en plein milieu de la saison, tu ne peux pas arrêter maintenant ? Tu me demandes une augmentation ?

— Non, non… Ce n'est pas un problème d'argent, mais j'ai fait mes calculs. J'ai atteint mon nombre d'heures nécessaires pour les Assedic du spectacle, et si je cesse de travailler, je toucherai quasiment autant en restant chez moi et en faisant la grasse matinée. »

Je suis resté sans voix, médusé par cette réflexion et ce système qui permet aux gens de ne pas travailler et de toucher quasiment autant, voire plus, que ceux qui font des efforts et se lèvent chaque matin. Je suis désolé, mais il y a quelque chose de pourri dans cette organisation, faite à l'origine pour aider les plus démunis, mais dont l'utilisation a été détournée à leur profit par quelques parasites.

Au bout du compte, l'animateur en question quittait son poste quinze jours plus tard et rentrait tranquillement se reposer chez lui…

Dans une société comme la nôtre, régie par un consensus mou, il ne fait pas bon s'opposer au combat des intermittents et parler des privilèges dont ils bénéficient, en particulier dans le monde du spectacle. Seul un acteur a courageusement osé élever la voix contre ces mouvements de protestation, l'un des plus grands, Michel Serrault : « Vous trouvez normal, vous, qu'un mec qui intervient dans un film pour allumer un réchaud à gaz soit un intermittent du spectacle ? Et le peintre qui est chez lui, qui peint ses toiles, lui, personne ne s'en occupe ; il ne vend pas, il vit dans la misère, mais tout le monde s'en fout ! Le mec qui allume le réchaud, lui, on s'occupe de sa situation ! Il y a des métiers à risque, et il faut les assumer. C'est un choix ! Moi, j'ai vécu jusqu'à vingt-cinq ans avec des trous dans mon pantalon. C'était inévitable. Je l'avais choisi. Moi, je voudrais aussi que l'on s'occupe du compositeur qui est chez lui et qui n'arrive pas à vendre sa musique… Mais non, lui, on s'en fout… Lui, il n'intéresse personne… Alors les intermittents, ils font du raffut, ils font grève… Ils organisent des protestations spectaculaires ici ou là… Je vais vous dire ce que j'en pense… C'est minable… Minable… Point final[1]. »

Mais peut-on bien gagner sa vie quand on est intermittent du spectacle ? Quand vous avez un nom et du talent, c'est vous qui décidez du tarif, et l'opération peut alors très rapidement se montrer rentable. Ainsi, un réalisateur a gagné 45 000 euros en trois semaines, pour avoir couvert le Tour de France. Un CDD de trois semaines à 45 000 euros ! Marc-Olivier Fogiel m'a quant à lui confié

1. « Tout le monde en parle », France 2, 26 juin 2004.

que le réalisateur de son émission en *prime time* touchait un peu moins de 10 000 euros chaque dimanche. À l'époque de « Tout est possible » sur TF1, il y a dix ans, j'avais appris que le réalisateur percevait, en une émission, plus que moi en un mois. Les réalisateurs qui se sont succédé pendant quatre ans touchaient environ 7 000 euros par émission. Il est évident que, là encore, le métier est aléatoire, mais les salaires des grands réalisateurs sont néanmoins impressionnants[1]. Il s'agit bien sûr du salaire par émission, sachant qu'un réalisateur peut travailler pour plusieurs chaînes et plusieurs émissions dans la même journée, pour les plus demandés. Sur TF1, Jean-Jacques Amsellem touche jusqu'à 12 000 euros pour un *prime time.* Sur la même chaîne, Franck Broqua, repéré par Endemol, émarge à 10 000 euros par émission. Sur France 2, Jérôme Revon peut empocher jusqu'à 20 000 euros pour une seule émission. Ils sont au maximum une quinzaine à travailler ainsi en permanence. Pour le concert de Johnny Hallyday au Parc des Princes, retransmis sur TF1, l'excellent Gérard Pulliccino aurait touché 30 000 euros. Mais tout le monde n'est pas logé à la même enseigne. Sur Canal +, les réalisateurs de « Nulle Part Ailleurs » touchaient 2 000 euros par émission. En fait, en moyenne, pour une soirée de variétés, il faut compter de 10 000 à 15 000 euros.

Les chaînes s'arrachent ces « têtes d'affiche ». Certains ont même des contrats d'exclusivité, comme Renaud Le Van Kim pour les émissions d'info de TF1, ou Didier Froehly pour tous les jeux produits par la société Starling.

De même, un bon technicien peut espérer 300 euros en étant payé à la journée, mais guère plus de 2 500 euros par mois avec un CDI. Quant aux marionnettistes des Guignols de Canal +, leur salaire quotidien varie entre 300 et 450 euros en fonction de leurs responsabilités.

1. *VSD*, 27 mai 2004.

Alors, finalement, tout le monde y trouve-t-il son compte ?

Denis Mermet, d'Adventure Line Productions (« Fort Boyard », « Koh-Lanta »...), affirmait en juillet 2003 dans *L'Expansion* : « Le système des permanents n'est pas adapté à notre métier, nous ne pourrions pas nous le permettre. Il faut observer que, dans la profession, les salaires des CDD sont assez élevés. En période faste, j'édite cent cinquante fiches de paie, dont quinze seulement en CDI. » Pour Jean-Yves Robin, de Calt, autre société de production télé, sans les CDD « les sociétés couleraient, tant les charges sociales sont élevées ». Exception à la règle, la société de Jean-Luc Delarue emploie plus de 290 personnes, dont près de la moitié en CDI.

On trouve évidemment parfois des sociétés qui exploitent encore un peu plus le système. Les intermittents sont payés par les Assedic, mais travaillent « bénévolement » pour des sociétés, qui bénéficient donc d'une main-d'œuvre gratuite sans avoir à débourser le moindre euro. Le magazine *Capital* a ainsi révélé en juillet 2004 que GLEM, société de production filiale de TF1, a employé de « faux stagiaires » pour réaliser les émissions de télé-réalité « L'Île de la tentation » et « Mister Love ».

Mais la situation a évolué au cours de l'année 2004. Je peux ainsi vous révéler que, durant la « Star Academy 4 », pas moins de quatre contrôles de l'Inspection du travail ont eu lieu. Parfois même de façon spectaculaire, comme lorsqu'une horde d'inspecteurs a profité des répétitions d'un *prime* pour envahir le plateau, faire fermer toutes les portes, et contrôler une à une toutes les personnes présentes et vérifier la validité de leur contrat ! Des opérations coup de poing jamais vues ! La dernière a d'ailleurs eu lieu au cours du *prime* du 20 novembre 2004. Je préciserai toutefois que tous ces salariés étaient en règle lors de ces contrôles.

Mais le service public n'est pas épargné. Paule Gonzales, journaliste au *Figaro*, explique que « France Télévisions n'a pas les moyens d'une vraie politique sociale sur les intermittents. Sous les feux de la rampe depuis plusieurs années, pris sous les tirs croisés du scandale des animateurs-producteurs et des guerres politiques concernant son financement et ses missions, la télévision publique [...] est interdite d'embauche afin de contenir même fictivement sa masse salariale. France Télévisions n'a donc d'autre choix que de recourir à l'intermittence[1]. » Du reste, comment faire autrement pour couvrir des événements spéciaux comme les Jeux olympiques, le Tour de France, Roland-Garros par exemple, ou de grands événements comme la célébration du Débarquement ? Ne parlons même pas des congés estivaux ni des fêtes de fin d'année. Selon les syndicats, le nombre d'intermittents passerait alors de 1 200 à 6 000 personnes sur France 2 et France 3, et atteindrait le chiffre de 12 000 pour l'ensemble de l'audiovisuel public !

En France, les spécialistes estiment que, sur les 60 000 personnes qu'emploie en moyenne le secteur de l'audiovisuel, 50 % seraient des intermittents...

Il subsiste cependant quelques signes d'espoir. En novembre 2004, une réunion à huis-clos s'est tenue au ministère de la Culture, entre le ministre Renaud Donnedieu de Vabres et les dirigeants des principales chaînes. Selon les informations confidentielles qui ont filtré, l'effort engagé serait très significatif et se serait traduit par une réduction de 5 à 10 % du recours à l'intermittence dans toutes les chaînes depuis un an et demi ou deux. Les principaux dirigeants des chaînes publiques et privées, notamment Jérôme Clément pour Arte, et Marc Tessier, P-DG de France Télévisions (France 2, France 3, France 5, RFO),

1. *Le Figaro*, 11 juillet 2003.

assistaient à cette réunion. Ils ont souligné que les efforts de lutte contre l'intermittence s'inscrivent nécessairement dans la durée, notamment parce que la rémunération globale de certains intermittents peut baisser si leur emploi devient permanent.

Que l'on ne s'y trompe pas, je dénonce ici les abus d'un système, et non pas les gens, majoritairement victimes, qui n'ont d'autre choix que d'y avoir recours. Il faut être lucide et oser écrire que certains profitent abusivement du statut d'intermittent. Les autres, je le répète, n'en sont que d'autant plus victimes.

C'est un peu la même chose qui arrive aux journalistes pigistes, employés pendant des mois, parfois des années, avec un statut précaire. Un seul exemple symbolique, celui d'Olivier Baudry. Après sept ans de collaboration à la station France 3 Lorraine-Champagne-Ardennes, il a été remercié du jour au lendemain en 2001. Pas un sou d'indemnités de licenciement puisque, au titre de pigiste et malgré sept années passées à France 3, il n'est pas considéré comme salarié à part entière. Il travaillait pourtant quasiment tous les jours, soit au titre de rédacteur, soit comme caméraman (JRI). Il aura cumulé 1 015 jours de travail au cours de ces années. Quand il réclame des explications et demande à être réintégré, on lui fait parvenir un dossier d'inscription au fichier national Antarès, une base de données qui recense les journalistes occasionnels de France 3, et dans laquelle peuvent piocher les locales de la chaîne pour recruter des CDD. Il se retrouve purement et simplement considéré comme un débutant. Comme si ses sept années passées à France 3 n'avaient jamais existé !

Trois ans après avoir été « débarqué » à l'occasion d'un changement de rédacteur en chef, il s'est retrouvé sans travail, et touche le RMI. En mai 2004, il organise donc une manifestation devant les locaux régionaux de

France 3. À trente-deux ans, il souhaite dénoncer une injustice et faire de son cas une lutte symbolique, au risque d'être « grillé » à jamais dans toutes les rédactions de France…

Sport : les salaires des consultants

Le sport est devenu un enjeu économique considérable. Des millions sont brassés chaque année lors de l'achat des droits de retransmission. C'est une guerre, tant psychologique qu'économique, que se livrent les chaînes et les bouquets satellites. Nous reviendrons plus loin sur le combat de titans qui a opposé TPS à Canal Sat pour obtenir les droits de la Ligue 1 de football, et qui a vu Canal + emporter la totalité des lots proposés.

Mais avant même d'évoquer les contrats faramineux qui sont ainsi signés avec les différentes fédérations concernées, force est de constater qu'il existe des postes en or dans ces programmes : ceux des « consultants ». Sont concernés d'anciens sportifs qui, après avoir raccroché les crampons, décident de devenir « experts » en commentant les matches ou les épreuves. C'est Maurice Siegel qui, alors qu'il dirigeait Europe 1, a eu le premier l'idée d'associer en 1968 un ancien sportif à un journaliste pour assurer les commentaires des rencontres. Pierre Albaladejo, qui venait tout juste de prendre sa retraite de rugbyman, a ainsi été recruté par la station de la rue François-Ier pour assurer les commentaires de matches de rugby. Il se souvient d'ailleurs très bien de sa première prestation : « Je me suis retrouvé pour un France-Écosse, le jour où *L'Équipe* titrait en pleine page sous ma photo : "Enfin quelqu'un qui va savoir de quoi il parle !" Tous les journalistes présents dans les tribunes étaient mes amis, mais l'accès à la tribune de presse m'a été refusé faute de carte professionnelle. La tribune des anciens internationaux n'étant séparée de celle des journalistes que par un simple grillage, je m'y suis installé. Émile Toulouse, qui assurait les commentaires pour Europe 1, me passait alors le micro par-dessus la grille pour me demander mon opinion. Voilà à quoi ressemblaient les débuts du premier consultant français[1] ! »

Aujourd'hui, les temps ont bien changé et ces consultants sont devenus indispensables. En fonction de leur notoriété, ce sont même des contrats en or qui leur sont dévolus. Ainsi, Marie-José Pérec, qui annonce sa retraite sportive en 2004, signe dans le même temps un contrat avec Canal + pour couvrir les Jeux olympiques d'Athènes. Montant de la transaction : 75 000 euros. Un salaire tout à fait dans la norme, puisque la chaîne cryptée débourse également 70 000 euros par mois pour s'offrir les commentaires du légendaire numéro 10, Michel Platini, et un peu plus de 60 000 euros pour Aimé Jacquet[2].

Sur le service public, les salaires sont également plus que convenables pour ces ex-stars du sport. Henri Leconte a ainsi touché 20 000 euros pour assurer les commentaires du tournoi de Roland-Garros en 2004. Quant à l'ancien footballeur Laurent Blanc, il a perçu 65 000 euros pour sa participation à l'Euro 2004 au titre de consultant pour France Télévisions. Un salaire largement supérieur à celui de l'entraîneur Élie Baup, qui n'a demandé « que » 38 000 euros pour ses analyses lors de l'émission « Objectif Euro », diffusée sur France Télévisions durant cette même épreuve.

De tels contrats sont dénoncés par les syndicats, qui en ont profité pour révéler que le journaliste Charles Biétry touchait lui-même 4 000 euros par match commenté lors de l'Euro 2004. Mais les salaires disproportionnés des consultants ne constituent pas une nouveauté. Pour se

1. *Télé 2 semaines*, 26 juin 2004.

2. *Le Point*, 30 septembre 2004.

défendre, le directeur du service des sports de France Télévisions de l'époque, Frédéric Chevit, n'hésite pas à révéler que « Laurent Blanc est payé moitié moins cher qu'Éric Cantona il y a dix ans ». En clair, Cantona avait facturé ses prestations 130 000 euros. Ça commence à faire cher du commentaire !

À l'issue de la finale de l'Euro 2004, Charles Biétry quitte France Télévisions par la petite porte, dans la plus grande discrétion, en annonçant à 23 heures qu'il prend sa retraite. Pas un mot de plus. A-t-il été victime de la révélation de ses émoluments ? Nous n'en saurons rien. À chaque fois que j'ai essayé de le joindre, la réponse du service de presse restait immuable : « Charles n'a rien à dire, c'est un départ à la retraite normal. » Dès lors, pourquoi se cacher, ne pas communiquer ? À titre de rappel, Thierry Gilardi, journaliste sportif vedette passé de Canal + à TF1, ne gagne lui « que » 23 000 euros par mois, ce qui correspond à six matches commentés par Charles Biétry.

Mais Frédéric Chevit aurait pu, s'il les avait eus, citer d'autres chiffres. Par exemple lorsqu'en 1993 TF1 décide de lancer une OPA sur Jean-Pierre Papin, alors commentateur sur France 2. Montant de la transaction : plus de 450 000 euros pour la saison. C'est toutefois toujours moins qu'Alain Prost, qui, toujours sur TF1, a empoché près de 550 000 euros pour livrer ses commentaires au cours de la saison 1992 de Formule 1. Un Alain Prost à l'époque au sommet de sa notoriété, donc de sa valeur marchande. Jacques Laffite s'est lui révélé moins gourmand, se contentant sur TF1 de 150 000 euros par an.

Cette saison, sur TF1, deux nouveaux consultants ont fait leur apparition. D'un côté Arsène Wenger, qui intervient lors des matches de l'équipe de France pour 20 000 euros par mois, et Luis Fernandez, qui touche 15 000 euros pour ses prestations dans « Téléfoot[1] ».

---

1. *Le Point*, 30 septembre 2004.

Alors, même si le patron des sports de France Télévisions affirme que « l'argent n'est pas la motivation de nos consultants, [*et qu'*]ils ont plutôt envie de faire partager leur passion au plus grand nombre »[1], force est de constater qu'en 2004 David Douillet, consultant sur France Télévisions, a rejoint Canal + qui lui offrait un contrat plus rémunérateur. David Douillet qui, en plus de ses contrats sur la chaîne cryptée, a touché 10 000 euros pour commenter les JO sur RTL.

Les consultants sont un peu à l'image des fruits et des légumes. Ils sont beaux, ils brillent, mais plus les jours passent – et en l'occurrence les années –, moins ils sont présentables, et moins ils ont de valeur. Ils doivent donc faire vite pour signer les contrats les plus élevés et les plus longs possible avec des chaînes de télévision. Mais les patrons de l'audiovisuel ont bien compris que la valeur des consultants n'est que passagère. S'ils n'hésitent pas à signer de gros chèques, ils préfèrent dans l'ensemble ne signer que pour une saison, voire un mois lors des Jeux olympiques. Seule exception sans doute, le contrat de trois ans que le basketteur Tony Parker a réussi à négocier avec Canal +. En échange, ses émoluments ne sont que de 30 000 euros par mois. Mais sur trois ans, cela représente plus d'un million d'euros. Un calcul sur la durée que seul un sportif en position de force est en droit d'exiger. Le boxeur Brahim Assloum a pour sa part encaissé 55 000 euros pour assurer les commentaires des Jeux olympiques d'Athènes sur Canal +, ainsi que de quelques rencontres supplémentaires[2].

Sur le service public, ces chiffres, quand ils sont connus, ont bien sûr beaucoup de mal à être digérés. Il s'agit pourtant tout simplement de la loi de l'offre et de la demande. S'ils ne s'alignaient pas sur les tarifs en cours,

---

1. *Le Figaro*, 13 août 2004.
2. *Entrevue*, septembre 2004.

France 2 et France 3 verraient alors tout simplement les meilleurs consultants partir dans le secteur privé. Des journalistes de base qui, d'un côté, se plaignent des restrictions budgétaires et, de l'autre, ont le sentiment que la direction dépense sans compter pour faire avant tout « de l'image ». Nombre d'entre eux ont aujourd'hui encore en travers de la gorge la facture estimée à 17 000 euros de cet avion loué par le service public pour quelques personnalités de la chaîne lors de la dernière finale de la Coupe UEFA Marseille-Valence, à Göteborg, en Suède. Des pratiques en revanche courantes à TF1, qui a à plusieurs reprises affrété des avions pour emmener journalistes et personnalités au Portugal durant l'Euro 2004. Le personnel du service public n'a quant à lui pas encore véritablement accepté ce type de « frais de représentation »...

LES SALAIRES DES CONSULTANTS

Éric Cantona (France 2) :	130 000 euros
Marie-José Pérec (Canal +) :	75 000 euros
Laurent Blanc (France Télévisions) :	65 000 euros
Michel Platini (Canal +) :	70 000 euros
Aimé Jacquet (Canal +) :	60 000 euros
Brahim Assloum (Canal +) :	55 000 euros
Alain Prost (TF1) :	46 000 euros*
Jean-Pierre Papin (France 2) :	38 000 euros*
Élie Baup (France 2) :	38 000 euros
Tony Parker (Canal +) :	30 000 euros
Henri Leconte (France 2) :	20 000 euros
Arsène Wenger (TF1) :	20 000 euros
Luis Fernandez (TF1) :	15 000 euros
Jacques Laffite (TF1) :	12 000 euros

** Salaire annuel divisé par 12*

Combien pour retransmettre ce match ?

Le sport coûte cher à la télé, et même très cher, mais il est en retour créateur d'audience. La guerre est en effet forte entre les différentes chaînes pour obtenir l'exclusivité des retransmissions. Pendant de très nombreuses années, M6 a d'ailleurs été totalement absente sur le terrain sportif, n'ayant pas accès à l'UER (Union européenne de radiodiffusion), une structure qui commercialise la plupart des droits. Mais fin 2004, après plusieurs plaintes de la « petite chaîne qui monte », la Cour européenne de justice des Communautés européennes a affirmé que M6 pouvait, au même titre que TF1, France 2, France 3 ou Canal +, avoir accès aux épreuves commercialisées par l'UER, comme par exemple les Jeux olympiques ou la Coupe du monde de football. L'arrivée de ce nouveau participant devrait faire s'envoler encore un peu plus les prix. Pour couronner le tout, M6 réclame d'ailleurs, devant les tribunaux français, 53 millions d'euros pour avoir été évincée des JO d'Atlanta en 1996, du Mondial 1998 et de l'Euro 2000.

Alors, quel est le prix à payer pour pouvoir retransmettre ces épreuves? Les Jeux olympiques, par exemple, constituent des entailles considérables dans les budgets des chaînes. C'est d'ailleurs la raison pour laquelle TF1 s'est purement et simplement retirée de la course aux retransmissions pour 2004 et 2008. TF1 sera en revanche présente pour 2012 car, avec la candidature de Paris, elle ne peut pas se permettre de passer à côté de ce qui pourrait constituer un véritable événement de société, dépassant le cadre purement sportif. Mais cette absence de TF1 a obligé France Télévisions et Canal + à se partager le coût des droits, soit plus de 90 millions d'euros. Une somme répartie de façon équitable entre France 2, France 3 et Canal +, chaque chaîne pouvant dès lors piocher comme elle le souhaitait dans les images envoyées par la Grèce. Seule consolation, les droits n'augmenteront pas entre 2004 et 2008.

Néanmoins, les Jeux olympiques ne garantissent aucunement une explosion des scores d'audience. Selon la banque de données TV Worldwide-Médiamétrie, l'Euro 2000 de football avait réuni plus de téléspectateurs que les JO de Sydney, dont on pourrait penser qu'ils ont été desservis par un décalage horaire défavorable. Seulement, le même phénomène a été observé en 2004 ; en effet, selon une étude Eurodata TV Sport Insight publiée fin octobre, le championnat d'Europe de football au Portugal a encore une fois largement remporté son duel à distance avec les Jeux olympiques d'été d'Athènes, en dépit d'une couverture télévisuelle exceptionnelle de ces derniers. L'Euro 2004 est ainsi à l'origine de succès d'audience dans les principaux pays européens :

- en Allemagne, près de 25 400 000 téléspectateurs ont suivi sur ZDF la finale Grèce-Portugal (68,5 % de parts d'audience) ;
- en France, plus de 15 300 000 téléspectateurs pour le match France-Suisse sur TF1 (59,9 % de parts d'audience) ;
- en Grèce, plus de 3 millions de téléspectateurs pour la finale face au Portugal sur ET 1 (80,6 % de parts d'audience) ;
- au Royaume-Uni, près de 20 700 000 téléspectateurs pour Portugal-Angleterre sur BBC 1 (72,5 % de parts d'audience).

Si leurs résultats d'audience sont moins exceptionnels dans leur ensemble, les JO ont néanmoins rassemblé de nombreux téléspectateurs lors de certains événements clés. Toujours selon cette étude, au-delà de la cérémonie d'ouverture, traditionnellement très regardée, d'autres rendez-vous ont suscité un réel succès d'audience : en Italie, plus de 7 millions de téléspectateurs ont suivi sur la Rai 2 la seconde mi-temps du match de football Paraguay-Italie (39,9 % de parts d'audience) et en Espagne, plus de 3 700 000 téléspectateurs étaient devant TVE1 pour États-Unis-Espagne, en basket-ball (38,6 % de parts d'audience).

Mais en définitive, la bonne audience des JO 2004 n'a pas permis à France Télévisions d'éponger les droits avec les retombées publicitaires qui ne se sont montées qu'à 22,3 millions d'euros pour les épreuves de 2004. Pour les responsables de France Télévisions, la question de retransmettre ou pas les JO ne se pose même pas. « France Télévisions *doit* retransmettre les JO », disent-ils d'une seule et même voix. Mais couvrir les Jeux est une entreprise qui coûte très cher, car outre les droits de retransmission, France Télévisions avait envoyé sur place de très gros moyens techniques et humains. 260 personnes ont fait le voyage. Coût de l'opération : 46,8 millions d'euros, contre un peu moins de 30 millions d'euros pour Canal +. Une consolation, néanmoins : l'audience fut au rendez-vous. Avec près de 24 % de parts de marché, les JO ont dopé les audiences des chaînes du service public et fait chuter la moyenne de TF1 de deux points pendant cette période.

Mais les dépenses françaises ne sont rien à côté des sommes investies pour les JO par la chaîne américaine NBC, qui aura successivement déboursé 705 millions de dollars pour les JO de Sydney, 793 millions pour les JO d'Athènes, et qui prévoit 894 millions pour ceux de Pékin en 2008. NBC a d'ailleurs d'ores et déjà acheté les droits des Jeux d'hiver de 2010 à Vancouver et ceux de l'été 2012, sans même savoir où ils se dérouleront, pour 2 milliards de dollars ! Il faut toutefois savoir qu'outre Paris, New York a également présenté sa candidature pour accueillir les Jeux de 2012. Alors, NBC aurait-elle, en échange de son colossal investissement, reçu des garanties selon lesquelles les JO de 2012 auraient lieu aux États-Unis ? L'audience serait alors à coup sûr garantie !

La question reste d'autant plus posée que plusieurs signes très nets ont montré ces dernières années que NBC avait son mot à dire, y compris dans l'organisation des épreuves. Le journaliste Fabien Teillard a enquêté sur ce thème, et son analyse est sans appel : « Il existe un vrai soupçon de reformatage des Jeux pour satisfaire NBC. Le base-ball, sa variante le soft-ball et le triathlon séduisent les Américains ? Ils sont devenus disciplines olympiques en 1992, 1996 et 2000. Le football féminin marche fort outre-Atlantique ? La compétition olympique grecque a débuté par le match Grèce-États-Unis. Et ce n'est pas tout ; General Electric (GE), la maison mère de NBC, deviendra à partir de l'année prochaine le sponsor officiel des Jeux. GE qui bénéficie en plus de gigantesques marchés pour équiper Turin et moderniser Pékin avant les JO[1]. »

En France, TF1 et France Télévisions ont dû faire un chèque pour Vancouver et les JO de 2012. Les chaînes ont acquis les deux épreuves pour un montant global de 739 millions d'euros, dont 614 millions pour les droits télévisés. Canal +, de son côté, n'a pas pu concourir pour des raisons techniques et ne pourra donc pas diffuser en direct les images des JO de 2012.

Pour les Jeux olympiques d'Athènes, les droits TV ont rapporté 1 269 millions d'euros au CIO, alors que quelques jours ou semaines plus tôt, l'Euro de football rapportait 527 millions d'euro à l'UEFA, et le Tour de France, 23 millions d'euros à ASO, la société organisatrice.

Concernant le tennis, ce sport a pris de plus en plus d'importance au fil des années, mais il faut se souvenir

1. *VSD*, 29 juillet 2004.

qu'à la fin des années 1950 l'ORTF retransmettait déjà des extraits des rencontres les plus intéressantes. Mais c'est en 1978 que les droits de retransmission d'un match de Roland-Garros ont été pour la première fois facturés, pour un montant qui nous semble aujourd'hui ridiculement faible, puisque la Fédération française de tennis avait alors demandé l'équivalent de 23 000 euros. Presque trente ans plus tard, les sommes versées ont largement augmenté, tout comme les durées des retransmissions. France Télévisions débourse désormais plus de 9 millions d'euros par an pour faire vibrer les téléspectateurs au rythme de la petite balle jaune.

Mais en échange, le petit écran a imposé son rythme, ses règles, et en particulier celle du *tie-break*. En 1982, lors du quart de finale de la Coupe Davis, Mats Wilander et John McEnroe sont face à face. La rencontre durera 6 heures 22 minutes : la plus longue de toute l'histoire de la Coupe Davis ! Ingérable pour les chaînes de télévision, qui voient leurs grilles de programmes exploser ! Le *tie-break* est donc né. Dans le même ordre d'idées, Michel Grach, directeur média à la FTT, raconte : « Avant, on changeait de côté un peu n'importe comment dans un match. C'est la télé qui a imposé aux joueurs d'aller s'asseoir[1]. » Cela permet certes aux joueurs de faire des pauses plus longues, mais surtout les chaînes peuvent dès lors diffuser leurs écrans de publicité… Résultat : 8,3 millions d'euros de recettes publicitaires pour France Télévisions à l'occasion du tournoi de Roland-Garros en 2004. Mais il faudra sans doute trouver d'autres améliorations car le charisme des joueurs est également capital pour les taux d'audience. Un chiffre montre les difficultés actuelles du tennis quand il n'est pas porté par des super stars : les Masters Series de Paris avaient rassemblé 21,9 % d'audience pour la finale Grosjean-Kafelnikov en 2001, un

1. *Libération*, 22 mai 2004.

chiffre qui s'est effondré à 8,8 % pour le match Safin-Stepanek sur France 2.

Même scénario pour la Formule 1, dont les règles ont également été modifiées. Bernie Ecclestone, soixante-quatorze ans, règne en maître absolu, notamment sur la question des droits. Son histoire ressemble aux *success stories* à l'américaine. Passionné de courses automobiles, il est pilote jusque dans les années 1950, où un accident met fin à sa carrière. En 1971, il rachète l'écurie Brabham pour 50 000 dollars, avant de faire main basse quelques années plus tard sur les droits commerciaux et de retransmission télé. Parvenu à ce stade, il emploie des méthodes radicales. En 1990, il passe un simple coup de fil à la BBC pour annoncer que la chaîne n'a plus l'exclusivité télévisuelle des épreuves. Désormais, c'est la loi du plus fort, ou plutôt du plus riche. À ses débuts, une saison valait un million de dollars. Aujourd'hui, il faut compter cinq cents fois plus… Et pourtant, les audiences ne sont plus au rendez-vous, la Formule 1 est devenue quelque peu monotone, en raison principalement de la domination outrageante de Michael Schumacher. En 2003, TF1 avait même réussi à obtenir une ristourne de 50 % sur les droits TV. Alors, Bernie Ecclestone a des idées ; il veut modifier les règles, et rêve de voir un pilote issu d'une petite écurie remporter les Grand Prix, histoire de relancer le suspense, et surtout la course à la hausse des droits TV.

Mais les modifications apportées en 2004 n'ont pas eu d'impact sur les audiences. En ce début 2005, il est donc possible de faire un premier bilan grâce à l'étude Eurodata TV Woldwide/Médiamétrie des audiences dans le monde. Un bilan qui s'avère plutôt mitigé, y compris en Allemagne et en Italie, où l'enthousiasme déclenché jusqu'alors par les victoires à répétition de Schumacher et de son écurie Ferrari s'émousse. Ainsi, les Grand Prix ont réuni en moyenne plus de 8,3 millions de téléspectateurs en Allemagne, et près de 9 millions en Italie. Un score honorable, mais bien loin des records enregistrés il y a quelques années. En Finlande, MTV3, qui profitait ces dernières saisons de l'effet « Raikkonen », voit ses résultats d'audience baisser pour la première fois depuis des années. Au Japon, le record de la saison a été atteint lors du Grand Prix national, avec 5,2 % de taux moyen sur Fuji TV, soit à peine plus de cinq habitants sur cent. En Chine, la première édition du Grand Prix de Shanghai a attiré moins d'un habitant sur cent.

À l'inverse, le Tour de France cycliste demeure pour sa part un réservoir quasi inépuisable en termes d'audience pour le service public. Après avoir fêté ses cent ans en 2004, l'épreuve semble retrouver une nouvelle jeunesse, simplement entachée par des problèmes de dopage. Un Tour qui n'a jamais connu d'interruptions, à l'exception des périodes de guerre. Une épreuve suivie de bout en bout par les caméras du service public, et qui permet en outre aux villes et aux régions traversées de bénéficier d'une exposition sans précédent. Ce que l'on sait moins, c'est que, pour accueillir le Tour de France, villes et villages doivent mettre la main au porte-monnaie. Et ce n'est pas donné. Pour être la ville « départ » du Tour 2003, La Ferté-sous-Jouarre, en Seine-et-Marne, a ainsi dû débourser 245 000 euros ! Pour les villes étapes, la somme dépasse les 115 000 euros. Pour assurer une couverture parfaite, le Tour de France exige de gros moyens, tant sur le plan humain que sur le plan technique, comme le confie le journaliste Bruno Abescat : « Pendant trois semaines, il faut imaginer environ 4 500 personnes qui vont ainsi de ville en ville à la rencontre de 15 millions de spectateurs massés au bord des routes. Songez aux 22 000 policiers, CRS et gendarmes, 3 000 membres du ministère de l'Équipement enrôlés pour veiller au bon déroulement d'une épreuve couverte par 2 200 représentants des médias – journalistes, photographes, caméramen, techniciens… – venus des cinq continents. Trente-cinq chaînes de télévision sont présentes sur le Tour. La course est aujourd'hui diffusée en direct en Chine populaire et cent soixante-dix pays en reprennent les images. France Télévisions – seule habilitée à filmer l'épreuve – déploie un dispositif technique impressionnant, utilisant notamment les moyens de la SFP. Pas moins de deux avions relais, quatre hélicoptères (dont deux Webscam), cinq motos image et deux motos son[1]… »

L'accord renouvelé en 2003 entre les organisateurs du Tour (ASO) et France Télévisions porte sur 23 millions d'euros par an (contre 9,7 millions d'euros en 1994). Cette somme couvre non seulement les droits du Tour de France, mais aussi d'autres épreuves organisées par ASO : Paris-Roubaix, Liège-Bastogne-Liège, la Flèche wallonne, le Marathon de Paris, le Dakar, l'Open de France de golf…

Lors de la signature de cet accord, Patrice Clerc, président d'ASO, expliquait : « Le Tour de France est un spectacle gratuit, donc sans billetterie. Les droits télé constituent notre principale ressource (50 % du budget). Mais ils représentent une ressource parmi les autres[2]. »

Parmi les autres postes de ressources, on trouve donc les sponsors, qui représentent 42 % des revenus, et l'argent donné par 8 % des budgets. De son côté, ASO récompense les multiples vainqueurs à hauteur de 3 millions d'euros. Les bénéfices du Tour sont estimés à 15 millions d'euros, pour un chiffre d'affaires de 77 millions d'euros. Le Tour de France, diffusé sur les chaînes du service public, aura au bout du compte permis d'engranger 5,5 millions d'euros en recettes publicitaires.

1. *L'Express*, 11 avril 2002.

2. *Le Nouvel Observateur*, 23 juillet 2004.

Chaque retransmission d'événement sportif devient donc l'enjeu d'un combat acharné, avec des chiffres qui ont souvent de quoi faire tourner la tête. En décembre 2004, ce sont les droits du football et du rugby qui ont été l'objet d'une guerre sans merci entre les différents opérateurs. Concernant le ballon ovale, les droits des Coupes du monde 2007 et 2011 étaient les principaux facteurs en jeu. France Télévisions, qui était jusque-là propriétaire de ces droits pour 23 millions d'euros, s'est soudain vue concurrencée par TF1, Canal + et M6. Résultat : les chiffres s'envolent. TF1 a finalement remporté le morceau au cours de la seconde quinzaine de décembre 2004, en affichant la proposition record de 80 millions d'euros. Pourtant, le service public avait également cassé sa tirelire en proposant 65 millions d'euros, soit quasiment trois fois plus que le contrat qu'il avait signé quelques années plus tôt. Canal +, de son côté, a fait une offre à 67 millions d'euros ; quant à M6, qui demeure la plus petite de la bande, son offre ne portait que sur douze matches pour une somme de 37 millions d'euros.

La démarche de TF1, qui l'a poussée à faire une telle proposition, est également dictée par une autre intention, à plus long terme ; il se murmure en effet que la première chaîne préparerait le remplacement dans sa grille des programmes de la Formule 1, en perte de vitesse, par le rugby. TF1 prévoit ainsi de diffuser entre quinze et vingt matches sur son antenne, les autres étant répartis entre Eurosport et les chaînes de TPS. En outre, TF1 espère qu'en 2007 les Bleus de l'entraîneur Bernard Laporte suivront les traces des Bleus d'Aimé Jacquet en 1998. Une épopée qui, si elle devait s'avérer victorieuse, permettrait à la Une de rentabiliser son investissement.

Dans le même laps de temps, ce sont les droits du football qui ont été remis en jeu, au cours d'une guerre sans merci que se sont livrée TF1 et Canal +, en particulier par le biais de leurs bouquets satellites TPS et Canal Sat. Les hostilités se sont officiellement enclenchées le 5 novembre 2004. Ce jour-là, la Ligue de football professionnel (LFP) a lancé l'appel d'offres pour les droits télé de la Ligue 1, pour les saisons 2005 à 2008. C'est un enjeu capital, voire vital pour les chaînes, et en particulier pour les bouquets satellites. Pour la saison 2004-2005, Canal + et TPS avaient ainsi respectivement versé 305 et 70 millions d'euros pour l'obtention des droits du championnat de France.

En 2002, le précédent appel d'offres avait fait l'objet d'une série de rebondissements médiatico-judiciaires, dont seul le monde médiatique a le secret. Petit rappel des faits. Le groupe Canal remporte la totalité des droits. Colère de Patrick Le Lay, et réaction immédiate. Il attaque la décision de la LFP en justice. La cour d'appel de Paris décide alors de bloquer l'appel d'offres. Au final, les deux groupes se partagent les droits de façon certes inégale, mais au moins Patrick Le Lay parvient-il à obtenir une part du gâteau. Canal débourse 315 millions d'euros et obtient la possibilité de diffuser deux matches décalés de chaque journée de championnat, en bénéficiant du premier choix. En clair, ce sont les dirigeants de la chaîne codée qui décident les premiers de diffuser tel ou tel match. Ces droits leur coûtent la bagatelle de 360 millions d'euros. TPS, représentée par Patrick Le Lay, débourse de son côté 51 millions d'euros pour diffuser un match.

En décembre 2004, tout a donc été fait pour que l'opération soit claire et transparente. « Toutes les conditions sont remplies pour que le combat soit loyal et régulier », a expliqué Christophe Bouchet, président sursitaire de l'Olympique de Marseille et membre du conseil d'administration de la Ligue. « Il n'y aura strictement aucune possibilité de négociations secrètes avec Canal + ou TPS. »

Néanmoins, un comité de conciliation a également été constitué en cas de litige, afin d'éviter qu'un éventuel candidat mécontent ne se tourne immédiatement vers la justice. Concrètement, seront proposés et répartis dans les lots le match considéré comme la meilleure affiche de la journée, les deuxième et troisième choix des rencontres de la journée, le paiement à la séance (sept rencontres), ainsi que le magazine qui suit immédiatement la soirée de championnat (actuellement, « Jour de Foot », sur Canal +). Chaque lot sera attribué au mieux offrant. En clair, si deux candidats proposent des sommes à peu près équivalentes, ce n'est pas forcément celui qui proposera le plus qui sera retenu : la Ligue instaure en effet une sorte de prime à la qualité, en tenant compte d'autres facteurs (nombre d'abonnés de la chaîne, moyens mis en œuvre...).

Avant la publication des résultats, intervenue le 10 décembre 2004, la banque d'affaires Merrill Lynch a d'ailleurs étudié les différents cas de figure[1].

Première hypothèse : Canal + est seule détentrice des droits : « La chaîne cryptée gagnerait 150 000 abonnés en acquérant l'exclusivité des droits. Au regard des 4,9 millions d'abonnés à Canal +, c'est peu, mais l'affaire ferait perdre à TPS 130 000 clients sur 1,6 million d'abonnés. Le bouquet de TF1 verrait donc s'éloigner la perspective d'être un jour rentable et s'approcher celle de mettre la clé sous la porte. »

Deuxième hypothèse : TPS rafle seule les droits : « Si TPS décroche l'exclusivité, Canal + perdra 1,65 million d'abonnés, soit un tiers de sa clientèle. Et comme 60 % des abonnés à Canal Satellite sont également abonnés à Canal +, le bouquet satellite verrait s'enfuir 450 000 de ses 2,8 millions de clients. TPS récupérerait un million d'abonnés. » Autrement dit, le bouquet Canal Sat ne serait pas nécessairement condamné, mais se retrouverait très sérieusement affaibli, ce qui l'obligerait à faire des économies, et peut-être même à se séparer à court terme de quelques chaînes du câble non rentables. Certains estiment que

1. *Libération*, 15 octobre 2004.

Bertrand Méheu pourrait dès lors vouloir renégocier à la baisse son obligation d'investir 20 % de son chiffre d'affaires dans le cinéma français. Les conséquences seraient alors dramatiques pour le septième art, car dans l'Hexagone la plupart des films voient aujourd'hui le jour grâce à Canal +.

Troisième hypothèse : les deux groupes se partagent les droits. Ce serait en fait le *statu quo* au niveau des abonnements, et chacun poursuivrait son petit bonhomme de chemin.

Nous connaissons l'issue de cet affrontement car elle a fait la une des journaux au mois de décembre 2004. Canal + a raflé la totalité des lots pour une somme exorbitante de 1,8 milliard d'euros pour les trois années à venir. Pour la saison en cours, la chaîne cryptée déboursait 305 millions d'euros. Pour les trois prochaines, elle devra signer respectivement chaque année des chèques de 550, 600 et 650 millions d'euros, soit près du double. Du jamais vu pour la Ligue et les clubs ! Par précaution, le président de la LFP, Frédéric Thiriez, avait fixé une somme plancher (435 millions d'euros) en deçà de laquelle il refuserait les propositions de Canal + et de TPS.

Or, il se pourrait que Canal + ait été victime d'une opération d'intoxication de la part de TPS, dont l'offre était inférieure au seuil minimum fixé par la Ligue et à peine supérieure aux sommes payées cette année. TPS ne proposait que 327,5 millions d'euros. Ses dirigeants ont fait monter la pression dans les semaines précédant le dépôt des offres, laissant entendre qu'ils allaient faire un effort considérable... Des rumeurs circulaient, faisant état d'une somme pouvant atteindre 500 millions d'euros. Après l'étude de Merrill Lynch, les dirigeants de Canal + ont donc décidé de frapper un grand coup pour être certains de remporter le morceau et ne pas mettre en danger leur équilibre financier. Il semble que TPS ait poussé Canal + à la faute en contraignant la chaîne à faire une offre démesurée.

Pour Étienne Mougeotte, « il ne s'agissait pas de pousser Canal + à la faute, mais payer un tel prix les droits du foot est tout simplement un non-sens économique. L'ensemble du football coûtait un peu plus de 300 millions d'euros. Il va maintenant en coûter le double à Canal +. Il me semble que c'est un prix totalement déraisonnable. Je me réjouis pour le football français, pour les clubs, pour les joueurs. C'est extraordinaire. Mais cela n'a aucune réalité, aucun sens économique. »

Et Patrick Le Lay de surenchérir quelques heures plus tard : « Je n'ai pas de regrets parce que je ne peux pas payer les sommes qui sont en cause. On a fait des prix qui nous paraissaient raisonnables. On est arrivés à un total de 300 millions d'euros, sachant qu'on n'aurait pas tous les lots. On s'est dit que si nous mettions un peu plus d'argent, nous mettrions en péril le compte d'exploitation de TPS, mais également le bilan de TF1 et celui de M6. Quand on aborde des sommes aussi lourdes, c'est la pérennité des maisons mères qui est en cause, ainsi que l'ensemble des collaborateurs. Les sommes proposées par Canal + dépassent notre imagination. »

De son côté, Michel Denisot défendait à mon micro le 13 décembre la position de Canal + : « Je ne vais pas nier qu'il s'agit de beaucoup d'argent, mais nous sommes responsables. Nous savons qu'en récupérant cette exclusivité nous allons désormais pouvoir dépasser la barre des 5 millions d'abonnés. Il ne faut pas oublier que Canal + a un chiffre d'affaires supérieur cette année à 3 milliards d'euros, et nous aurons largement de quoi faire face. Notre entreprise n'a jamais été aussi en forme dans son histoire, et l'acquisition de ces droits est une étape importante dans notre développement. »

Quand je lui demande s'il n'a pas le sentiment de s'être fait piéger par TF1, le placide Michel Denisot explose : « Mais enfin, Jean-Marc, c'est de l'intox, tout ça ! Vous n'allez tout de même pas vous aussi plonger dans le panneau ? TPS essaie de faire croire que c'est le gagnant qui a perdu et le perdant qui a gagné… Mais moi, qu'on continue comme ça tous les jours ! Que TPS continue de perdre *tous* les appels d'offres en disant qu'ils sont contents et qu'ils ont gagné… Et si tout le monde est heureux, c'est le rêve de ma vie ! Que tout le monde soit heureux ! Que les perdants soient heureux ! Et qu'ils continuent de perdre, c'est mon bonheur ! Et que nous, on continue de gagner, et c'est mon bonheur ! Faut arrêter de les prendre pour plus malins que nous alors qu'ils viennent de prendre une avoine ! Une tôle ! Ils ont perdu quatre à zéro ! Ils sont KO ! Voilà la vérité, et il faut arrêter de raconter l'histoire à l'envers ! Alors disons la vérité ! Les 327 millions d'euros que TPS a proposés représentent 70 % de leur chiffre d'affaires. Les 600 millions mis en jeu par Canal + représentent quant à eux 15 % du chiffre d'affaires du groupe Canal +. Ce n'est donc pas tout à fait la même chose. On n'a pas les mêmes moyens. Les moyens de Canal sont supérieurs, parce qu'on a un parc d'abonnés qui n'a rien à voir avec celui de TPS aujourd'hui, et donc une puissance de feu qui, quand il le faut, est tout à fait différente. »

Au lendemain de cette acquisition, la Bourse de Paris notait à sa façon la stratégie de chacun des candidats, puisque les titres de TF1 et de M6 étaient en forte hausse, tandis que l'action Canal + restait stable. Signe que le marché approuvait la stratégie de TPS, mais n'était pas non plus inquiet quant à l'avenir de Canal +. Pour essayer de bien comprendre les enjeux financiers, j'ai poussé plus loin le questionnement de Michel Denisot :

« Michel Denisot, quand vous entendez les dirigeants de TPS parler de "non-sens économique" et qu'ils disent que finalement, en déboursant 600 millions d'euros par an, vous n'aurez plus les moyens d'investir ailleurs, et en particulier dans le cinéma… ?

— Mais qu'ils balaient devant leur porte ! Qu'ils nous montrent qu'ils sont plus forts que nous ! Ce qui n'est pas le cas, puisqu'ils sont très loin derrière et qu'ils vont y rester encore plus longtemps ! Ils sont amers, ils essaient de transformer ça par des propos que vous relatez aujourd'hui, mais qui n'ont rien à voir avec la réalité ! Nous, aujourd'hui, on est très heureux, nos abonnés sont très heureux, il y en a 5 millions... et on verra où ils en seront, eux, sans avoir le foot, sans avoir un seul match de L1, pendant trois ans ! Et c'est très bon pour les consommateurs : les amateurs de foot aujourd'hui, les fanas de foot, ils étaient obligés de payer deux fois... Aujourd'hui, ils vont payer une seule fois et ils auront tout, c'est bien pour eux !

— Patrick Le Lay dit que votre investissement représente onze euros par mois pour le foot et deux euros pour le cinéma et par abonné. C'est exact ?

— Non, c'est encore une ânerie ! Il n'y a pas d'autre mot ! Puisque Canal + doit, se doit, c'est une obligation, de reverser 20 % de son chiffre d'affaires au cinéma... Donc, notre chiffre d'affaires va augmenter, puisque notre nombre d'abonnés va augmenter, donc notre participation au cinéma va augmenter. Les gens du cinéma qui ont compris ça – et Patrick Le Lay le sait très bien, là, évidemment, il raconte une histoire qui l'arrange, mais ce n'est pas la réalité –, les gens du cinéma étaient aussi heureux que nous vendredi soir qu'on ait le foot, même pour 600 millions d'euros, puisque notre chiffre d'affaires va augmenter, et que notre participation dans le cinéma français va augmenter. Et nous, nous aidons beaucoup plus le cinéma français. »

Il faut bien se rendre compte de l'enjeu financier que représente le football. En 2004, cinq des dix meilleures audiences ont été réalisées par des matches de foot. L'Euro 2004 a même permis de dégager un chiffre d'affaires de 51,8 millions d'euros. Et, en même temps, il faut se demander si l'inflation des coûts est bien raisonnable. Voici en prenant quelques points de repère à travers ces vingt dernières années, les sommes déboursées, en millions d'euros, par les chaînes pour la Ligue 1 :

Saison 1984-1985 :	0,8
Saison 1985-1986 :	1,2
Saison 1998-1999 :	106
Saison 2001-2002 :	238
Saison 2004-2005 :	375
Saison 2005-2006 :	550
Saison 2006-2007 :	600
Saison 2007-2008 :	650

Ces chiffres ne signifient bien sûr pas grand-chose dans l'absolu ; il faut les comparer aux tarifs pratiqués dans les autres pays. Face aux 600 millions annuels versés en moyenne par Canal + pour la France, voici (en millions d'euros) les montants des droits télévisuels chez nos voisins et concurrents sportifs :

Allemagne :	244
Espagne :	297
Italie :	356
Angleterre :	544

On peut aisément constater que la Ligue 1 se paie au prix fort ! Et les grands vainqueurs, ce sont les clubs de foot, car cet argent est redistribué selon une charte signée en 2002 par l'ensemble des équipes professionnelles. La répartition sur laquelle tout le monde est tombé d'accord est faite sur le modèle suivant :

- 50 % attribués aux clubs professionnels en fixe ;
- 30 % liés au classement en championnat ;
- 20 % en fonction du nombre de diffusions télévisées.

A priori, tout est donc calé, malgré tout ; mais certaines équipes très médiatisées estiment qu'on leur doit beaucoup, et qu'il faudrait donc modifier le mode de répartition pour les privilégier. Parmi celles-ci, on retrouve bien évidemment le PSG et l'OM, qui réclament la répartition suivante :

- 50 % attribués en fixe ;
- 25 % liés au classement ;
- 25 % en fonction de la télé.

Cinq petits points qui font toute la différence, en particulier quand la somme en jeu est de 600 millions par an ! Mais dans l'attente de ces résultats de la Ligue 1, TF1 n'était pas restée inactive. Fin novembre 2004, le quotidien *L'Équipe* révèle que la chaîne a conclu un accord secret d'un an avec la Fédération française de football concernant la retransmission des matches de l'équipe de France. Un accord hors la loi selon le journal, qui rappelle l'article 8 de la loi du 6 juillet 2000 selon lequel « tout contrat d'intérêt collectif relatif à des opérations d'achat ou de vente de produits ou de services ne peut être conclu sans appel préalable à la concurrence ».

Or, dans le cas présent, aucun appel d'offres n'a été fait. Quelques heures après la publication de cet article, TF1 annonce la signature avec la FFF d'un contrat d'un an, courant du 30 juin 2005 au 30 juin 2006, pour la retransmission des matches de l'équipe de France. C'est le directeur de la communication de TF1 qui s'exprime : « Nous confirmons la signature de cet accord qui n'est que la prolongation normale du contrat d'accompagnement de l'équipe de France jusqu'à la Coupe du monde 2006, dont TF1 a les droits. La Fédération a souhaité poursuivre avec TF1 une aventure commencée il y a de longues années. »

En revanche, aucun commentaire sur la validité légale de ce contrat. Quant aux conditions financières, elles seraient, toujours selon *L'Équipe*, presque identiques à celles qui liaient les deux parties depuis 2001, soit un montant de 38 millions d'euros annuels pour la diffusion des matches des Bleus et de la Coupe de France. Dans le nouveau contrat, le montant est réévalué de 5 % et assorti d'une prime de 3 millions d'euros, amenant ainsi la chaîne à verser 43 millions d'euros pour les rencontres de la saison 2005-2006.

De son côté, le président de la FFF, Claude Simonet, a justifié la prolongation de ce contrat par la « prudence », en s'expliquant : « Cette prolongation secrète a été signée en juin 2003. Après la catastrophe de 2002 (élimination au premier tour de la Coupe du monde), il y avait une certaine inquiétude par rapport à la diffusion des matches de l'équipe de France. Ce n'est pas un nouveau contrat. C'est une prolongation d'un an, c'est tout ! Je ne nous voyais pas quitter TF1 au milieu du gué. Alors que les qualifications sont en cours, la prochaine Coupe du monde se déroulera du 9 juin au 9 juillet 2006, en Allemagne. »

Voici donc un rapide récapitulatif de la situation en 2005, au moment où paraît ce livre, et les sommes que chaque chaîne débourse pour le football :

- LIGUE 1 (jusqu'en 2008) : Canal + a obtenu le 10 décembre 2004 l'exclusivité totale des matches de la Ligue 1 jusqu'en 2008. Dans le détail, cela donne 220 millions d'euros par an pour le lot 1 (match n° 1, le dimanche à 20 h 45), 210 millions d'euros pour le lot 2 (matches numéros 2 et 3, le samedi à 17 h 15 et le dimanche à 18 heures), 60 millions d'euros pour le lot 3 (le magazine « Jour de foot », le samedi à 22 h 15, qui présente des longs résumés des matches de championnat qui viennent tout juste de se terminer), et 110 millions d'euros pour le lot 4 (matches diffusés par le système de paiement à la séance, le samedi à 20 heures).

- LIGUE 2 (jusqu'en 2005) : Eurosport débourse 15 millions d'euros chaque année pour les droits de la L2. En échange, Eurosport diffuse deux matches décalés par journée de championnat.

• COUPE DE LA LIGUE (jusqu'en 2006) : France Télévisions fait un chèque de 10 millions d'euros par saison, en vertu duquel elle peut retransmettre un minimum de dix matches de la Coupe de la Ligue.

• MATCHES DE L'ÉQUIPE DE FRANCE et COUPE DE FRANCE (jusqu'en 2006) : TF1 détient les droits pour 38 millions d'euros annuels. Une somme qui englobe les droits des matches de l'équipe de France pour la même période, hors grandes compétitions type Mondial ou Euro.

• LIGUE DES CHAMPIONS (jusqu'en 2006) : deux chaînes se partagent les droits. TF1 débourse 32 millions d'euros chaque année pour diffuser le match de son choix à chaque journée. Les droits des autres matches d'une même journée sont la propriété du groupe Canal +, pour 26,5 millions d'euros annuels.

• COUPE DE L'UEFA : les discussions se font chaîne par chaîne, au coup par coup. En effet, les droits ne sont pas centralisés et les clubs les négocient match par match.

CHIFFRE D'AFFAIRES PUBLICITAIRE DÉGAGÉ EN 2004
PAR LES PRINCIPAUX ÉVÉNEMENTS SPORTIFS

Euro 2004 (TF1, France 2, France 3) :	51,8 millions d'euros
JO d'Athènes (France 2, France 3, Canal +) :	23,3 millions d'euros
Roland-Garros (France 2, France 3) :	8,3 millions d'euros
Tour de France cycliste (France 2, France 3) :	5,5 millions d'euros

Faisons de la pub pour payer ces gros salaires !

Si les programmes de télévision coûtent cher à concevoir et à produire, c'est aussi et tout simplement parce qu'ils rapportent beaucoup d'argent. Ils répondent en ceci à la très classique loi de l'offre et de la demande. Pour les chaînes privées, la règle se trouve réduite à sa plus simple expression : l'émission doit rapporter plus d'argent qu'elle n'en coûte, faute de quoi elle sera purement et simplement supprimée. Pour TF1, le budget annuel de la grille des programmes de la saison 2004-2005 est de 832 millions d'euros, soit 4 % de plus que la saison précédente. Celui de M6 a augmenté dans les mêmes proportions, + 5 %, mais il reste très inférieur en somme brute : 250 millions d'euros, soit trois fois moins que pour TF1.

La situation est évidemment plus complexe au sein du service public. Dès son arrivée, Marc Teissier a fait souffler un vent nouveau en imposant par exemple un « *reporting* » mensuel. Ce document oblige tous les services et toutes les filiales à dresser chaque mois un état précis de leurs recettes et de leurs dépenses. Mis en place en 1999, ce « *reporting* » a été vécu comme une véritable révolution, car la direction d'une chaîne du service public pouvait pour la première fois avoir une vue d'ensemble de sa gestion. Pourtant, en 2001, la loi Trautmann a donné un coup d'arrêt à la marche vers les bénéfices de France Télévisions. Bien sûr, le groupe est aujourd'hui bénéficiaire, mais les chiffres pourraient être nettement meilleurs si la législation n'avait pas réduit en 2001 la durée de la publicité de douze à huit minutes par heure.

L'effet est double. Tout d'abord, le téléspectateur, qui paie sa redevance, est moins soumis aux écrans publicitaires sur le public que sur le privé, où la durée a été maintenue à douze minutes. En revanche, le manque à gagner est évalué pour France Télévisions à plus de 100 millions d'euros par an. La part de l'État dans le financement a donc logiquement augmenté, passant de 48,4 à plus de 61 %. De plus, France 2 et France 3 n'ont pas le droit d'interrompre des programmes par de la publicité, qu'il s'agisse d'un film, d'une émission ou d'une série.

Mais, parfois, France Télévisions ruse. Si vous êtes téléspectateur de « Télématin », présenté par William Leymergie sur France 2, vous avez pu constater les multiples pauses publicitaires – parfois plus de six ! – qui émaillent l'émission en seulement deux heures. Comment s'opère ce tour de passe-passe ? Tout simplement grâce à une astuce tolérée par le CSA. France 2 considère que « Télématin » n'est pas une émission « complète », mais une succession de programmes totalement indépendants les uns des autres. Exemple : à 7 heures, le journal. Sa conclusion marque la fin d'un programme dit « autonome » ; la publicité peut alors être diffusée. 7 h 05 : « Télématin », jusqu'à 7 h 28. C'est une émission à part entière, qui se terminera donc vingt minutes plus tard... pour laisser la place aux infos ! L'occasion de lancer une nouvelle page de pub entre la fin de « Télématin » et les infos... 7 h 35 : fin des infos, la logique reste la même... Nouvelle page de pub, début d'émission, etc. Il s'agit à proprement parler d'une méthode de découpage totalement tirée par les cheveux, mais il faut croire que les astuces les plus grosses semblent parfois les mieux tolérées...

Plus surprenant encore, l'émission de Sophie Davant, « C'est au programme », diffusée de 9 h 25 à 11 h 05, et elle aussi interrompue par un écran publicitaire. Mais pas le moindre flash info... Rien, si ce n'est l'article 36 du chapitre 6 du cahier des missions et des charges de France 2 qui précise : « La programmation des messages publicitaires doit être conforme au décret n° 92-280 du 27 mars 1992 sous les réserves suivantes. Les messages publicitaires sont insérés entre les émissions. Par dérogation à l'alinéa précédent, [...] les émissions autres que les œuvres audiovisuelles, au sens du décret n° 90-66 du 17 janvier 1990 modifié, peuvent, après autorisation délivrée par le Conseil supérieur de l'audiovisuel et lorsqu'elles sont diffusées avant 20 heures, faire l'objet d'interruptions par des messages publicitaires si elles sont composées de parties autonomes identifiées et séparées par des éléments visuels et sonores. »

En clair, avec cet article, le service public peut interrompre n'importe quelle émission avant 20 heures si le CSA l'autorise. Un article ignoré par la plupart des téléspectateurs, mais aussi des spécialistes de l'audiovisuel, qui permet ainsi à la chaîne publique de glisser discrètement un écran publicitaire au beau milieu de la matinée. Il faut dire que les programmes diffusés à cette heure sont assez peu regardés par les professionnels de la télé, ce qui autorise parfois certaines libertés.

À ce propos, le magazine « Lundi investigation »[1] a révélé une affaire datant de la fin des années 1980, dans l'émission « Matin Bonheur » diffusée à l'époque sur Antenne 2, chaque matin à 10 heures. La productrice, Monique Cara, avait eu l'idée de créer des produits de beauté portant le titre de l'émission. Des crèmes de beauté présentées en plateau par un médecin... Un médecin qui était lui-même l'un des actionnaires de la société fabriquant ces produits. Il venait donc régulièrement faire la publicité de sa propre société, sur une chaîne de service public, sous couvert d'une chronique de santé. Mais ce n'est pas tout ! La chronique beauté de l'émission était animée par... la femme de ce bon docteur ! Tout ce petit numéro a duré cinq ans, sans que quiconque ne trouve visiblement à redire sur ces affaires de famille. Au bout de ces cinq années, tout ce petit monde a néanmoins été remercié par France 2...

En constatant ainsi qu'une chaîne publique se comporte comme une chaîne privée, certains en déduisent déjà la possible privatisation de France 2. On sait qu'ils sont nombreux à se dire prêts à racheter la chaîne, mais il s'agit avant tout d'une décision politique que le gouvernement actuel ne semble pas pressé de prendre. Néanmoins, dans le secret des cabinets d'audit, on a d'ores et

1. Canal +, 2 février 2004.

déjà travaillé à une évaluation. En appliquant une simple règle de trois, et au vu de la valeur de TF1, France 2 vaudrait environ 3 milliards d'euros. Mais, en 2005, France 2 est loin d'être dans la même situation économique que TF1. Il faut néanmoins se souvenir qu'en 1987, lors de la privatisation de la Une, TF1 ressemblait fort à France 2 aujourd'hui. L'État avait alors fixé le prix de vente à 7 millions d'euros. À l'époque, le prix était jugé excessif par la plupart des observateurs. On sait depuis à quel point TF1 est devenue une redoutable « cash-machine »...

Aujourd'hui, les spécialistes du dossier estiment la valeur de France 2 à 1,5 ou 2 milliards d'euros, en fonction des contraintes de programmation que le gouvernement appelé à privatiser la chaîne accepterait de lever. D'ailleurs, cette idée de privatisation fait son chemin, même à gauche. Des journalistes de France 2 racontent qu'en juin 2001, alors qu'il les recevait à l'Hôtel de Ville, Bertrand Delanoë les a interrogés sur une éventuelle privatisation, avant d'ajouter : « Moi, je suis pour. Cela permettrait d'assainir les comptes. » En revanche, du côté de TF1 et de M6, on cache son opposition à cette privatisation, qui obligerait les deux chaînes privées à partager encore un peu plus le gâteau publicitaire. Aujourd'hui, avec un peu plus de 30 % de parts de marché, TF1 rafle tout de même près de 55 % des sommes dévolues à la publicité télévisée. De fait, au titre de chaîne leader, c'est également TF1 qui fixe les prix des écrans de pub sur le marché. Un pouvoir qui n'a pas de prix, et qui, surtout, ne se partage pas...

Depuis 2004, France Télévisions s'est engagée à rendre des comptes sur l'argent utilisé, en particulier sur l'argent de la redevance. Atteignant 116,50 euros par foyer, la France possède l'une des moins chères d'Europe. Sur cette somme, seuls 69 euros sont attribués à France Télévisions, le solde allant aux autres chaînes (TV5, Arte, RFO...) et aux stations de radios publiques (France Inter, France Info, France Musiques, France Culture…).

L'argent de cette redevance est ensuite répartie de la manière suivante : sur plus de 66 millions d'euros récupérés, 30 % (20 millions d'euros) sont attribués à l'information, et 30 % supplémentaires à la création française. Plus de 8 millions d'euros sont ensuite attribués aux sports (soit 12 %), près de 12 millions d'euros aux magazines de divertissement, et 6 millions aux variétés et aux jeux.

Alors, si ces chiffres sont un peu abstraits pour vous, soyons plus concret et tentons de comprendre la somme qui revient à chacun sur 116,50 euros de redevance. Selon Marc Teissier, le président de France Télévisions, Jean-Luc Delarue touche entre 2 et 3 % de la part de redevance que reçoit France Télévisions. Ce qui représente, après un rapide calcul, entre 1,37 et 2,06 euros par an et par téléspectateur. C'est beaucoup et c'est peu à la fois : sur 116,50 euros de redevance, 2,2 vont aux programmes jeunesse, mais 20,1 à l'information. Entre ces deux extrêmes, chaque citoyen téléspectateur qui s'acquitte de sa redevance verse 11,6 euros aux magazines, 9,8 aux fictions et séries, 8,1 aux sports ou encore 5 au cinéma. Regarder France 2 pendant une journée revient donc à 6 centimes d'euro. Six centimes d'euro, reconnaissons honnêtement que ce n'est pas très cher payé, même si on n'apprécie pas forcément tous les programmes diffusés…

Faut-il brûler nos stars millionnaires ?

La question est provocante et la réponse est sans ambiguïté : non. Toutes ces vedettes de la télé gagnent leur argent grâce à leur travail. Si un employeur leur donne autant, c'est, semble-t-il, qu'il y trouve son intérêt. On n'a jamais vu une entreprise payer plusieurs centaines de milliers d'euros un employé qui ne lui rapporte pas au moins dix fois plus. Les stars sont rares. Les vedettes de la téléréalité, si éphémères soient-elles, vont faire vendre des journaux ; il est donc normal qu'elles gagnent de l'argent pendant les quatre ou cinq mois où elles sont exposées. On peut simplement déplorer ceux que l'argent rend arrogants ou méprisants. Je pense en particulier à Massimo Gargia dont les propos ont de quoi choquer tous ceux qui se lèvent le matin pour aller gagner le Smic dans un bureau ou à la caisse d'un supermarché : « Il est impossible que je sois séduit par une fille sans le sou. Pourquoi coucher avec des pauvres quand on peut aller avec des riches ? C'est du temps perdu. En plus, avec une fille pauvre, il ne reste plus rien quand c'est terminé ; juste des mauvais souvenirs. Avec une fille riche, au moins, vous avez reçu en cadeau un appartement ou des voitures, vous n'avez pas perdu votre temps. S'il vous reste un enfant, c'est un problème. S'il vous reste une maison, c'est mieux[1]. »

Ça, c'est l'argent qui rend bête...

Heureusement, il arrive le plus souvent que toutes ces stars du petit écran, après avoir gagné beaucoup d'argent, investissent dans des associations humanitaires. Et donnent des sommes importantes, et aussi de leur temps. Parfois, certains font même des gestes surprenants.

Durant l'été 2004, la star américaine des *talk shows* Oprah Winfrey est en voyage à San Luis Obispo, en Californie. Elle commande un hamburger au poulet dans une petite boutique. Elle le trouve fabuleux et engage la conversation avec le propriétaire, qui lui explique que sa boutique The Art Café, tenue par sa sœur Margaux, est au bord du dépôt du bilan. Deux jours plus tard, Margaux a la surprise de recevoir dans son courrier un chèque signé Oprah. Le montant n'est pas rendu public

1. *Voici*, 25 juillet 2004.

à la demande d'Oprah, mais Margaux précise que « c'est un gros chèque destiné à sauver la boutique ». On ne peut qu'applaudir.

Le dernier grand exemple de la solidarité des stars fait suite au tsunami qui a ravagé l'Asie du Sud-Est le 26 décembre 2004. De très nombreuses vedettes ont aussitôt donné de leur temps comme de leur argent pour venir en aide aux habitants des régions dévastées, soit en participant gracieusement à l'émission de solidarité animée par Michel Drucker, par exemple, et diffusée sur France 2 le 16 janvier 2005, soit tout simplement en faisant des dons.

Nos stars ont une nouvelle fois démontré qu'elles avaient du cœur – même s'il faut bien reconnaître à cette occasion que les vedettes les plus généreuses ont été internationales plutôt que françaises. Ainsi, le pilote allemand Michael Schumacher n'a pas hésité à faire un chèque de 10 millions d'euros. Steven Spielberg a quant à lui offert 1,5 million d'euros, Sandra Bullock, un million de dollars à la Croix-Rouge américaine. Leonardo Di Caprio a fait à l'Unicef un don annoncé comme « substantiel », spécifiant qu'il devait profiter avant tout aux enfants de Thaïlande, où il avait passé beaucoup de temps lors du tournage de *The Beach*. Enfin, l'acteur Jackie Chan, star des films de kung-fu, a lui aussi procédé à un don à l'Unicef d'un montant de 500 000 dollars de Hong-Kong (47 000 euros).

En France, les stars donnent aussi. Citons entre autres Emmanuelle Béart, ambassadrice de l'Unesco pour un euro symbolique, ou encore Muriel Robin, engagée dans la lutte contre le sida au sein des « Enfoirés », au même titre que Mimi Mathy, Jean-Jacques Goldman, Élie Semoun, Lorie et tous les autres dont je ne pourrais citer ici la liste exhaustive sans remplir des pages et des pages ! Chapeau à tous, en tout cas… Ainsi qu'à Antoine de Caunes et Solidarité sida, ou encore tous ceux qui participent chaque année au Téléthon sur France 2. On ne doit bien évidemment pas oublier cette grande dame qu'est Line Renaud, qui a su dès le début mobiliser les artistes français contre le sida. Bref, ils sont des dizaines à vouloir simplement faire une bonne action gratuitement, sans rien attendre en retour.

En revanche, il faut bien avouer que, si les stars font la queue pour participer aux associations médiatisées, certaines causes peinent à trouver des parrains célèbres. Un responsable d'associations d'aide aux SDF m'explique sous couvert de l'anonymat : « Il y a des choses qu'on ne peut pas dire en France. J'ai appelé moi-même des vedettes de la télé pour leur demander de nous aider dans des opérations en faveur des SDF. Quand elles ont compris que nous n'aiderions ni des enfants ni des causes médiatiques, elles ne nous ont jamais rappelés. Je ne veux pas les dénoncer, mais je vous jure que vous auriez des surprises. Les causes doivent être belles et propres, ces stars sont prêtes à s'investir, mais il faut que cela ne nuise pas à leur image. Des hommes mal rasés, des femmes sales et qui dorment sur les trottoirs, ce n'est pas très glamour... Alors, en général, on nous fait répondre qu'elles sont vraiment désolées, mais qu'elles ne peuvent pas... » Et, quand certaines osent franchir le pas, elles en paient parfois le prix fort. On se souvient ainsi d'Emmanuelle Béart, dont l'action de soutien aux sans-papiers avait été vertement critiquée.

Et puis, il y a les stars qui demandent de l'argent, comme l'explique Agathe Bousquet, l'ancienne présidente de Solidarité sida : « Aux États-Unis, la fondation pour l'enfance Ronald McDonald paie des millions pour s'offrir les sœurs Williams. En France, cela ferait scandale[1]. » Et pourtant, pour participer à Solidays, le chanteur Robbie Williams a perçu 15 000 euros. C'est quasiment dix fois

1. *Le Nouvel Observateur*, 23 juillet 2004.

moins que la somme qu'il touche normalement pour un concert. Il a affirmé que c'était pour couvrir ses frais, mais au vu de sa fortune, je pense qu'il aurait peut-être pu faire un effort, vous ne croyez pas ? En revanche, les organisateurs de Solidays ont refusé de verser 100 000 euros à David Bowie, même s'il s'agissait d'un tarif *discount*. « Ce problème existe surtout avec les vedettes étrangères, car il faut passer par leurs intermédiaires », explique encore Agathe Bousquet.

C'est en effet un exercice délicat que d'associer des stars du petit écran et des associations. Les vedettes doivent être exemptes de tout reproche, tandis que les associations se font fort d'afficher une totale transparence. Alors parfois, quand il y a de petits dérapages, tout le monde préfère étouffer les affaires. Le Téléthon, par exemple, émission de référence parmi les émissions caritatives s'il en est. La Cour des comptes a publié un rapport de cent vingt pages en 2004 sur l'association. Un épais dossier dans lequel les magistrats épinglent des voyages des dirigeants de l'Association française contre les myopathies (AFM) aux États-Unis et à Bora-Bora. Des voyages que la vie de l'association ne justifiait visiblement pas. Cette même Cour des comptes critique des accords passés par l'AFM. Mais le risque existe : parler de ces dérapages peut détourner les dons vers d'autres associations, tout en discréditant le Téléthon. Dès lors, tout le monde préfère se taire et ne retenir que les aspects positifs du rapport de la Cour des comptes.

D'autres enquêtes[1] ont également mis en avant certains dérapages, moins importants certes, dans des émissions chargées de collecter des fonds destinés à des associations. Ainsi, dans l'émission de TF1 « Fear Factor », les

1. *Entrevue*, août 2004.

candidats ont joué, en 2004, pour l'association Sunshine, créée par Mickael, un ancien candidat de « Nice People ». Seul problème : cette association n'a aucune activité. Alors à quoi sert l'argent, et où va-t-il réellement ? Mickael explique simplement qu'il est débordé et qu'il n'a pas eu le temps de lancer des projets... Autre surprise : Danièle Gilbert participait à « La Ferme célébrités » pour l'association Art Child, parrainée par l'Unesco. Or, lorsque l'on appelle l'Unesco, ils indiquent que cette association n'est pas recensée chez eux.

« La Ferme célébrités » a d'ailleurs considérablement changé la donne ; pour la première fois, des stars étaient payées pour participer à une émission dont l'un des objectifs – outre celui de faire de l'audience – était de recueillir de l'argent pour des associations. On l'a un peu oublié, car on ne peut pas dire que les vedettes – à l'exception sans doute de Pascal Olmeta et d'Ève Angeli – aient beaucoup parlé de la cause qu'ils défendaient. Quoi qu'il en soit, TF1 leur versait près de 15 000 euros par semaine de présence. Pardon, je ne devrais pas révéler cela : le contrat, classé « top secret », stipulait d'une part que chaque signataire avait interdiction de parler des sommes perçues, et qu'il ne s'agissait d'autre part pas de salaire, mais de « gain de jeu ». La nuance est simple : en France, les gains de jeu sont exonérés d'impôts. Chaque artiste pouvait donc continuer à toucher tranquillement ses Assedic du spectacle, après quoi TF1 leur remettait à la sortie le « gain de jeu » exonéré de charges sociales et d'impôts... C'est dont du « net-net » pour ces stars, qui ont de plus bénéficié d'une exposition médiatique sans précédent.

Quant aux associations, elles touchaient 10 000 euros par semaine de présence de leur star, plus des primes si ces vedettes restaient jusqu'au bout. Ève Angeli a ainsi rapporté 150 000 euros à l'association de Stéphanie Fugain « Pour Laurette ». Personne n'y trouvera bien sûr à redire, car toutes les parties sont gagnantes au bout du compte :

TF1, qui fait une bonne émission et de l'audience ; Ève Angeli, qui redore son image et emplit son compte en banque ; et l'association, qui récolte des sommes non négligeables. Tout va donc pour le mieux, sauf quand les choses tournent au vinaigre.

À l'été 2004, une polémique éclate, dont toutes les parties se seraient bien passées. Fin juillet, l'ancien candidat Vincent Mac Doom annonce dans un communiqué publié par son avocat, qu'il « ne souhaite plus associer son nom et son image à l'association “L'Ange Bleu”, dont il défendait les couleurs pendant “La Ferme”, produite par So Nice/Endemol. Le vœu de Vincent Mac Doom est de mettre sa notoriété au service des enfants abusés sexuellement. Or, dans ses statuts, l'association “L'Ange Bleu” indique s'occuper de la prise en charge psychologique des pédophiles, activité dont Vincent Mac Doom n'a pas été avisé au départ. Vincent ayant été victime des pulsions sexuelles de son oncle étant très jeune, il souhaite que la somme gagnée soit exclusivement consacrée aux enfants. »

Vincent Mac Doom demande donc à TF1 de verser les 90 000 euros à « Blue Angel », une autre association qu'il a lui-même créée sur son île natale de Sainte-Lucie. Embrouille autour d'une bonne cause... De son côté, « L'Ange Bleu » estime que Vincent Mac Doom est de mauvaise foi, car « il était parfaitement au courant de l'utilisation que “L'Ange Bleu” souhaitait faire des fonds ». « L'Ange Bleu » a donc assigné TF1 et So Nice Productions devant le tribunal de grande instance de Paris pour non-versement des gains. Le 30 juillet 2004, le tribunal de Paris a renvoyé tout le monde dos à dos, rejetant la demande de Vincent Mac Doom, celle de « L'Ange Bleu », qui souhaitait toucher l'argent, et celle de TF1 et de la filiale d'Endemol qui réclamait le gel des 90 000 euros.

Une affaire embarrassante pour TF1, puisqu'en juillet 2004 le directeur de la communication de la chaîne, Édouard Boccon-Gibod, avait envoyé une lettre à « L'Ange

Bleu » en demandant à l'association de régler au plus vite son différend avec Vincent Mac Doom, de façon rapide et discrète. Extrait de cette lettre : « Face à cette situation et devant la demande qui lui est présentée, TF1 ne peut que vous demander de faire vos meilleurs efforts pour régler à l'amiable ce différend avec Vincent Mac Doom. À cet effet, je vous remercie de bien vouloir nous adresser un courrier contresigné par Vincent Mac Doom ou son Conseil établissant qu'il a été mis fin à ce différend. »

TF1 souhaitait rester loin de cette affaire. À contrecœur, la chaîne s'est trouvée embarquée dans cette tourmente judiciaire. Pour calmer le jeu, TF1 décide donc de faire un don à l'association « L'Ange Bleu », afin que celle-ci ne pousse pas plus loin les procédures judiciaires. Beau geste de la part d'une chaîne qui se retrouve impliquée dans une affaire qui, en réalité, ne la concerne pas. J'ai à plusieurs reprises, en décembre 2004, parlé de cette affaire avec Vincent Mac Doom. Je lui ai posé sans ménagement les questions qui fâchent, pour essayer de comprendre cet imbroglio financier qui a terni la bonne image qu'il s'était construite dans « La Ferme ».

Pour bien comprendre son comportement, je pense qu'il faut se souvenir que, alors qu'il n'avait pas dix ans, Vincent a été violé par son oncle, pendant de longs mois, à Sainte-Lucie. Il m'explique, les larmes aux yeux : « À Sainte-Lucie, les enfants n'existent pas. Ce sont de simples objets sexuels que l'on prend et que l'on jette, sans se soucier des ravages psychologiques que les adultes peuvent faire. Il y a des gamins et des gamines qui sont violés sans que cela n'émeuve personne. C'est ce combat que j'ai entrepris. Essayer de donner une reconnaissance à ces enfants et briser la loi du silence. Tu sais, Jean-Marc, après ce que j'ai vécu, je ne peux pas accepter que de l'argent aille du côté des pédophiles, même si c'est pour essayer de les soigner. Moi, c'est des enfants dont je veux m'occuper, parce que je fais partie de ceux-là. » On ne peut que comprendre et soutenir Vincent dans une telle démarche, si personnelle que l'on n'a même pas à la juger. En revanche, et contrairement à ce qui a été dit ou écrit, Vincent m'assure que « début 2005, l'argent n'était toujours pas sur le compte de l'association à Sainte-Lucie. Cet argent, j'ai demandé à mon avocat de le bloquer tant qu'il restera un doute dans l'esprit des gens. Je ne peux pas supporter que l'on doute un seul instant de mon intégrité. »

L'affaire se termine. Seul subsiste un sentiment de malaise autour de ces mouvements financiers...

TROISIÈME PARTIE

LES SECRETS DES CASTINGS

Quand je serai grand, je serai une star ! Cette petite phrase, tous les parents l'ont entendue au moins une fois dans la bouche de leur enfant. Alors oublions un instant ce mot « star », si galvaudé par ces émissions de téléréalité qui ne créent rien d'autre que de pauvres *people* « Kleenex ». Les conséquences psychologiques sur les ados se révèlent parfois dramatiques. Il suffit d'écouter Emma Daumas, demi-finaliste de la Star Academy 2, raconter ce qu'elle a ressenti après son passage dans l'émission : « C'est un vrai traumatisme. Après ma sortie du château, j'ai mis longtemps à me remettre. J'ai fait six mois de dépression. J'avais envie de tuer tout le monde. J'avais envie de me tuer. Je voulais même gifler les enfants qui venaient vers moi me demander des autographes. Je n'acceptais pas ce que j'étais devenue. Quand je voyais, dans leurs yeux, cette star stéréotypée que j'étais devenue, je n'avais qu'une envie, leur mettre une gifle[1] ! »

Parlons donc de cette célébrité, aussi éphémère et illusoire soit-elle, mais après laquelle courent toutefois tant de gens. Le grand coupable d'un aussi profond désir de reconnaissance factice est la télévision. Nos enfants ne veulent plus être médecins pour soigner les autres, ni pompiers pour sauver des vies, ni même vétérinaires pour

1. « 20 h 10 pétantes », Canal +, émission du 2 février 2004.

exacerber leur amour des animaux. Non, nos enfants veulent être célèbres, quel que soit le prix à payer. Aujourd'hui plus que jamais, la notoriété n'est pourtant plus synonyme de talent ou de réussite. Elle est le fruit du hasard, la résultante d'une dose de chance et d'une médiatisation outrageuse. La situation tourne même parfois carrément au malsain.

La journaliste américaine Maureen Orth a publié outre-Atlantique, en septembre 2004, un ouvrage intitulé *De l'importance d'être célèbre.* Elle y analyse avec pessimisme la course folle dans laquelle est entrée notre société, expliquant comment se développe de manière inquiétante une surenchère permanente : « Regardez Madonna qui embrasse Britney Spears sur la bouche lors des MTV Music Awards. L'événement fait la une des journaux. Quelques jours plus tard, c'est Janet Jackson qui fait encore plus fort en exhibant un sein lors du Superbowl 2004. Hélas, désormais, même les criminels deviennent des stars. » Et Maureen Orth de préciser : « J'ai été stupéfaite en enquêtant sur Andrew Cunanan, qui a poignardé le couturier Gianni Versace à Miami Beach, d'entendre les voisins du meurtrier me dire : "Vous vous rendez compte, c'est fantastique, il habitait à côté de chez nous et il fait la une des journaux !" »

Une mésaventure m'est arrivée en juin 2004. J'ai été contacté par la gendarmerie de Grenoble, qui enquêtait sur un jeune homme que j'avais reçu dix ans plus tôt sur TF1, dans le cadre de « Tout est possible ». Cette personne, très instable d'un point de vue affectif, usurpait l'identité d'enfants disparus, et contactait les parents en se faisant passer pour eux. Il a ainsi réussi à duper plusieurs familles, ce qui lui a d'ailleurs valu des séjours en prison en France et aux États-Unis, où il était allé user du même stratagème. L'attitude de ce gamin ne traduisait qu'une seule envie : devenir une star et faire la une des journaux.

À cet égard, les gendarmes qui m'ont reçu m'ont même donné une consigne : « Si vous devez parler de notre rencontre dans la presse, ne donnez pas son nom. Il n'attend que ça. Il ne souhaite que ça. Ce sera pour lui une reconnaissance, une forme de victoire s'il voit son nom imprimé dans un journal. Il rêve de notoriété. »

Ce désir peut pousser à faire n'importe quoi ; il peut même rendre fou. Évidemment, et fort heureusement, tous les jeunes ne deviennent pas délinquants ou meurtriers pour avoir vu leur photo dans les journaux ; certains, en revanche, n'hésitent pas à passer volontairement ou involontairement pour des imbéciles. On en a eu l'illustration, par exemple, lors des castings de l'émission « À la recherche de la nouvelle star » de M6, qui a diffusé en boucle les prestations des pires candidats. Des candidats ridiculisés, sans le moindre talent, mais qui autorisent néanmoins la chaîne à diffuser leur pathétique prestation de quelques secondes. Ils savent pertinemment qu'ils n'ont pas la moindre chance d'être sélectionnés parmi les finalistes, mais ils n'en ont cure. La seule chose qui compte, c'est de passer à la télévision, même si la France entière se moque d'eux. Ils auront eu leurs trente secondes de gloire, ou plutôt de honte. Mais jusqu'où sont-ils donc prêts à aller ? Peut-être vaut-il mieux ne pas chercher de réponse à cette question...

Mais ne noircissons pas trop le tableau ; revenons plutôt à ces candidats qui souhaitent nous prouver par leur « talent » qu'ils méritent de faire la une des journaux et de devenir en trois mois aussi célèbres que Johnny Hallyday... Pour cela, une seule solution : les castings de la télé-réalité ! Une télé-réalité qui est en outre loin d'être en bout de course. Il y a quatre ans, lors de la première saison de « Loft Story », les Cassandre s'agitaient sur le berceau du nouveau-né : « Vous verrez, dans deux ou trois ans, plus personne ne parlera de télé-réalité... » En 2005, jamais cette forme télévisuelle n'aura été aussi présente sur nos écrans. En France, bien sûr, mais également partout dans le monde.

La télé-réalité est un escargot. Elle fait son chemin, lentement, mais sûrement... Elle est également hermaphrodite, engendrant, seule, de nouveaux concepts qui succèdent les uns aux autres. Le « Loft » de M6 en 2001 a donné naissance à « Nice People » sur TF1 en 2003, qui a à son tour inspiré les « Colocataires » de M6 en 2004. « La Star Academy », apparue en 2001 sur TF1, a quant à elle engendré « Popstars », puis « À la recherche de la nouvelle star », toutes deux diffusées sur M6.

On pourrait poursuivre ces filiations à l'infini, tant les concepts aujourd'hui se ressemblent, voire se confondent. Et, pour chacune de ces émissions, tout se joue lors du casting, qui se traduit par de longs mois de repérages à travers la France, durant lesquels des professionnels tentent de trouver ceux qui seront peut-être les stars de demain. Stars éphémères, stars durant quelques jours ou quelques semaines... Ils doivent en tout cas susciter la curiosité, éveiller l'intérêt des magazines et des téléspectateurs. Auparavant, pour faire la une des magazines, il fallait des années de travail ; aujourd'hui, il suffit d'une bonne gueule et d'avoir été choisi lors d'un casting...

Ce que les professionnels n'osent pas vous dire

Pénétrons donc sans plus tarder dans les coulisses des émissions de télé-réalité, pour y découvrir ce que l'on ne vous a pas dit, fruit de confidences recueillies jour après jour auprès des chaînes, des maisons de production, des réalisateurs, des techniciens, mais surtout auprès des candidats, souvent les plus bavards de tous. Je leur ai posé les questions interdites, j'ai vu les contrats secrets, j'ai plongé dans l'univers du montage, des petits mensonges, des arrangements avec la réalité. Suivez-moi de l'autre côté du miroir...

À tout seigneur, tout honneur, nous commencerons par évoquer Endemol, le plus grand pourvoyeur d'émissions de télé-réalité en France. Endemol fait fantasmer la presse et les journalistes, notamment en raison du mystère qui l'entoure. Alors, s'agit-il d'une société où le culte du secret est poussé à l'extrême ?

« On ne naît pas parano, on le devient », déclare en octobre 2004 Alexia Laroche-Joubert, la directrice des programmes d'Endemol France. Et de poursuivre : « J'ai retrouvé dans la presse des documents qui n'étaient que dans mon ordinateur. Cela signifie que quelqu'un est entré dans mon bureau et l'a ouvert en mon absence. J'ai fait expertiser mon parc informatique. Je pense que l'on me vole des documents à la source. Il y a désormais des codes d'accès pour accéder à des documents. Certaines informations ne sont plus transmises que par coursier. »

Parano, il y a de quoi le devenir. Lors du lancement de la « Star Academy », un employé d'Endemol s'est ainsi procuré en interne la « bible » de l'émission, autrement dit tous ses secrets de fabrication. Un document hautement confidentiel, qui correspondrait au livre de recettes d'un grand cuisinier. Cette « bible » a été vendue à un grand magazine pour une somme qui avoisinerait les 10 000 euros !

Depuis lors, le Studio 103, où travaille une partie de l'équipe d'Endemol, est surveillé en permanence par un système de caméras, dont certaines sont également présentes dans la salle de rédaction. Une assistante de production témoigne anonymement dans *VSD* : « Quand vous passez l'entretien d'embauche, on vous met tout de suite à la page. Rien ne doit sortir, aucun document ne peut traîner sur les bureaux. Certains papiers passent même à la broyeuse pour rendre toute fouille improductive. »

En définitive, c'est bien avec l'apparition du « Loft » que sont nées toutes ces mesures de sécurité. Car, tout à coup, certains journalistes de télévision ont tenté d'obtenir des informations confidentielles. J'en parle avec d'autant plus de liberté que, chaque jour, je livre moi aussi sur Europe 1 des indiscrétions dont, je le reconnais, certaines n'auraient jamais dû sortir. Mais quand vous obtenez avant tout le monde des informations sur certaines émissions, des noms de candidats, ou bien des concepts en préparation, il est très difficile de les garder pour soi. Je ne vais bien sûr pas divulguer ici la manière dont nous obtenons quasi quotidiennement toutes ces exclusivités, mais je peux en revanche révéler qu'elles proviennent majoritairement de l'intérieur même des sociétés de production. Des taupes nous passent un petit coup de téléphone, ou nous envoient des documents de façon anonyme. Elles prennent un véritable risque en agissant ainsi, mais elles ont généralement un intérêt à faire sortir ces informations. Parfois par vengeance, quelquefois par simple amusement, et le plus souvent par stratégie. Pourtant, les clauses de confidentialité des contrats d'Endemol sont très sévères. Un article des contrats de travail est rédigé de la manière suivante :

> *Article 8 : Confidentialité absolue*
>
> *Eu égard au format spécifique de l'émission, ainsi notamment qu'aux conséquences dommageables que pourrait avoir la divulgation de certaines informations et/ou documents quant à l'intérêt de l'émission pour le téléspectateur, M. X s'engage à conserver la plus grande discrétion et garantit la confidentialité absolue* [...] *de tout ce qu'il aurait pu recueillir de manière directe ou indirecte lors de la conduite des pourparlers et de son contrat de travail.* [...] *À ce titre, M. X s'interdit de communiquer à quiconque (notamment aux autres techniciens, aux autres salariés de la production,*

participants à l'émission, entourage professionnel, familial et amical compris) de quelque manière que ce soit (entre autres par voie de presse, d'éditions littéraires, de télévision ou de radio...) une quelconque information, sauf autorisation écrite expresse et préalable. [...] M. X n'est pas autorisé à prendre des photographies ou à enregistrer sur un quelconque support des images ou des sons des participants, des lieux, situations et actions relatives à l'émission[1].

Mais le plus surprenant est sans doute que les salariés qui travaillent sur une émission de télé-réalité sont soumis aux mêmes restrictions téléphoniques que les candidats. Vous savez que dans la « Star Academy », par exemple, chaque participant n'a droit qu'à une minute de conversation téléphonique par jour. Voici ce à quoi ont contractuellement droit les techniciens :

> *M. X s'interdit d'être doté d'un téléphone portable pendant toute la durée du tournage, étant précisé que la production mettra à sa disposition trois fois par semaine (sic) un poste téléphonique pour les communications personnelles. La production met à la disposition de M. X un numéro de téléphone sur lequel il pourra être joint en cas d'urgence pendant l'exécution de sa mission.*

Dans ces conditions, on comprend mieux pourquoi les professionnels acceptent rarement de parler, et surtout sans langue de bois. Pourtant, deux d'entre eux ont accepté de me livrer ce qu'ils avaient sur le cœur, d'avouer clairement à quel point ils ne se reconnaissent plus dans la télévision d'aujourd'hui, dans ses règles, qui ne sont pas celles de leur déontologie. Et pourtant, tous deux ont participé à des émissions de télé-réalité. On pourrait même plutôt dire qu'ils ont tous deux découvert la réalité de la télé...

---

1. *VSD*, 27 octobre 2004.

Commençons donc par Nathalie André. Ce nom évoque probablement pour vous la directrice de la Star Academy 3 ; mais elle est aussi et avant tout une professionnelle reconnue du petit écran, spécialiste de la programmation d'émissions. En clair, son rôle consiste à trouver et à proposer à telle ou telle émission des artistes qui viendront y interpréter des chansons. Elle connaît les plus grandes stars et parvient à les convaincre de venir sur les plateaux de télévision, pour des émissions aussi différentes que, par exemple, « Le Grand Cabaret » de Patrick Sébastien ou « Les Enfants de la télé » d'Arthur...

Mais Nathalie André participe également aux sélections des candidats de la Star Ac'. Elle était dans le jury ayant choisi tous ces jeunes qui nous ont fait vibrer lors de la quatrième saison. Nathalie m'a expliqué comment s'est opéré le choix : « On ne prend pas systématiquement un rappeur pour en avoir un, mais on pense à la diversité. » Dans la promotion 2004-2005, on a d'ailleurs vu un vrai rappeur, Harlem, faire son apparition et interpréter tout au long des *prime time* des chansons en rap. « Il en faut pour tous les goûts. Dans le paysage musical français, il y a tous les styles. Ça doit être pareil au château. Il y a des *bad boys*, des *boys band*... Mais on ne se dit pas : il nous faut une blonde, une brune, une Noire. Ce n'est pas "L'Île de la tentation". » Nathalie André a-t-elle le sentiment de créer des artistes ? Elle qui fréquente les plus grands, comment évalue-t-elle ces ados ? « On n'est pas artiste quand on sort de la "Star Academy", mais apprenti artiste. C'est une base magnifique, car on a les meilleurs profs possible, mais il faut travailler. C'est surtout terrible pour ceux qui sortent les premières semaines : ils ont eu un accès ou deux au *prime time* ; pendant quelques mois, leur boucher les reconnaît et ils pensent être célèbres ! Certains prennent la grosse tête : ils veulent le guitariste de Sting, le batteur de U2... C'est quand leur visage n'évoque plus rien à personne qu'ils réalisent que ce n'était pas gagné. »

Tel est donc le regard avisé que Nathalie André porte sur ces castings ; mais derrière cette apparente bonhomie, elle se montre plutôt dépitée par la télévision d'aujourd'hui. Elle m'a même confié un jour de dépit : « Tu sais, Jean-Marc, je crois que je vais arrêter ce métier. J'en ai assez d'avoir ces producteurs qui veulent toujours les mêmes artistes. Ils ne me demandent que les numéros un du Top 50, le reste, ils s'en fichent. Ils ne prennent plus de risques. Résultat : on tourne en rond. J'ai débuté avec Michel Drucker qui, lui, me donnait la possibilité de découvrir des talents. On pouvait trouver un Jamel dans une petite salle de banlieue, et Michel Drucker acceptait de lui donner sa chance, même s'il était inconnu. Aujourd'hui, seules l'audience et les ventes comptent. Et encore, même un garçon comme Vincent Delerm, qui est pourtant au top, je n'arrive pas à l'imposer. Pareil pour Bénabar. Ils ne sont pas assez charismatiques, pas assez stars, pas assez *people*... Mais qu'est-ce que ça veut dire, ça... Oui, j'en ai marre... »

Cela signifie, hélas, que le métier est en train de changer, que la télévision est désormais un business où le chéquier a supplanté l'artistique. Il faut faire de l'argent, de l'audimat, en se servant des gens ; le reste, on s'en fout. Dommage que des gens comme Nathalie André, qui ont du talent et de l'expérience, en arrivent à être dégoûtés par de tels procédés. Mais je ne peux que les comprendre et admirer leur courage. Celui d'avoir envie de dire stop.

Autre déçu de la télé, Olivier Nusse. Ce nom est probablement moins évocateur pour vous, car il est un homme de l'ombre, même s'il faisait partie du jury de « Popstars » sur M6. Mais Olivier Nusse est surtout le directeur de la maison de disques ULM-Universal, qui a notamment produit les What For. Petit cours de rattrapage accéléré pour ceux qui auraient manqué un épisode. Les What For, c'est le nom du groupe qui a remporté la troisième édition de

« Popstars ». Entre nous, je ne vous en voudrais pas de les avoir oubliés... Sans même parler de leur dimension artistique, les What For constituent un véritable échec commercial. La faute à qui ? À en croire Olivier Nusse, tout simplement à M6 qui, une fois « Popstars » diffusé, a jeté le groupe aux oubliettes. Ils avaient servi, ils ont fait une audience plus que moyenne, M6 n'allait pas en plus assurer le service après vente d'un groupe qui n'était pas à la hauteur de ses attentes...

Olivier Nusse m'explique : « Si le groupe a dû reporter sa tournée, c'est tout simplement parce que M6, pourtant partenaire, ne remplissait pas bien son rôle. Tu te rends compte, alors que la tournée était programmée, ils n'ont pas chanté leur chanson une seule fois en *prime time* pendant trois mois ! Ce n'est pas comme cela que l'on va remplir des salles. Comment veux-tu faire venir le public ? Comment veux-tu que les gens se rendent compte qu'ils ont travaillé, qu'ils ont évolué ? Ces gamins se sont donné beaucoup de mal. Il est certain que TF1 traite autrement les artistes de la "Star Academy". TF1 met toute sa puissance au service de ses artistes. Ils sont invités dans toutes les émissions, les clips passent à de nombreuses reprises sur la chaîne. Ils se battent pour leurs artistes, ils ont envie de les voir réussir. »

Mais force est de reconnaître que le matraquage à haute dose ne suffit pas toujours à faire des tubes. D'ailleurs, Olivier Nusse s'est peut-être consolé en apprenant fin 2004 que ses successeurs n'ont pas eu beaucoup plus de chance que lui. Les Link Up, vainqueurs de la quatrième saison, ont à leur tour disparu avant même d'avoir existé. La tournée annulée, les CD retournés par les disquaires, et le rêve des gamins jeté à la poubelle. C'est en même temps un point final à tous ces groupes créés par M6. Après trois essais infructueux, M6 a décidé de changer son fusil d'épaule. Il n'y aura pas en 2005 de nouvelle saison de « Popstars ».

Comment sont organisés les castings

« Caster » est un exercice difficile. Cette mission est généralement confiée à des jeunes sortant d'écoles de journalisme, ou simplement très motivés à l'idée de travailler dans le monde de la télévision. Le casting se déroule invariablement de la même manière : un appel à candidature est tout d'abord passé sur les chaînes de télévision. Des milliers de réponses parviennent au sein des sociétés de production. Un premier tri est effectué rapidement, d'après la motivation, et surtout la photo des prétendants. Dès lors, des castings sont organisés un peu partout en France. Les candidats ont deux ou trois minutes pour convaincre et remplir une fiche, avant d'être pris en photo ou filmés. Lorsqu'il s'agit d'émissions comme « Star Academy », « Popstars » ou « À la recherche de la nouvelle star », dans lesquelles le chant et la présence scénique sont importants, les candidats doivent en plus interpréter un hit.

Les castings sont actuellement si nombreux qu'ils peuvent parfois même se chevaucher. Un « casteur » m'a ainsi confié qu'il y a deux ans M6 avait réservé un salon de l'hôtel Ibis, situé place de Clichy à Paris, pour y recevoir les postulants au « Bachelor » ; l'équipe de production arrive, se présente devant la porte où est apposée une pancarte « casting », et s'apprête à prendre possession des lieux, avant de se voir rattrapée *in extremis* par la direction de l'hôtel : « Non, non... N'allez pas là ! Ce n'est pas votre salle ! Ici, c'est le casting organisé par Endemol pour "Nice People" ! Votre salle pour le "Bachelor", c'est celle d'à côté... » Les visages sont blêmes. Moment de flottement. Les responsables du casting de M6 décident alors de quitter les lieux et de faire leur casting... à l'hôtel Mercure qui, comprenant le problème de cette impossible cohabitation avec ses voisins de l'Ibis, accepte de leur mettre une salle à disposition. Moyennant finances, bien sûr…

Une fois ces milliers de fiches remplies, c'est un travail de fourmi qui commence. Elles sont scrutées, analysées, il ne doit en rester – selon les émissions – qu'entre cent et trois cents. Chaque candidat sélectionné va alors recevoir chez lui la visite d'un « casteur » équipé d'une mini-caméra. Il va lui falloir se présenter, s'exprimer, chanter une nouvelle fois. Après quoi tous ces petits films seront visionnés à Paris. Seule une quarantaine de candidats sera convoquée à Paris, aux frais de la production. Et rebelote devant une caméra et un jury…

À l'issue de cette dernière étape, les responsables vont s'enfermer avec les cassettes et les photos, pour opérer une nouvelle sélection encore plus affinée. Au mur, un immense tableau de trois colonnes : « Oui », « Non », « Peut-être ». Pendant des heures, les photos des jeunes vont passer d'une colonne à l'autre. Il y aura des engueulades, des rires, des cris, des chouchous, des têtes de Turcs qui vont se faire descendre en flèche. Finalement, une *short list* va être établie. Mais le choix définitif sera fait par les patrons de chaîne en personne, en l'occurrence Étienne Mougeotte pour TF1 et Thomas Valentin pour M6. Aussi surprenant que cela puisse paraître, c'est en effet au sommet de la hiérarchie des chaînes que se font les choix des participants aux émissions de télé-réalité… Face aux enjeux financiers énormes que représentent ces émissions, c'est une vraie décision stratégique qu'il s'agit de prendre, et qui, si elle n'engage pas l'avenir de l'entreprise, va néanmoins influencer la vie de la société pendant trois ou quatre ans. Tant pour l'image qu'elle donnera d'elle-même, que ses finances et son audience.

M6 a choisi de créer sa propre filiale, W9, chargée de développer quasiment en interne ses émissions de télé-réalité, dans une volonté clairement affichée d'en maîtriser toutes les étapes, depuis le casting jusqu'à la mise en images.

Le « W » correspond au « M » inversé, et le « 9 » au « 6 » de M6. Le message était clair lors de la création : M6, désireuse de casser le quasi-monopole d'Endemol dans le domaine de la télé-réalité, tente d'acheter des concepts à l'étranger pour les mettre à l'antenne, tout en développant parallèlement des émissions comme « Les Colocataires », très largement inspirée de « Loft Story ». Mais restons discret sur ce point, car à en croire Alexis de Gemini, qui dirige W9 : « Les Colocataires n'ont absolument aucun rapport avec le Loft. » On imagine aisément l'atmosphère qui peut régner entre Endemol et W9...

Témoin, cette affaire digne d'un roman d'espionnage, passée quasiment inaperçue en 2004. Tout débute au mois de mars. Ni « La Ferme célébrités » de TF1, produite par une filiale d'Endemol, ni « Les Colocataires » de M6, produite par W9, ne sont alors diffusées. Mais une certitude plane : les médias annoncent en effet que chaque chaîne prépare en secret un « gros événement dans le domaine de la télé-réalité » pour les semaines à venir. Au centre de cette affaire, un salarié d'une équipe de nettoyage chargée de l'entretien des studios d'Aubervilliers, où doit être tourné « Les Colocataires ». Ce salarié, que nous appellerons Sam pour préserver son anonymat, est approché par un homme. Ce dernier lui propose quelques milliers d'euros pour pouvoir enregistrer une vidéo des studios de l'émission, matériels et décors compris... Sam est affolé. Il prévient immédiatement la direction de l'équipe de nettoyage, qui elle-même alerte les responsables de M6. Et là, la situation bascule dans le film policier.

Au lieu d'alerter tout simplement la police, M6 demande à Sam d'accepter la proposition de son mystérieux interlocuteur. Rendez-vous est donc pris avec son correspondant afin de lui remettre l'enregistrement.

L'échange a lieu quelques jours plus tard dans un bar… sous l'œil des caméras de M6, qui filment toute la scène ! Le 30 mars, M6 porte plainte et remet la copie de l'enregistrement à la police. L'enquête est confiée à la Brigade de répression de la délinquance économique. Les enquêteurs découvrent rapidement que le fameux contact de Sam est un détective privé qui a l'habitude de travailler avec des filiales d'Endemol. Stéphane Courbit, le patron d'Endemol, est alors entendu par la Brigade, et une perquisition a lieu dans les locaux de la société, au 8 rue Torricelli, dans le XVIIe arrondissement de Paris. Quelques jours plus tard, Lionel Vialaneix, le responsable de So Nice, la filiale d'Endemol qui produit « La Ferme », est placé en garde à vue, avant d'être relâché au terme de quelques heures d'un interrogatoire serré. La justice devra éclaircir les tenants et les aboutissants de cette bien curieuse affaire…

Mais pour assombrir un peu plus le tableau et prouver, si besoin était, qu'il n'y a pas dans ce genre d'affaires les bons d'un côté et les méchants de l'autre, il faut savoir que, quelques jours plus tard, un homme s'est présenté à la rédaction du magazine *Entrevue*, avec des photos à vendre. En l'occurrence, des images de la rencontre entre Sam et le détective privé. Qui a intérêt à faire circuler ces photos ? Quel est le but recherché ? Au moment où j'écris ces lignes, la police n'avait toujours pas éclairci cette affaire. Un dossier d'autant plus complexe que le directeur de So Nice aurait reconnu faire occasionnellement appel à des détectives, afin de s'enquérir des méthodes de recrutement des candidats employées par la concurrence, mais a réfuté toute accusation d'espionnage de plateaux.

On a même évoqué l'hypothèse d'une manipulation orchestrée par M6. La chaîne aurait cherché à tirer profit de l'affaire en gonflant sa véritable dimension. Autre question que l'on est alors en droit de se poser : qui se serait chargé de faire « mousser » cette simple affaire ? Un nom est cité, celui d'Olivier Foll, ancien directeur de la police judiciaire parisienne reconverti dans les enquêtes privées. La manière spectaculaire par laquelle il avait mis un terme à sa carrière professionnelle l'a fait connaître dans le monde des médias ; le 27 juin 1996, le juge Éric Halphen, chargé d'instruire les affaires de fausses factures des HLM de Paris, avait demandé l'assistance de trois policiers pour procéder à une perquisition au domicile de Jean Tiberi, député et maire de Paris. Olivier Foll leur avait alors donné l'ordre de ne pas participer à la perquisition. Son rôle et son implication dans cette affaire politico-judiciaire restent assez mystérieux. Mais ce qui est certain, c'est que son passé ne joue pas en faveur d'Olivier Foll ; pour compliquer le tout, certains affirment que cet ancien patron de la PJ travaille régulièrement pour M6, tandis que d'autres pensent qu'il aurait au contraire plutôt effectué des missions pour le compte d'Endemol. Une affaire qui a de quoi laisser perplexe…

La « Star Academy » a également été l'objet d'une autre affaire, certes d'importance plus modeste. Une fois les émissions diffusées, la tournée commence. Et c'est alors que les choses ont dégénéré… En décembre 2004, on apprenait que des dizaines de fans de la Star Ac' avaient porté plainte dans le sud-ouest de la France à l'encontre d'une société de production qui devait organiser un concert avec les candidats de l'émission. De nombreux tickets avaient été achetés… pour un concert qui n'a jamais eu lieu ! Ce concert avait été organisé par Thibault Périssé, un jeune producteur de vingt-quatre ans, patron d'Hélios Productions. Cette société, responsable de l'organisation du spectacle, n'a pu faire face aux charges financières de l'entreprise et a renvoyé la balle vers la société Glem, filiale de TF1, en dénonçant les « fausses promesses de cette société et la qualité de moins en moins bonne des spectacles ». La société Glem Spectacles a aussitôt démenti de la façon la plus ferme ces accusations.

« J'ai acheté ce spectacle à Glem pour 26 375 euros, affirme Thibault Périssé, j'y ai investi tout mon argent. Le spectacle devait avoir lieu au Parc des expositions de Périgueux, mais dix jours avant le concert, seules 4 000 places avaient été vendues ; or, il en faut 7 000 pour rentabiliser le concert. »

Les places étaient vendues 35 euros en moyenne. Le patron d'Hélios Productions règle une première facture liée à la logistique du concert. Mais les places ne se vendent toujours pas, et il ne peut régler les autres traites qui se présentent pour un montant de plus de 58 000 euros. Il ne peut pas davantage louer et assurer la salle pour une telle manifestation. Le jeune homme n'avait pas les fonds nécessaires pour monter ce spectacle, dont le coût global (location de salle, logistique, sécurité...) est évalué à 250 000 euros. Sa société ne bénéficiait en effet d'aucun fonds propre, et sa précédente entreprise, dédiée elle aussi à l'organisation de spectacles, avait été mise en liquidation judiciaire quelques mois plus tôt...

Mais cette guerre judiciaire de la télé-réalité n'a pas commencé en 2004. Souvenez-vous du printemps 2001, lorsque M6 lance le premier « Loft Story » ; quelques semaines plus tard, sur TF1, en septembre, se déroule la première édition de « Star Academy ». Un château, des jeunes, des chambres, des caméras dans tous les coins... Il n'en faut pas plus à M6 pour y voir un plagiat pur et simple du concept du « Loft », d'autant que les deux émissions sont produites par la même société, Endemol ! Nicolas de Tavernost, le patron de M6, manifeste sa colère : « Il faudrait être borgne ou aveugle pour ne pas remarquer les similitudes entre le "Loft" et la "Star Academy". Nous avons noté quarante-deux points communs entre les deux émissions. » La justice tranchera : il n'y a pas plagiat. Deux ans plus tard, c'est reparti pour un marathon judiciaire. Endemol est une nouvelle fois mise en cause, à l'occasion cette fois-ci du lancement de « Nice People » sur TF1. M6 estime qu'il s'agit là encore d'une copie de « Loft Story ». La situation est d'autant plus délicate que M6 multiplie les actions contre Endemol, tout en continuant à travailler avec cette société qui produit toujours des émissions pour elle... Drôle de monde que celui de la télévision !

On imagine dès lors la guerre que se livrent les maisons de production dès le casting. C'est de cette première étape que dépend le succès ou l'échec d'une émission.

Devenez « Bachelor » pour M6

Certains choix sont plus délicats que d'autres, lors des castings. C'est le cas pour le « Bachelor » de M6, par exemple, l'émission reposant sur la personnalité de l'élu. Ainsi, comment Steven, le deuxième en date, a-t-il été choisi ? La dernière étape de la sélection, qui s'est tenue au siège de M6, consistait à décider de l'identité de l'inconnu qui, quelques semaines plus tard, ferait à coup sûr la une de tous les médias. Je peux vous révéler ce qui s'est passé ce jour-là dans le secret de ce bureau.

Les dirigeants de M6 et ceux de la filiale W9 se font face. Ce sont eux qui ont procédé à la présélection. Dans les trois derniers dossiers de candidats proposés à la chaîne, figure bien entendu celui de Steven, qui sera finalement retenu, mais aussi celui de Mehdi, un jeune homme de trente ans, l'archétype même du jeune issu de l'immigration qui s'est parfaitement intégré. Costume, cravate, il roule en Porsche et a tout pour achever de séduire les dirigeants de M6. Les responsables du casting ont inscrit sur la couverture de son dossier : « Le Bachelor méditerranéen ». Pourtant, les dirigeants de M6 hésitent. Mehdi est beau garçon. Il a du charme, de l'argent, mais tout le monde craint sans se l'avouer ouvertement les réactions de ce que d'aucuns appellent parfois avec mépris la

« France profonde ». Cette France que les Parisiens imaginent attachée à la tradition. Comment accueilleront-ils Mehdi ? Le « Bachelor » doit faire rêver ; chaque mère dans chaque foyer doit rêver d'avoir un beau-fils à l'image d'un Bachelor. À regret, les dirigeants écartent son dossier. La France n'est peut-être pas encore tout à fait prête à se réunir derrière Mehdi. Il n'est pas joueur de foot, il n'est pas Zidane. Il y a encore du boulot.

Autre dossier sur la table, celui d'un beau gosse. Il vient d'acheter un magnifique appartement à Paris. Il gagne très bien sa vie en tant que responsable d'une société. Il est parfait... Mais il a un handicap. Il est trop jeune. Seulement vingt-six ans, alors que la « bible » de la production exige que le candidat ait entre vingt-neuf et trente et un ans. Là encore, c'est à regret que les dirigeants écartent ce jeune homme. Thomas Valentin précise toutefois dans un sourire : « Gardez quand même son dossier, il sera parfait pour être le "Bachelor 5 !" »...

Il ne reste donc dès lors plus que le dossier de Steven, repéré par hasard dans le restaurant La Goulue à New York. Il correspond parfaitement aux critères de sélection. Il a la beauté physique, il a l'argent, et surtout, c'est un *showman* né. Il sait charmer, plaire, séduire les filles, il est photogénique. Mais Steven est un peu trop américain, un peu trop enrobé et mal coiffé. C'est donc lui qui est choisi, mais W9 doit le relooker, le faire passer entre les mains expertes d'un coiffeur et le mettre au régime pour qu'il perde six kilos avant le début du tournage. Il arrivera à Paris une semaine avant. Il vit à New York depuis plusieurs années et doit reprendre contact avec la vie française. Et pour prendre contact, il va prendre contact ! Steven est ce que l'on appelle vulgairement un « tireur d'élite ». Les plus jeunes lecteurs comprendront cette expression quelque peu triviale. Pour les plus anciens, je dirais d'une autre manière que Steven drague beaucoup et couche dès le premier soir. Il aurait d'ailleurs tort de se gêner, puisqu'à ce moment de l'histoire il est encore célibataire. Il profite donc de la vie à 200 %, tant et si bien que la production va rapidement devoir réfréner ses ardeurs...

Comment réussir le casting de la Star Ac' 5 en 2005 ?

Autre casting, celui de la « Star Academy 4 ». L'objectif principal de cette édition, qui s'est terminée en décembre 2004 avec la victoire de Grégory, était d'éviter le relatif échec commercial de la saison précédente. Je parle bien d'échec commercial, et non d'échec d'audience. On le sait, les audiences de la troisième saison étaient excellentes, mais les choses se sont dégradées par la suite. Il ne faut pas perdre de vue que, pour les producteurs, le véritable coup d'envoi a lieu sitôt la finale terminée. Sur le plan financier, en effet, la dernière émission n'est que le point de départ d'une énorme campagne de marketing, dont le seul objectif est de vendre des disques et de remplir les salles de concert, où vont se produire les dix premiers de la promotion. De ce point de vue, le moins que l'on puisse dire, c'est que la saison 3 n'a pas tenu ses promesses.

Et pourtant... Souvenez-vous du premier *prime time*. La presse était dithyrambique : « Enfin des chanteurs ! », « Cette saison, le niveau est largement au-dessus des années précédentes », « Ce ne sont pas des rigolos, mais de vrais jeunes qui ont la musique et le chant dans la peau ! »... Mais en définitive, tous ces gamins, de Sofia à Patxi, en passant par Lucas, Élodie et Michal, étaient sans doute trop sages, trop lisses, sans réelle personnalité ni charisme d'aucune sorte. Savoir chanter, c'est bien, mais pour intéresser les ados, cible principale de ce type d'émissions, il en faut plus. Il faut avoir du caractère, il faut être un rebelle et savoir dire « non ». Seul Pierre avait un peu bousculé les idées reçues durant la troisième saison en quittant le jeu au beau milieu d'un *prime time*, mais cela ne suffit pas à créer un héros, d'autant moins que ce rebelle en carton-pâte allait par la suite supplier la production de le laisser participer à la tournée…

Cette année-là, il n'y avait ni Jean-Pascal, ni Georges-Alain. Pas de porte cassée, pas de coup de gueule. La tournée ressemblait plus à celle des Petits Chanteurs à la croix de bois qu'à celle d'une bande de jeunes de notre temps. C'était bien, c'était pro, c'était carré, mais il manquait ce petit plus qui fait les vrais artistes. Le public ne s'y est d'ailleurs pas trompé, puisque les ventes de billets pour la saison 3 ont baissé de 15 % par rapport à la saison précédente. En tout, moins de 500 000 spectateurs sont venus applaudir les apprentis chanteurs, contre 600 000 douze mois plus tôt.

Pour les ventes de *singles*, la déception est tout aussi vive. Lors de la première saison, Jenifer avait réussi à classer tous ses *singles* dans les dix meilleures ventes de disques en France. Jean-Pascal et Jessica Marquez avaient de leur côté fait quelques incursions dans le haut du classement. Pour la « Star Academy 2 », Nolwenn Leroy place un seul de ses *singles*, « Cassé », dans le Top 10. Jeremy Chatelain et Emma Daumas parviennent eux aussi à figurer quelques jours dans ce classement.

Mais, lors de la saison 3, rien ne va plus : aucun des singles ne parvient à se hisser parmi les dix meilleures ventes. Tout juste peineront-ils, dans le meilleur des cas, à figurer parmi les vingt premières places, avant de retomber presque aussitôt dans les profondeurs du classement… Au plus fort des ventes, les enquêtes officielles réalisées par l'Ifop ont placé Élodie Frégé à la seizième place avec la chanson « De l'eau ». La pauvre Élodie a beau poser entièrement nue dans *Gala* durant l'été 2004, rien n'y fait, elle n'écoule pas plus de 250 000 exemplaires de son disque, ce qui n'est pas grand-chose comparé aux quelque 800 000 ventes de Jenifer. Quant aux autres, ils se retrouvent autour de la vingtième place : Michal à la dix-huitième, avec « Tu mets de l'or », Sofia vingtième, Patxi vingt et unième…

Pourtant, chacun de ces *singles* a bénéficié de grosses campagnes de promotion, avec présence dans des écrans publicitaires de la première chaîne où l'on voyait parfois se succéder des spots pour Élodie, Michal et Lukas. Mais, visiblement, rien ne va plus, notamment avec ces chansons que même les hebdomadaires télé, qui ont pourtant fait leurs choux gras avec la « Star Academy 3 », se mettent à analyser sans concession. Les lecteurs de *Téléstar* ont ainsi pu découvrir, au mois de juin 2004, quelques commentaires peu amènes sur ces jeunes idoles. Élodie Frégé : « Un titre lacrymal. Après quatre mois de larmes télévisées, le public en avait peut-être assez. » Patxi : « Un joli texte à jeux de mots, mais avec Daho et Raphaël, le créneau est déjà pris. Patxi n'a plus qu'à s'éclipser à l'anglaise. » Michal : « Une ambiance romantique pour jeunes filles en fleurs. L'adorable accent devient un handicap quand l'intérêt du titre réside dans le texte »…

Et lorsque, quelques semaines seulement avant le lancement de la quatrième saison de la « Star Academy », *Télé 7 jours* réalise un sondage sur les candidats préférés des téléspectateurs, c'est la débandade pour la troisième saison[1]. On retrouve en tête de ce classement Jenifer (saison 1), avec 28 % des suffrages ; arrivent ensuite Nolwenn (saison 2) avec 22 %. Puis, loin derrière, suivent Emma (saison 2), Houcine (saison 2) et Jean-Pascal (saison 1), et enfin, avec seulement 6 % des suffrages, les participants de la Star Ac' 3, Michal, Élodie et Patxi.

On le voit clairement, le vent a tourné. TF1 et la maison de disques Universal l'ont d'ailleurs tellement bien

1. Sondage du mois de juin 2004, paru dans *Télé 7 jours*.

senti qu'ils décident de modifier en catastrophe l'affiche du concert du 3 juillet 2004 au Parc des Princes. Ce jour-là, la troupe de la « Star Academy 3 » doit se produire au grand complet sur scène, devant près de 50 000 personnes. Mais les organisateurs s'aperçoivent très rapidement que ce qui devait être le bouquet final de la tournée risque fort de se terminer en méga-flop. Ce qu'ils ne peuvent se permettre, au vu des sommes investies (2,5 millions d'euros) et des moyens mis en service (quarante semi-remorques, une scène de soixante mètres de long, six cents personnes mobilisées, autant de costumes et de projecteurs, vingt-cinq musiciens, vingt danseurs...). L'échec est interdit !

La première des décisions prises par la production concerne la programmation artistique ; ainsi, ce ne sera plus un concert de la seule « Star Academy 3 », mais de toutes les promotions ! Outre les participants de la dernière tournée, on retrouvera donc d'anciens candidats autrement plus charismatiques que sont Jean-Pascal, Houcine, Alexandre, Georges-Alain, sans oublier, bien sûr, la seule vraie star, Jenifer, et la « célébrité en construction », Nolwenn. Un changement de programme qui n'obérera guère le budget car, selon mes informations, les « seconds couteaux » que sont Houcine ou Georges-Alain, pour ne citer qu'eux, n'ont été payés que 450 euros pour se produire sur scène ce soir-là.

Mais cela ne suffit pas. Le pari de remplir le Parc des Princes est très risqué. À deux mois du lancement de la « Star Academy 4 », ni TF1 ni Universal ni Endemol ne peuvent se permettre de se retrouver face à un stade rempli ne serait-ce qu'aux trois quarts. Comme à l'accoutumée, TF1 va alors sortir l'artillerie lourde, et comme quasiment à chaque fois, ce sera un coup de maître. Puisque la « Star Academy » ne suffit pas à remplir le stade, le concert va se transformer en un show gigantesque où seront conviées les plus grandes stars de la chanson française, le tout étant retransmis sur la chaîne. Dès lors, la liste des invités s'allonge à vue d'œil : Serge Lama, Lara Fabian, Michel Sardou, Lorie, Dany Brillant... Il y en aura pour tous les goûts et pour tous les publics. Trente musiciens sur scène, une chorale de quarante enfants...

En quelques semaines, un spectacle qui partait pour être un flop mémorable se transforme ainsi en « plus gros concert de l'été ». Le stade sera finalement bondé, et plus de 4 millions de téléspectateurs seront rivés à leur écran. Qu'on ne s'y trompe cependant pas : la mise est seulement sauvée, et loin d'être mirifique, le score d'audience est tout simplement honorable, TF1 rivalisant à peine ce soir-là avec France 2 et son « Fort Boyard ». En fin de compte, le show n'est que le coup d'envoi officiel de la « Star Academy 4 ».

Pour la quatrième saison, TF1 et Endemol n'ont pas hésité à aller chercher de « faux novices ». Autrement dit, des jeunes qui avaient déjà une véritable expérience de la chanson, de la scène, voire avaient déjà enregistré des disques. Tel est par exemple le cas de Mathieu, dont l'histoire est racontée sur le site Internet Starnac :

« En 1996, avec l'aide de sa famille, Mathieu produit un premier *single* écrit et composé par François Lemonnier, "À fleur de peau". Le 4 juin, jour de ses seize ans, le *single* sort. Il sera vendu à mille exemplaires aux copains, amis, connaissances et admirateurs de sa ville. Mais c'est le premier d'une longue série... D'autant que Mathieu ne mesure pas sa peine et qu'on le verra désormais sur les plateaux du "Hit Machine" sur M6, de "La Grande Famille" sur Canal +, et de France 3 Normandie.

« La prochaine étape de Mathieu sera la scène. Outre qu'il a suffisamment de compositions pour tenir près de 1 h 30 en solo, il fera les premières parties locales de nombreux artistes tels Philippe Lafontaine, Véronique Rivière, Louis Chédid, Julos Beaucarne et Thomas Fersen. Peu après, il fera partie d'une sitcom sur TF1 : "Pour être libre", en compagnie des 2 Be 3. Après cette expérience télévisuelle, il revient à la chanson avec de nouvelles premières parties et des concerts en solo. Parmi les concerts remarqués, on peut citer le plateau Hit NRJ Live Music du 19 juillet 2003, ou encore le Réservoir, à Paris le 3 décembre 2003. » Mathieu a également été attaché de presse de plusieurs chanteurs.

Mathieu est donc loin d'être un novice... Il m'a d'ailleurs personnellement confirmé chacun de ces points. Lorsque je l'ai reçu en décembre 2004 dans le studio Coluche, il s'est ainsi exprimé : « Ça me fait bizarre d'être là comme invité. J'ai plutôt l'habitude d'être là comme attaché de presse quand j'accompagnais des artistes ! » Mathieu, un garçon étonnant de naturel et de spontanéité...

Lucie a, pour sa part, participé à « Graines de stars », sur M6. En 2002, elle a même sorti un *single*, « Je suis mes pas », chez Atoll Music. Le rappeur Harlem, avant d'entrer dans le château, faisait partie du groupe Harcèlement textuel, avec lequel il avait sorti en février 2002 le *single* « Épelle ton nom », qui avait été labellisé « Coup de cœur » à la Fnac.

Ajoutons à cela que beaucoup d'autres candidats entretenaient des liens étroits avec le monde de la musique. Sandy est la fille de l'ex-footballeur et chanteur Jean-Pierre François. Tina, celle du critique musical Alain Gardinier, qui a travaillé sur de nombreuses émissions. John est le fils de la directrice artistique du Glamour Dance Studio, une école d'où sont sortis nombre d'artistes. Fabien Hanot a joué dans *Les Dix Commandements*, Aurélie Musso a participé à « Popstars », sur M6, et Cécilia Cara est devenue célèbre grâce à *Roméo et Juliette*, une comédie musicale produite par... Gérard Louvin. Ce même Gérard Louvin qui était également le producteur de la comédie musicale *Belles, belles, belles*, dans laquelle dansait un certain Enrique, que l'on a également retrouvé dans cette quatrième saison.

Arrêtons-nous également un instant sur le cas de Grégory, le gagnant de cette quatrième édition. Il aurait lui aussi des liens avec le directeur du château ; mais surtout, il est loin d'être un débutant. Un comédien affirme ainsi « avoir connu Grégory dans le cadre de comédies musicales produites par Gérard Louvin, *Belles, belles, belles* et *Les Demoiselles de Rochefort*. [...] Il était souvent dans les coulisses des spectacles et il était dans la course pour être la doublure d'un rôle[1]. » Ce qui est certain, c'est que Grégory a tenu le rôle principal de la comédie musicale *Adam et Ève*, qui a même fait l'objet d'un disque sorti en avril 2003, *Où va le monde*. Grégory y apparaît sous son vrai nom, Grégory Lemarchal. Voici d'ailleurs la manière dont le dossier de presse de la comédie musicale présente Grégory : « Adam sera joué par un jeune chanteur de dix-neuf ans, Grégory Lemarchal, qui a fait récemment les premières parties de Guy Montagné et Hervé Vilard. » Ce spectacle sera toutefois un échec, malgré les parrainages de Sony Music, de AB Productions et des casinos Partouche.

Mais selon Alexia Laroche-Joubert, la directrice des programmes d'Endemol, Gregory n'aurait absolument pas été choisi pour sa prestation scénique dans *Où va le monde*. Le 22 décembre 2004, elle affirme dans *VSD* : « Nous l'avons recruté par casting sauvage. Une association culturelle a contacté mes équipes pour nous le présenter. Nous l'avons rencontré en juillet dernier. C'était assez tard, et le processus de sélection était déjà bien avancé. Il avait loupé les auditions. Nous avons tout de suite été séduits par son volontarisme bluffant et son positivisme émouvant. Vocalement, les équipes d'Universal ont été épatées... La seule chose déterminante était qu'il puisse assurer physiquement. Nous avons rencontré des spécialistes des associations de lutte contre la mucoviscidose et nous avons établi un protocole médical. [...] Ce

1. *Entrevue*, octobre 2004.

gamin a participé à la “Star Academy” car il a un don. Personne ne peut y échapper. »

Ces petites notoriétés que certains ont acquises avant leur passage à l'émission ne prêtent pas vraiment à conséquence. Tout cela n'est rien ; la production a été sur le point de faire encore plus fort… Vous ne le savez pas, mais une vraie chanteuse, connue au Québec, a failli se retrouver dans le château en tant qu'étudiante. Elle s'appelle Gabrielle Destroismaisons. Cette jeune fille d'une vingtaine d'années a sorti son premier album en 2000, qui a été un succès immédiat ; plus de 100 000 exemplaires en ont été vendus. Gabrielle Destroismaisons a même obtenu le Félix de la révélation, qui correspond à nos Victoires de la musique. Je vous invite d'ailleurs à faire un tour sur son site officiel pour écouter certaines de ses chansons et découvrir sa magnifique voix[1].

Ainsi, Endemol souhaitait faire participer cette jeune fille à la Star Ac', en 2004. Une journaliste canadienne, Dany Bouchard, relate la façon dont Gabrielle a été approchée : « En juillet 2004, des responsables d'Endemol ont offert à la chanteuse québécoise de faire partie de l'aventure sans avoir à passer d'auditions. Ils avaient un disque d'elle en main, ils avaient vu un de ses vidéoclips et s'étaient rendus sur son site Internet. Ils tenaient beaucoup à ce qu'elle participe. » Mais l'agent de la chanteuse est inquiète et craint que quelqu'un en France ne découvre la supercherie. Elle refuse alors l'offre de la production en expliquant : « Il y a deux ans, Gabrielle est allée quatre ou cinq fois en France pour faire la promotion de son premier album. On ne peut pas la laisser passer à “Star Academy” sans qu'un journaliste ou un animateur radio la reconnaisse. C'est impensable ! »

1. www.gabrielledtm.com

Endemol revient toutefois à la charge à la fin du mois d'août, quelques jours seulement avant le lancement de la nouvelle saison de la « Star Academy ». « Ils ont alors dit qu'elle serait présentée comme une chanteuse connue. » Mais, cette fois, la jeune chanteuse affirme qu'elle ne veut pas vivre sous l'œil des caméras 24 heures sur 24.

À côté de ces « faux débutants », la production voulait mettre des grandes gueules pour faire monter la sauce. Encore faut-il savoir doser. Et justement, la situation a très rapidement dégénéré dans le château de Dammarie-les-Lys. Fin septembre 2004, le Samu est appelé en catastrophe par la production, Émilie, l'une des candidates, se trouvant dans un état de quasi-coma éthylique. Gérard Louvin me confiera que la jeune fille avait trois grammes d'alcool dans le sang… Quelques jours plus tard, au mois d'octobre, nouvel incident : Enrique hurle sur Lucie et lui promet « des claques dans la gueule ». Il faut retenir le garçon, qui est à deux doigts de passer à l'acte. Nouveau dérapage. La polémique enfle. Faut-il exclure le jeune homme du château ? Selon mes informations, une scission a eu lieu à ce moment au sein même de la production. D'un côté Endemol, qui souhaite l'exclure, de l'autre Gérard Louvin et TF1, qui pensent qu'Enrique « est un élément clé de ce programme, qu'il va être difficile de s'en passer et qu'en outre il est indispensable sur la tournée ». Finalement, au bout de trois semaines, une solution intermédiaire est trouvée. Enrique est soumis au vote des téléspectateurs, qui le font sortir.

L'avantage de ces émissions de télé-réalité est que les règles sont évolutives peuvent à tout moment être modifiées. Mais une autre question se pose. Les professeurs sont-ils influencés par la production lorsqu'ils désignent tel ou tel élève ? Pour être honnête, je dois avouer que tous les professeurs m'ont toujours répondu par la négative. Tous, sauf un. Milo Lee, le très populaire nouveau prof de la saison 4, s'est laissé aller fin novembre 2004 à quelques confidences qui en disent long. « Franchement, je ne peux pas dire que l'on nous donne des consignes strictes pour faire sortir tel ou tel élève. En revanche, il est clair que l'on nous conseille. C'est fait de façon plus subtile ; on nous dit : "Tu sais, ce serait bien que ce soit lui qui sorte. Il est un peu mou, il n'apporte pas grand-chose dans le château..." C'est ensuite à chaque prof de réagir en son âme et conscience. Mais en tout cas, on ne peut pas dire que l'on ne nous donne pas de conseils ! »

À ces mots, l'attachée de presse, présente à quelques mètres de nous deux, est sur le point de s'étrangler. Car même si tout le monde avait un énorme doute sur l'influence que la production pouvait avoir sur les votes, c'est la première fois que quelqu'un, qui plus est un professeur, exprimait tout cela aussi clairement.

Quelques jours plus tard, en décembre 2004, c'est au tour d'Oscar Sisto de s'exprimer dans *Voici*. Et franchement, en lisant son interview entre les lignes, on comprend bien qu'il ne dit pas autre chose que ce qu'a révélé Milo Lee. « En fait, la production nous donne des informations que l'on ne détient pas. En fonction de chaque élève, on nous précise son comportement en nous disant "Attention, il n'a pas été présent à tel cours, il a tapé sa copine, il a essayé de s'échapper". C'est une façon de nous aiguiller. Mais c'est à nous, les profs, de réfléchir après, de savoir si l'on défend tel ou tel élève, et le jour des nominations, nous restons libres de notre choix. »

Mais le plus intéressant, c'est lorsque Oscar Sisto parle du casting lui-même, et de la façon dont il se déroule : « Dans la "Nouvelle star" de M6, il y a moins de ficelles visibles. Moins d'enjeux commerciaux. L'émission de M6 est la seule à avoir lancé des garçons et elle ne pousse pas les minettes à faire la une des magazines en bikini. » Voilà donc pour Francesca qui, durant cette quatrième saison, avait posé pour le magazine *Entrevue*, alors qu'elle était encore dans l'émission – les photos avaient même été faites dans le château par un photographe ! Lorsque l'on connaît cette anecdote, on comprend mieux la perfide allusion d'Oscar Sisto ! Et puis, il y a cette petite phrase du plus célèbre prof de théâtre de la télévision : « C'est sûr, vous ne verrez jamais gagner un Black ou un Arabe, même s'ils sont français ! » Oscar le regrette, bien évidemment. Il n'accuse ni TF1 ni la maison de disques, mais pense que la faute en incombe aux Français eux-mêmes, qu'il trouve trop « formatés dans leur tête ». Ce dont les producteurs doivent tenir compte en réalisant les castings, et en « scénarisant » les émissions de télé-réalité !

Mais attention, ne nous trompons pas sur le sens des mots. « Scénariser » ne signifie pas « bidonner ». Il ne s'agit pas pour les producteurs de tricher dans le déroulement de l'émission. C'est d'ailleurs une question que me posent régulièrement les auditeurs d'Europe 1, les gens que je rencontre dans la rue, ou même les journalistes : « Est-ce que les émissions comme la "Star Academy" sont truquées ? » Ma réponse est invariablement la même : « Non, ces émissions ne sont pas truquées, mais orientées. En clair, grâce à un montage subtil, on met en valeur tel ou tel candidat, ou tel ou tel trait de caractère. Ainsi, un candidat peut apparaître sympathique ou antipathique sans que cela corresponde à sa véritable personnalité. »

Ajoutons à cela que tous les votes sont contrôlés par un huissier, qui ne peut s'amuser à mettre en jeu sa réputation. Pourtant, le 13 décembre 2004, le magazine *Voici* fait sensation en publiant une enquête de quatre pages expliquant que l'huissier présent sur le plateau de la « Star Academy » ne contrôle en réalité absolument pas les votes. Tout semble lui échapper. Voici ce qu'affirme le journal : « Ce sont TF1 et Endemol qui reçoivent les résultats des votes, et pas l'huissier. Celui-ci doit se contenter de valider des copies d'écrans d'ordinateurs qui lui sont fournies par la production. Il est totalement isolé de la salle des décomptes. Son rôle se limite en fait à vérifier que le vainqueur annoncé par Nikos correspond, sur sa copie, au nom du candidat qui a le plus grand nombre de voix. » La rédaction du magazine publie d'ailleurs un encadré sur lequel il est écrit : « Au cours de notre enquête, nous avons souhaité rencontrer l'huissier qui officie à la Star Ac', pour qu'il nous confirme nos informations sur les zones d'ombre du système de vote. Un vrai parcours du combattant. Après plus de cinquante coups de fil au siège de TF1, à Endemol ainsi qu'à son étude, nous décrochons enfin un rendez-vous le 8 décembre à 11 h 30. Nous attendons Gérald Simonin plus d'une demi-heure, jusqu'à ce qu'il nous envoie une assistante. Elle nous explique que son patron ne peut pas nous recevoir. » Et pour cause, les consignes de TF1 et d'Endemol sont très claires, il ne doit pas parler aux journalistes. Et pourtant, après plusieurs heures d'efforts, j'ai pu m'entretenir avec ce fameux huissier. Je suis donc le seul journaliste à qui maître Simonin ait accepté de parler. Une certitude, il est atterré par l'article de *Voici*. Il pense que c'est son travail qui est ainsi mis en cause. « C'est un tissu de contre-vérités, affirme maître Simonin. Je ne suis pas un simple coursier qui valide les informations données par la production. Je peux vous dire qu'il n'y a aucun intermédiaire entre les centres d'appels et moi. Je suis en contact direct avec eux. C'est moi qui récupère les résultats dans les standards et qui les transmets à la production, et non pas l'inverse ! De plus, un de mes confrères est également connecté par Internet au central qui recueille les votes. Il est à mon étude et nous sommes en contact. Nous vérifions ensemble que ses chiffres et les miens sont identiques. »

Restait une question concernant le moment où les votes cessaient d'être comptabilisés. Une rumeur affirmait qu'il n'y avait pas d'heure pour cesser de comptabiliser les votes. En clair, si la production estimait à 22 h 30 que tel candidat était en tête, et que cela correspondait à ses attentes, elle « gelait » les votes sans le dire à l'antenne. « Faux et archi-faux ! s'énerve maître Simonin. C'est moi qui gèle personnellement les votes. Cela se fait très précisément une minute après que Nikos a annoncé à l'antenne la fin des votes. Nous laissons soixante secondes de plus afin que tous ceux qui étaient en train de composer le numéro ne soient pas exclus du total final. »

Tout semble donc être fait dans la plus grande transparence... Il ne reste plus à TF1 et à Endemol qu'à accepter qu'un journaliste suive maître Simonin au fil de la soirée pour que toute ambiguïté soit désormais levée...

Or, en ce qui concerne la « Star Academy », il semble que le moindre événement soit prétexte à polémique. Ainsi, au lendemain de la demi-finale filles, en décembre 2004, la perdante Hoda lance une mini-bombe à mon micro, en direct sur Europe 1. « Je sais que la municipalité de Nice a débloqué de l'argent pour faire imprimer des tracts et des affiches soutenant ma concurrente Lucie, originaire de cette ville. On m'a dit qu'une ligne téléphonique avait même été installée par la municipalité qui permettait de voter gratuitement pour Lucie. » Dans les minutes qui suivent cette affirmation, nous contactons la municipalité qui dément formellement avoir mis en place un tel système téléphonique « gratuit »...

La controverse semble s'arrêter là, mais le 30 décembre 2004, c'est au sein du conseil municipal de la ville que l'affaire est évoquée. Le conseiller municipal d'opposition socialiste, Jean-François Knecht, s'y étonne des nombreux tracts et affichettes édités en faveur de la candidate locale par la ville de Nice. La question est posée directement au sénateur-maire Jacques Peyrat. En fait, près de 80 000 affichettes auraient été financées par la ville, appelant à voter pour la jeune Niçoise, sans même mentionner le coût surtaxé de chaque appel. Une autre question demeure : l'argent des contribuables niçois doit-il servir à financer ce type d'opération ? Le jour où s'est tenu le conseil municipal suivant, le directeur de la communication de la ville de Nice, Jean-Charles Petitpierre, répond dans *Le Parisien* : « En tout et pour tout, ce soutien de la ville est revenu à 5 000 euros par rapport à un budget global voté par la ville à hauteur de 750 millions d'euros. Cette polémique ne devrait pas avoir de raison d'être à l'égard d'une jeune d'ici qui a beaucoup travaillé pour être une chanteuse reconnue, tout comme sa marraine, Jenifer, dans le cadre d'une émission de télé-réalité de bonne qualité. Au demeurant, l'équipe municipale de Chambéry a soutenu de la même façon son candidat, Grégory. »

Alors, en éludant ces querelles de clocher, quel bilan tirer de cette quatrième saison de la « Star Academy » ? Avec près de 7 millions de téléspectateurs en moyenne pour les seize sessions de première partie de soirée, l'édition 2004 a réalisé des performances supérieures à celle de l'an dernier. Une baisse a cependant été enregistrée pour les demi-finales. Le 10 décembre 2004, Mathieu est éliminé au profit de Grégory, devant plus de 7,3 millions de fidèles (35,1 % de parts de marché), soit 200 000 de moins que pour la demi-finale garçons 2003 (39,5 % de parts de marché). Une semaine plus tard, même scénario pour la victoire de Lucie sur Hoda. Ce soir-là, près de 7,5 millions de téléspectateurs sont présents devant leur petit écran, soit 35,3 % de parts de marché. Un an plus tôt, la victoire d'Élodie sur Sofia avait conquis 600 000 fidèles de plus (39,1 % de parts de marché). Précisons tout de même que cette faible différence n'est pas vraiment inquiétante pour TF1, qui reste très largement leader sur ses cibles fétiches, en dépassant parfois les 50 % de parts de marché sur les moins de trente-cinq ans et sur Madame Michu, la ménagère de moins de cinquante ans.

Néanmoins il est certain que la saison 5 devra apporter quelques modifications au vu des audiences de la finale, qui, elle, s'essouffle année après année...

LA STAR AC' EN AUDIENCE

- Finale Star Ac' 1 : 11 872 000 téléspectateurs et 51,4 % de parts de marché. Pic d'audience au moment du résultat à 13,9 millions de téléspectateurs.
- Finale Star Ac' 2 : 11 554 000 téléspectateurs et 56,2 % de parts de marché. Pic à 12,8 millions de téléspectateurs.
- Finale Star Ac' 3 : 10 077 480 téléspectateurs et 48,2 % de parts de marché. Pic à 12 millions de téléspectateurs.
- Finale Star Ac' 4 : 8 950 720 téléspectateurs et 39,4 % de parts de marché. Pic à 11,5 millions de téléspectateurs.

En quatre ans, la finale a perdu 3 millions de téléspectateurs. Et pourtant, la « Star Academy » demeure un business florissant. Les votes par SMS rapportent plusieurs centaines de milliers d'euros chaque soir. Ainsi, le vendredi 10 décembre 2004, lors de la finale garçons, Nikos annonce 1 million et demi de votes, ce qui aurait permis à la chaîne de toucher environ 500 000 euros. Les revenus générés par les appels se répartissent de la manière suivante : sur 56 centimes d'euro, 26 reviennent à France Télécom, 15 à TF1, et 15 à Endemol.

Il faut également ajouter à cela les sommes d'argent générées par les écrans publicitaires. En 2004, pour la quotidienne, l'écran est facturé entre 50 000 et 60 000 euros les trente secondes ; 75 000 euros pour le *prime time*, et près de 100 000 pour la finale. En 2004, les écrans ont bien sûr subi une nouvelle augmentation, les trente secondes de publicité étant facturés lors de la finale de 90 000 à 115 000 euros.

La vente des photos des élèves, dont l'exclusivité a été confiée à l'agence de presse Sipa, génère quant à elle un chiffre d'affaires d'environ 20 millions d'euros en 2004, ce qui représente un chiffre d'affaires global de 100 millions d'euros pour l'agence. En clair, ce contrat avec la Star Ac' assure à lui seul un cinquième des revenus de SIPA et lui permet de garder la tête hors de l'eau…

La reine des castings

À la lecture des enjeux financiers, on voit bien que TF1 n'acceptera pas la moindre approximation lors de la cinquième édition qui débutera en septembre 2005. C'est dire l'importance que revêtira plus que jamais le casting, ce stade où se joue véritablement la réussite ou l'échec d'une émission de télé-réalité.

Après quatre années d'émissions plus ou moins réussies, force est de constater que la plupart de ceux qui faisaient à l'époque la une des journaux ont disparu de nos mémoires aussi vite qu'ils y étaient entrés. À l'heure des bilans, on ne se souvient plus guère que de Loana (« Loft Story 1 »), Steevy (« Loft Story 1 »), Jenifer (« Star Academy 1 »), Jean-Pascal (« Star Academy 1 »), Diana et Brandon (« L'Île de la tentation 2 »), Greg (« Greg le Millionnaire ») et Marjolaine (« Marjolaine et les Millionnaires »).

Tous ces « héros » de télé-réalité présentent la particularité commune d'avoir été découverts par une seule et même personne : Angela Lorente. Cette Barcelonaise de quarante-six ans, petite-fille d'un anarchiste exécuté par Franco, refuse le conformisme et les modèles, ou plutôt les moules qu'impose la société. Elle m'a confié à plusieurs reprises qu'elle était là pour secouer la télévision française et faire avancer les choses. Elle était rédactrice en chef de « Tout est possible », sur TF1, à l'époque où je présentais l'émission. Sa façon de concevoir son métier la pousse à porter sur les gens un regard lucide, plutôt que condescendant. Elle prétend ne pas chercher systématiquement à construire « des stars, même si certaines émissions utilisent ce mot, comme la “Star Academy” », et préfère dire qu'elle met en lumière des jeunes inconnus, laissant ensuite au public le soin de décider ce que ces gens vont devenir. « Mais il n'y a pas de hasard, ceux qui réussissent sont ceux qui travaillent le plus. La petite Jenifer est aujourd'hui devenue quelqu'un. Mais quelle volonté ! Que de mois d'efforts, de souffrance, de travail... » De Loana, dont elle avait remarqué la fragilité à l'époque du « Loft », Angela Lorente n'hésite pas à dire trois ans plus tard : « Aujourd'hui, elle n'est plus authentique sur un plateau télé. Elle a une dimension de potiche[1]. »

La plupart du temps, Angela a dû se battre pour imposer ses choix, car personne ne voulait de Steevy, par exemple, que M6 trouvait trop ambigu. Sa forte personnalité le rendait inclassable et faisait davantage de lui un personnage de Pedro Almodovar qu'un héros de sitcom. Au final, le jeune peroxydé fera la carrière que l'on connaît, soutenu par Laurent Ruquier qui, à l'instar d'Angela Lorente, décèlera chez lui un véritable potentiel. Même la presse, qui pensait avoir affaire à un garçon primaire, est conquise. En 2001, à l'époque où Laurent Ruquier mise sur Steevy, *Téléstar* écrit : « On le pense niais, il réfute. On ne le croit pas, alors il prouve sa bonne foi ! Jeudi dernier, Laurent Ruquier voulait se payer une tranche de lofteur, histoire de rigoler facilement aux dépens de quelqu'un. Avec, dans le rôle principal de cette farce radiophonique, Steevy. Tout de Jean-Paul Gaultier vêtu, le papa de Boubou s'est donc rendu dans le studio de “On va se gêner !”, dans les locaux d'Europe 1. Insouciant. Et sur les ondes, Steevy a fait son effet. Tenace, répondant du tac au tac aux différents chroniqueurs, lançant quelques piques bien senties à Christine Bravo, le blondinet a impressionné le maître de cérémonie. » Quatre ans plus

1. *VSD*, 18 juillet 2004.

tard, Steevy est toujours au rendez-vous. Le blondinet, devenu brun, joue au théâtre, récite des contes pour enfants, participe à des émissions de radio et de télé et n'hésite pas à affirmer qu'il lui arrive de gagner jusqu'à 40 000 euros par mois.

Autre découverte d'Angela Lorente : Jean-Pascal, dont elle a décelé le talent à l'occasion d'un casting sauvage ; il faut préciser ici que, pour elle, tous les candidats aux castings organisés n'y participent pas forcément pour les bonnes raisons. Cette opinion semble d'ailleurs être partagée, puisque c'est justement par cette méthode du casting sauvage que plusieurs participants de la « Star Academy 4 » ont été recrutés. Angela Lorente est convaincue d'au moins un point, s'agissant de Jean-Pascal : « Il voulait devenir quelqu'un. Il était prêt à participer à n'importe quelle émission. À faire un "Loft", une "Star Academy"... Ce n'était pas son problème. Sa seule motivation était de devenir quelqu'un. Il avait envie, il avait la rage au ventre. Ce sont ces gens-là qui réussissent ! »

Autres vedettes, les très controversés Diana et Brandon, de « L'Île de la tentation ». Les regards se sont tous portés sur eux, et ce dès le casting. À commencer par celui de la reine des recrutements. Le couple s'est ainsi engueulé devant elle :

« Tu m'as trompée trois fois, lui assène Diana.

— Non, ce n'est pas trois, c'est deux ! précise le grand brun.

— Je te dis que c'est trois, ne me prends pas pour une imbécile ! », hurle Diana.

Le ton est monté tant et tant qu'Angela Lorente les a rapidement sélectionnés, précisant qu'« il me les fallait à tout prix. Cela rappelait trop les couples latins au sang chaud. Si je n'avais pas fait de la télé-réalité, j'aurais entrepris un documentaire sur elle. C'était à la fois du *Dallas* et

Les Feux de l'amour, il me les fallait à tout prix ! À ce moment-là, il y avait quelque chose de magique entre eux deux, c'est le duo qu'ils formaient qui était magique ».

Et le moins que l'on puisse dire, c'est qu'Angela ne s'est pas trompée, car le point fort du couple, c'est bien Diana. Lui n'était qu'un faire-valoir, qui a d'ailleurs disparu dans les méandres de la télé-réalité. Diana apparaît encore régulièrement sur les plateaux de télévision, tandis que Brandon est moins souvent invité. Il m'a fallu plusieurs jours pour retrouver enfin sa trace. Les journalistes que j'avais envoyés à sa recherche ont fini par le découvrir dans une boîte de nuit parisienne bien connue, Chez Regine's.

Ce soir-là, des dizaines de filles s'étaient réunies pour une de ces soirées « nanas », à la mode à Paris. Dès 20 heures, le night-club ouvre ses portes uniquement aux filles, qui peuvent alors boire gratuitement et se rincer l'œil en regardant des spectacles de garçons se déshabillant. Pas le moindre mâle parmi les spectateurs, uniquement des filles, qui se lâchent, hurlent, minaudent et n'hésitent pas à aller caresser les torses imberbes des danseurs, qui évoluent en string avant de finir complètement déshabillés. C'est parmi eux que nous avons retrouvé Brandon. Redevenu anonyme, il évolue avec les autres strip-teaseurs sans même que la plupart des filles présentes reconnaissent celui qui fut l'une des attractions de « L'Île de la tentation ». Lorsque mes assistants lui demandent de venir dans mon émission de radio pour y parler de sa reconversion, il leur répond qu'il ne souhaite plus vraiment s'exposer, surtout pour expliquer qu'il fait des strip-teases. Et pourtant, Brandon n'a pas à en avoir honte. Il est simplement retourné à son métier d'origine, puisqu'il hantait déjà les boîtes de nuit avant de participer à l'émission de TF1.

Pour un certain nombre de candidats de la télé-réalité, la chute a été plutôt brutale. Surtout dès lors qu'ils étaient plus jeunes et moins préparés que d'autres. En 2002, M6 nous offrait le « Loft 2 ». Parmi les anonymes propulsés au rang de vedette se trouvait un certain Kamel, jeune Beur de vingt-quatre ans habitant la banlieue de Tours. Ce stagiaire au poste de conducteur de bus nous avait dès le premier soir été présenté comme le petit rigolo de la bande. Dernier d'une famille de sept enfants, il est surnommé le « petit lutin des cités », à tel point que certains journaux n'hésitent pas à le comparer à Jamel Debbouze. Rien que ça !

Dans le « Loft », il se fait remarquer pour ses conseils culinaires et son humour involontaire. Il devient rapidement la star incontestée des résumés quotidiens. Un vrai festival ! Kamel lave la coquille des œufs avant de les casser pour faire des crêpes, en précisant que c'est « très important », mais il remet une crêpe dans la poêle alors qu'elle vient de s'écraser sur le sol... Son heure de gloire survient lorsqu'il lit la liste des courses et bute sur un mot : « Vous savez ce que c'est, vous, du *time*? demande-t-il à ses compagnons lofteurs. Il n'y a pas ça, chez moi ! Je n'ai jamais mangé ça, du *time*... » Le garçon est désespéré, tout autant que ses amis, qui eux non plus n'ont jamais entendu parler de cet ingrédient hors du commun. En relisant la liste, ils découvrent dans un fou rire général que le mot *« time »* s'écrit en réalité... « thym » ! Il n'en fallait pas plus pour qu'à sa sortie Kamel signe un contrat d'animateur chroniqueur avec M6.

Lorsque je l'ai rencontré quelques jours seulement après sa sortie du « Loft », il m'a glissé que M6, suite à ses prestations réussies dans l'émission matinale, était sur le point de lui proposer une autre émission. Aujourd'hui, où en est-il ? En réalité, M6 n'a pas souhaité prolonger son contrat de six mois, prétextant que la chaîne devait « réfléchir et trouver un concept qui lui colle parfaitement à la peau ».

Les semaines ont ainsi passé, puis les mois, puis les années. J'ai retrouvé Kamel, chez lui. Il vit toujours chez ses parents. Il semble au bord de la dépression et n'a plus vraiment le sourire. Ses parents expliquent qu'il reste des heures prostré devant la télé, à regarder les programmes. Il ne sort plus, n'a plus d'amis, attend depuis des mois que le téléphone sonne. Rien ne vient. Il me confie « avoir des projets et la volonté d'intégrer une école de comédiens. Je vais monter un *one man show* et me produire sur scène, si tout va bien, dans les mois qui viennent. » Je suis moi-même désespéré en l'entendant parler ainsi. Il a l'air d'y croire encore. En novembre 2004, ce pauvre Kamel se retrouve même poursuivi dans un train par les contrôleurs, qui veulent lui infliger une amende parce qu'il n'a pas d'argent pour payer son billet. Après une course-poursuite dans les wagons, l'ancien lofteur trouve un refuge de courte durée en s'enfermant dans les toilettes... Sa famille le pousse à chercher du travail « ailleurs et loin du petit écran », mais lui ne réagit pas. Il reste fasciné par la lucarne. Ce même écran qui l'a détruit.

En novembre 2004, la chute est également brutale pour un autre candidat, Michael, qui n'a fait qu'un bref passage dans la « Star Academy 3 », dont il est sorti au bout de trois petites semaines. Ce garçon se retrouve contre son gré à la une des rubriques des faits divers à cause de ses liens avec un homme accusé d'avoir vendu de la cocaïne sur les plateaux des deux premières éditions de la « Star Academy » et de « Loft Story ». Michael est soupçonné non seulement d'avoir consommé de la drogue, mais aussi d'avoir posé pour des photos à caractère pédophile alors qu'il était mineur.

Je le reçois au lendemain de ces accusations. Du haut de ses vingt ans, il paraît mal à l'aise. Il mesure plus d'un mètre quatre-vingts et cache sa chevelure brune sous une casquette. Il a le visage d'un enfant. Ses joues sont rouges. Il transpire. Il est venu s'expliquer seul, sans avocat. « Je veux défendre mon honneur. C'est terrible, ce qui est écrit sur moi dans la presse. Depuis que je suis sorti de la “Star Academy”, je me bats pour essayer d’exister autrement. Je prends des cours de théâtre avec Oscar Sisto. Je suis en contact avec TF1 pour avoir un petit rôle dans la série *Sous le soleil.* Je ne sais pas quelles vont être les conséquences de cet article… C’est terrible pour moi. »

Michael s’arrête. Il butte sur les mots. Je le sens très ému, presque au bord des larmes. Il cherche une aide, un secours. Alors que je lui fais signe de continuer son récit, il reprend d’une voix hésitante. « J’ai touché à la cocaïne une fois dans ma vie, c’est vrai… C’était pour essayer… Quant aux photos pédophiles, c’est faux. Je n’ai jamais posé pour ce mec. J’étais mineur quand je l’ai rencontré, lui avait quarante ans… Mais il ne m’a jamais demandé de poser nu pour lui. C’était un ami, c’est tout. C’est vrai qu’il exerçait une certaine fascination sur moi. Mais il n’y a jamais rien eu de sexuel entre nous… »

Voilà donc la vie de ce gamin exposée et jetée en pâture. Ses erreurs de jeunesse deviennent publiques. Je ne sais pas quelle est la réalité des faits, s’il se droguait vraiment, s’il a couché ou fait des photos avec cette personne. J’ai simplement la conviction que ce gamin – car à vingt ans, on est encore un gamin – aura bien du mal à se remettre de tout ce qui lui est reproché…

Dans l’univers impitoyable de la télé-réalité, on trouve donc ceux qui sont détruits, mais aussi ceux qui sont magnifiés. Tel fut le cas de Marjolaine, découverte elle aussi par Angela Lorente. Sa première apparition date de l’été 2003 dans « Greg le millionnaire », sur TF1. Dès sa sortie, elle se confie à Angela Lorente : « Elle a balancé des horreurs sur Greg, me raconte cette dernière. Elle avait une haine pas possible. Elle voulait à tout prix se venger. Elle avait tous les défauts de la terre, à la fois peste et provocante. Mais dans le même temps, on pouvait déceler en elle une certaine fragilité et, surtout, elle est vraiment mignonne. On pouvait lui pardonner ses excès. »

Au moins Marjolaine avait-elle la franchise d'avouer que, pour elle, l'amour rime avec American Express Platinum. Pas la carte verte trop banale, pas davantage la Gold réservée aux faux riches ; non, la Platinum, celle dont ne dispose que l'élite. Voilà sans doute pourquoi elle était prédestinée à devenir l'héroïne de « Marjolaine et les Millionnaires ».

Greg, pour sa part, avait retenu l'attention d'Angela Lorente pour les raisons exactement inverses, un an auparavant. « C'est un garçon qui déteste les femmes vénales, relate Angela. Il les redoute plus que tout. Il était donc le personnage idéal pour se faire passer pour un millionnaire et sentir celles qui ne seraient attirées que par l'argent. Et Greg a également une vraie qualité, c'est qu'il exprime tout haut absolument tout ce qu'il ressent. C'est un garçon spontané, sincère et extraverti. Un personnage idéal pour faire de la télé-réalité ! »

À ceux qui reprochent à Angela Lorente de donner une image faussée de notre société et de mettre les jeunes sur une mauvaise voie, la belle Espagnole répond qu'« il faut arrêter de prendre les jeunes pour des imbéciles. Ils sont souvent plus lucides que nous, en particulier en ce qui concerne la télévision. » D'ailleurs, Angela a une fille de dix-neuf ans à qui elle montre régulièrement tous les programmes qu'elle produit. Sa fille en aime certains, d'autres la laissent indifférente, mais il n'y a jamais de sentiments mitigés. Quand je demande à Angela si elle a parfois honte de certains programmes qu'elle produit, en particulier « L'Île de la tentation » où des couples sont tout de même brisés, elle lève les yeux au ciel. « Mais non, je n'ai pas honte ! Les gens savent où ils viennent ! Nous avons déjà fait trois saisons de cette émission. Ce sont des gens qui sont simplement au début de leur histoire, de leur relation, et ils ont envie de tester leur relation. Ils gagnent du temps, c'est tout. Tu sais, dans la vie, tu es en permanence confronté à des sollicitations amoureuses. Simplement, ici, elles sont plus intenses, mais ce n'est qu'un concentré de la vie réelle, sous les caméras, et ensuite remonté par nos soins. »

Lorsque je lui demande si elle-même aurait accepté de participer à une émission comme celle-là, si elle serait ainsi venue tester son amour, la madone de la télé-réalité botte en touche en précisant : « Ça dépend à quel moment de ma relation amoureuse. Au début, quand rien n'est finalement construit et qu'il n'y a pas grand-chose à perdre et tout à gagner, sans doute… »

En 2004, le casting de Marjolaine posait malgré tout certaines questions, l'audience n'ayant pas été au rendez-vous lors des premières émissions. Car même si la jeune fille asiatique paraissait sympathique, il y avait deux alternatives. Soit elle était vraiment stupide pour se faire piéger une deuxième fois après avoir participé l'année précédente à « Greg le millionnaire », émission dans laquelle Greg se faisait passer pour un homme riche ; soit Marjolaine avait dès le début compris que tout cela n'était qu'une mise en scène, et elle n'avait alors fait que jouer la comédie pendant tous les épisodes. Dans les deux cas de figure, cela ne sentait pas très bon pour le téléspectateur, qui avait du mal à entrer à 100 % dans ce scénario. Or, l'une des règles de base est que la télé-réalité doit paraître crédible, faute de quoi, évidemment, le public n'adhère pas. Et Marjolaine en a sans doute trop fait. Trop de couvertures de journaux avant même le début du jeu, trop de phrases provocantes dans les interviews, et sans doute pas assez de sincérité et de fragilité exposées. Après seulement un mois de diffusion, TF1 prend une décision sans appel : « Marjolaine et les Millionnaires » sera diffusé une heure plus tard que prévu, et se verra sans faire de bruit repoussé de 22 à

23 heures. La sanction de l'audience est sans appel. Aucune faiblesse ne peut être tolérée dans un casting. Il faudra attendre les deux derniers numéros de l'émission pour voir enfin l'audience s'envoler et dépasser les 40 % de parts de marché. Les Français sont intéressés par le choix de la jeune femme davantage que par son personnage…

Un casting pour le moins réussi fut celui du « Pensionnat de Chavagnes », qui a retenu l'attention de plus de 6 millions de téléspectateurs durant l'été 2004, le jeudi, en première partie de soirée. Un concept *a priori* simple : plonger des élèves de notre temps dans les conditions d'une école des années 1950. L'ensemble étant placé sous le signe de l'autorité et de la rigueur, de l'ordre et de l'huile de foie de morue ! Là encore le choix des élèves était essentiel. L'un des candidats, Damien, m'a raconté le 30 septembre 2004, dans mon émission sur Europe 1, comment il s'est retrouvé dans l'émission : « En fait, un jour, j'ai été convoqué dans mon école par ma conseillère d'orientation. Elle m'a appris qu'il y avait un casting en cours, et elle pensait que j'avais le profil parfait pour y participer. J'ai d'abord été un peu surpris, puis je me suis dit que cela pouvait être amusant. » Il peut paraître étonnant, tout de même, de voir ainsi l'Éducation nationale participer au casting d'une chaîne privée… Une autre élève, Olivia, m'explique que c'est aussi dans son collège qu'elle a pris connaissance de la préparation de cette émission : « J'ai découvert un jour une petite annonce sur le tableau d'affichage, dans le couloir de mon établissement, et j'ai décidé de m'y présenter, tout simplement. »

Ce qu'on sait moins, c'est que les élèves ont également été payés pour participer à ce programme, dont l'enregistrement s'est déroulé durant le mois de juillet 2004. Chacun des élèves aurait ainsi reçu 1 500 euros et un appareil photo numérique. Les quatorze élèves ayant obtenu leur certificat d'études ont même eu droit à une prime supplémentaire de 2 000 euros. En ayant connaissance de ces éléments, on comprend déjà bien mieux pourquoi ces jeunes étaient si motivés pour obtenir leur diplôme !

Mais cette réussite du « Pensionnat de Chavagnes » ne doit pas faire oublier l'échec de M6 avec ses pathétiques « Colocataires ». Un programme qui ressemblait comme deux gouttes d'eau au « Loft », même si la production avait imposé aux candidats de ne jamais prononcer le mot « Loft »... Ils ne pouvaient à la rigueur évoquer que des villas. Le célèbre confessionnal était devenu la *chat room*. Seule différence notable avec le programme précurseur de la télé-réalité en France : les garçons et les filles étaient séparés par une grande palissade en bois. Pourquoi les séparer, me demanderez-vous ? Lors du casting, la production l'avait expliqué aux candidats : « Nous voulons faire une émission avec des gens qui ont des passions. Il s'agit de faire partager aux téléspectateurs votre goût pour le sport, la peinture, l'art. Nous ne voulons pas que cela se passe comme dans le "Loft" où, dès la première semaine, Loana et Jean-Édouard avaient eu une relation dans la piscine. » En prononçant ces paroles, les « casteurs » étaient-ils naïfs ou de fieffés menteurs ?

Dès le deuxième jour d'émission, à 3 heures du matin, les téléspectateurs du canal permanent des colocataires vont avoir droit à la scène la plus épicée diffusée sur une chaîne non codée. Trois garçons, Michel, Ludovic, Seb, et deux filles, Élodie et Morgane, se retrouvent dans le jacuzzi. Certains des garçons n'ont plus leur maillot, ils s'embrassent entre eux, puis se lancent des défis. Il faut rouler des patins aux candidates, qui se prêtent d'ailleurs bien volontiers au jeu. Mais vers 3 h 10, la situation s'emballe. Il s'agit cette fois « d'aller explorer avec la bouche les parties les plus intimes des filles ». L'un des candidats présents ce soir-là me confiera à sa sortie avoir « eu l'impression d'assister à un film porno. C'était surréaliste, on était pris dans une sorte de folie, aidés par les litres d'alcool que nous fournissait la production. Et puis il y avait de la drogue amenée par l'un des candidats. Les cigarettes magiques tournaient allégrement... »

De son côté, la production décide vers 3 h 15 de couper purement et simplement l'image et le son. Vingt-cinq minutes d'images fixes sur la porte, pendant qu'à l'intérieur la situation se corse. Lors des résumés quotidiens, bien évidemment, les téléspectateurs de M6 ne sauront rien de cette soirée digne des boîtes *underground* de Paris... Seul souvenir tenu secret pour Ludovic : un herpès qui se déclenchera quelques heures plus tard, et que le médecin de la colocation devra soigner.

Il faut dire que l'alcool fait perdre la tête à plus d'un candidat. C'est d'ailleurs une des recettes miracles de la télé-réalité. « Opération Séduction. Les parents s'en mêlent », également diffusé sur M6 durant l'été 2004, a appliqué les mêmes recettes. Après le tournage de l'émission, Jenifer, l'une des jeunes candidates, relate : « L'alcool coulait à flots à Bora Bora, où nous avons passé quinze jours pour les besoins du programme. Il y en avait en permanence et à volonté ! À croire que la production voulait nous bourrer pour qu'on se lâche ! » Bien vu, Jenifer ! Et l'adolescente de conclure : « Mais ils sont mal tombés avec moi, car je ne bois pas. » Je ne suis pour ma part pas vraiment convaincu qu'ils soient mal tombés avec Jenifer, qui pose tout de même nue dans les magazines, et qui avoue, à vingt ans, avoir déjà couché avec plus d'une dizaine d'hommes. Finalement, pour elle, l'alcool n'était tout simplement pas nécessaire...

Le mauvais casting des colocataires de M6

On ne peut pas en dire autant de Morgane, l'une des « Colocataires ». Au mois de mai, alors qu'elle s'entraîne dans la colocation dans l'optique d'une compétition de judo, elle décide un beau soir de se « bourrer la gueule ». Résultat : elle se jette sur les garçons, et en particulier sur Gilles, qui était tranquillement allongé dans son lit et se voit contraint de la repousser violemment. Mais elle revient à la charge. La production la convoque alors dans la *chat room*, où il lui est demandé de se calmer. Mais en sortant, elle revient à la charge. Ses hormones la démangent. La production hausse le ton. Cette fois, c'est un ordre. Elle doit aller se coucher.

On peut aussi comprendre qu'il n'est pas facile, pour ces garçons et ces filles de moins de trente ans, de passer plusieurs semaines sans la moindre relation sexuelle, mais surtout sans la moindre intimité. Les caméras sont partout, y compris sous les douches ou dans les toilettes. Imaginez une caméra qui vous filme jusque dans les moments les plus intimes de votre vie, y compris quand vous allez au petit coin ! Invivable, impensable. Alors, afin d'assouvir de façon solitaire leurs pulsions, les garçons avaient chacun imaginé des stratagèmes. Michel, par exemple, allait aux toilettes avec une serviette, et lorsqu'il souhaitait se masturber, il recouvrait la caméra d'une serviette. Mais cela provoquait instantanément la colère de la production. La voix de la rédactrice en chef résonnait alors dans toute la villa : « Michel, je te rappelle qu'il est interdit de masquer les caméras. Merci d'enlever la serviette. » Fou rire général systématique de la part des autres colocataires, qui avaient bien compris le stratagème de Michel. Il y avait ceux qui étaient peut-être un peu plus exhibitionnistes, comme Gia, qui n'hésitait pas un seul instant à se satisfaire sous la douche. Il savait que derrière les glaces sans tain se trouvaient les caméramen, mais il avait conscience aussi que ces images ne seraient jamais diffusées. Alors il s'en fichait, et passait ainsi régulièrement à l'action sous les yeux et les caméras des techniciens médusés. Les autres participants de l'émission optaient quant à eux pour une solution plus simple, le soir très tard, discrètement, dans leur lit. Dans la « Star Academy 4 », c'est Sofiane qui évoque tout en finesse les problèmes sexuels qu'il rencontre avec ses autres camarades : « L'abstinence, c'est très dur ! Je faisais souvent des allers-retours aux toilettes. J'ai développé mes biceps droits et j'en attrape des cors sur la paume de la main. »

Drôle d'émission de télévision, où des candidats n'ont plus la moindre parcelle d'intimité ! Où des journalistes, techniciens, caméramen assistent devant des écrans ou des glaces sans teint à des scènes interdites. À cela, ajoutons l'exhibitionnisme de Jessica, qui, après avoir dragué, embrassé, tripoté tous les garçons et s'être fait rembarrer par chacun, osera durant le dernier week-end courir seins nus derrière Sébastien, claquemuré dans une pièce, en hurlant : « C'est mon anniversaire, cette fois tu vas y passer ! » Le pauvre garçon suppliait dans le même temps la production d'intervenir et de l'appeler dans une autre pièce de la villa. Scène ridicule ou pitoyable, on ne sait plus. On ne veut d'ailleurs même plus savoir. Rappelons pour mémoire que Jessica était animatrice radio au sein de la très sérieuse maison Radio France, qu'elle avait également travaillé à la télévision sur la chaîne musicale MCM, et qu'en tant que telle, elle connaissait parfaitement l'impact de l'image. Tout cela était donc réfléchi et calculé, comme les photos d'elle en monokini qu'elle avait vendues quelques jours avant son entrée dans la maison au magazine *FHM*. Il n'y a pas de petit profit…

Mais qu'est-ce qui peut donc pousser ces jeunes presque adultes à aller ainsi s'exhiber dans de telles émissions ? J'ai voulu en avoir le cœur net, et pour cela j'ai pris le temps de discuter longuement avec l'un d'entre eux. J'ai choisi Gia, qui me semblait être le garçon le plus équilibré d'entre les participants. Jeune Parisien d'origine asiatique, il parlait régulièrement de ses études et de sa volonté de « faire carrière » dans une entreprise. Son portrait tel qu'il fut délivré par M6 tranchait d'ailleurs quelque peu au milieu des barmen et gogo danseuses qui hantent généralement ce type de casting : « Âgé de dix-neuf ans, Gia est étudiant à Paris et champion de ju-jitsu (septième aux championnats de France 2003). D'origine métissée chinoise et vietnamienne, il habite Asnières-sur-Seine (92) depuis sa naissance, mais a quitté la HLM familiale il y a cinq mois pour habiter chez la mère d'une amie partie étudier à l'étranger. Son père repasseur et sa mère ouvrière ont inculqué à leurs trois fils une éducation stricte, empreinte de valeurs et de traditions. À la maison, on a le respect de l'argent et du travail, ce qui pousse Gia à passer brillamment son bac scientifique, puis à réussir le concours de l'Institut supérieur de communication à Paris. Dès la rentrée, il se destine à un BTS de communication des entreprises. Gia multiplie aujourd'hui les petits boulots pour payer ses études et son loyer. »

À la lecture d'un tel profil, on est en droit de se demander ce que Gia est venu faire dans cette galère des « Colocataires »... Erreur de jeunesse ou véritable calcul machiavélique ? « En fait, m'explique-t-il, je suis entré dans la colocation en connaissant parfaitement les règles du jeu. Je savais à quoi j'allais être confronté. J'ai des amis qui travaillent à la télé, et ils m'avaient expliqué la façon dont se déroulent les émissions de télé-réalité. Je connaissais les excès et les caricatures auxquels nous allions avoir droit, mais je dois avouer que lors du premier *prime time*, j'ai été effondré en découvrant les gens avec qui j'allais devoir passer trois mois. »

Il faut dire que dans la vraie vie Gia vivait en colocation avec une amie à lui, une monteuse à la télévision, âgée de quarante-cinq ans. C'est elle qui lui a expliqué les trucs et les astuces utilisés dans les émissions de téléréalité. « Pour me payer mes études, je fréquentais pas mal le monde de la nuit, mais pour travailler, car je donnais un coup de main à un photographe qui fournit les pages *people* de nombreux magazines. J'avais besoin d'argent et c'est Olivier, le premier Bachelor de M6, croisé dans une soirée, qui m'a indiqué la marche à suivre. Je me suis préparé comme on se prépare à un entretien d'embauche. J'avais connu Mickael, qui a participé durant quelques semaines à la "Star Academy 3", et qui m'a lui aussi briefé. »

Après avoir appelé le service casting, Gia est immédiatement convoqué. Il est jeune, il a une belle gueule. Son côté sportif séduit tout de suite les membres de la production. « Lors du casting, je suis entré dans le rôle que M6 attendait de moi. Un mec un peu excentrique, heureux de vivre, qui rêvait de trouver le grand amour dans la colocation. J'ai même parlé de ma fiancée Françoise, alors qu'il n'y a jamais eu de Françoise dans ma vie. En fait, je voulais simplement voir de l'intérieur comment se déroulait ce type d'émission et de jeu. Je veux travailler dans la communication. C'était plus pour moi une étude sociologique et professionnelle qu'une participation à un jeu. »

Le piège fonctionne à merveille et se referme sur la production, qui se montre par ailleurs très intéressée par sa sexualité ambiguë. « J'ai bien vu qu'ils ne pensaient qu'à une chose, ils avaient envie que je sorte avec Michel, qui était le "gay de service", avec le côté caricatural que cela peut avoir. Pour M6, cela aurait été tout bénéfice, ils auraient ainsi eu droit à des dizaines d'articles sur le thème "le premier couple gay de la télé-réalité". Seulement, il ne faut pas trop me prendre pour un imbécile, ma sexualité ne regarde que moi et, si j'ai laissé planer des doutes, c'est uniquement pour répondre à ce que cherchaient les casteurs. »

Je peux d'ailleurs à cet égard vous révéler qu'une fois l'émission terminée Gia a souhaité donner une interview au magazine gay *Têtu* pour parler de sa sexualité. M6 est alors intervenue en mettant son veto absolu à cette interview, estimant « qu'il n'était pas bon pour l'image de l'émission et de la chaîne que l'un des candidats aille se confier à ce type de magazine ». Mais Gia ne désarme pas, si bien que, quelques mois plus tard c'est dans l'hebdomadaire *Public* qu'il révèle aimer les garçons et les filles ! Cette fois, M6 n'a pas vu venir le coup ! Depuis fin 2004, Gia travaille même sur la chaîne gay Pink TV, où il est chroniqueur dans l'émission quotidienne « Le Set ».

Si M6 a ainsi pu intervenir sur la façon dont Gia voulait communiquer, c'est conformément aux contrats très contraignants que sont obligés de signer tous les candidats aux émissions de télé-réalité, avant même de savoir s'ils sont sélectionnés de façon ferme et définitive. Dans ce contrat, Gia, comme les autres candidats, apprend qu'il sera défrayé de 450 euros par semaine de présence. Parallèlement, un deuxième contrat est signé concernant les produits dérivés (fonds d'écran, messages de répondeur...). Celui-ci lui rapportera 1 000 euros à la signature et à nouveau 1 000 euros lorsque les comptes seront terminés. Ce contrat était valable jusqu'au 20 juillet 2004.

Quelques jours plus tard, Michel a pu de son côté parler librement dans le magazine *Têtu*. Le regard qu'il porte sur l'émission devrait faire réfléchir plus d'un candidat : « Le problème, c'est qu'on est venu me chercher lors d'un casting sauvage, dans le bar où je bossais. J'ai accepté de participer aux "Colocataires", car je me suis dit que ça allait peut-être ouvrir mon horizon. Ma référence, c'était les opportunités qu'ont eues les participants du premier "Loft". C'est vrai que c'était tentant. Au début, je dois avouer que je craignais d'être le gay de service, mais très vite après être rentré, je me suis aperçu que nous étions trois ! *(sic)* Mais aujourd'hui, si je fais le bilan, c'est négatif. Je ne fais plus rien. J'appartenais à M6 jusqu'au 20 juillet 2004. Tout ce qui pouvait m'être proposé devait passer par eux. Ensuite, M6 nous a lâchés, et franchement, ils n'en ont pas grand-chose à foutre de nous ! Alors aujourd'hui, je me débrouille, je réfléchis à un concept de chronique sur la mode ou la musique. »

Plus de six mois se sont écoulés depuis cette interview, six mois durant lesquels le pauvre Michel a purement et simplement disparu de la scène médiatique. Au même titre du reste que tous ses compagnons d'infortune.

De son côté, Gia ne se fait pas vraiment prier pour continuer à me parler : « Ils ont très vite compris qui j'étais vraiment, et ils ont tenté de me présenter comme un manipulateur. Pour cela, leur technique est simple : quand tu es dans la *chat room* en discussion avec la production, ils te posent des questions, parfois pendant une heure et demie. Ils ont une idée en tête et ils te gardent jusqu'à ce qu'ils arrivent à te faire dire ce qu'ils veulent. À l'antenne, il n'en restera que quinze secondes, mais ce seront généralement des phrases clés pour l'avancée du jeu. Parfois, ils te demandent également de reprendre les mots de leur question. Un jour, ils m'ont dit : "Es-tu stratège et manipulateur ?" Je savais qu'en reprenant leurs mots, ils s'en serviraient de telle façon que leur question se transforme dans ma bouche en une affirmation. Cela n'a pas manqué. Franchement, quand tu vois le niveau des mecs qui participent à ce type d'émission, tu comprends vite pourquoi ils se font manipuler. Je sais bien que la production, une fois mon petit jeu percé à jour, ne pouvait plus me garder longtemps. Résultat, tous les montages ont été faits pour me faire passer pour un garçon machiavélique, et j'ai été éliminé après quarante-neuf jours. »

Mais Gia veut faire profiter les autres de son expérience. Et s'il n'est plus dans la villa, il est invité chaque semaine avec les autres sortants sur le plateau du *prime time*. Fred Courtadon ne s'adressera à lui que très rarement, par crainte d'un dérapage. À la question posée en direct : « Mais pourquoi vous ne participiez pas aux jeux avec les autres garçons ? », la réponse de Gia sera cinglante : « Parce que je n'avais pas envie d'être ridicule. Si eux cela ne les dérange pas, pour moi c'est un problème. » Malaise immédiat sur le plateau, qui conduisit Fred Courtadon à lancer aussitôt un reportage.

Quand on lui demande comment, selon lui, des jeunes se laissent autant et aussi facilement manipuler, Gia y va de sa petite explication. « Outre le niveau intellectuel généralement pas très élevé des candidats, il faut savoir que l'on est bourré de médicaments pour pouvoir dormir. Les projecteurs sont allumés quasiment 20 heures sur 24, et c'est la production qui décide quand ils veulent éteindre les lumières. Ils exercent ainsi une véritable pression psychologique sur nous. À un moment du jeu, avec deux autres filles, nous avons voulu sortir et quitter l'émission car nous en avions assez. Nous avons été convoqués pendant des heures en *chat room* où l'on nous tenait sans cesse le même discours : "Vous n'êtes pas restés assez longtemps. Imaginez ce que sera votre vie dehors. Vous allez retrouver vos petites vies simples et monotones de caissière de supermarché ou de simple étudiant. Par rapport à l'image que vous êtes en train de vous faire ici, ce n'est rien. Vous allez tout gâcher en sortant trop tôt. Attendez encore. À l'extérieur, les gens apprennent à vous connaître. Vous vous rendez compte de la notoriété que vous êtes en train d'acquérir ? Vous n'avez pas fait tout cela pour rien ? Vous n'allez tout de même pas tout gâcher ?" »

Coupés de leurs amis, de leurs parents, de leurs références, les gamins cèdent ainsi à la pression. Ils n'étaient alors bien sûr pas au courant que l'émission était un échec, et que les *prime time* ne parvenaient même pas à réunir deux millions de téléspectateurs… Ils pensaient devenir de grandes vedettes, ils n'auront pour la plupart que subi les moqueries de leurs amis à la sortie, avant de retrouver, comme le soulignait si élégamment la production, leurs petites vies monotones…

Dans l'indifférence quasi générale, c'est finalement un garçon, Sébastien, qui gagnera « Les Colocataires » de M6, lors d'une émission diffusée en fin d'après-midi, faute d'audience suffisante réalisée par les *prime time.* Ce même Sébastien qui me révélera quarante-huit heures plus tard que dès les tout premiers jours du jeu, un accord avait été passé entre trois d'entre eux. Sébastien, Michel et Ludovic s'étaient en effet mis d'accord pour éliminer un par un tous les autres garçons de la villa et ne jamais se nominer entre eux. En échange de cet arrangement, totalement secret et contraire à l'esprit du jeu, le vainqueur s'engageait à verser lors de sa sortie 10 000 euros à ses deux camarades qui auraient été successivement éliminés lors des quarts et des demi-finales. Une petite farce dont les dindons sont les téléspectateurs et M6...

Oublions vite « Les Colocataires », cette émission dans laquelle exhibitionnistes et nymphomanes se battaient pour avoir droit au maximum d'exposition médiatique. Il est plus que temps de renouveler le genre. Et pourtant, ces colocataires étaient bien loin de ce qui se passe dans d'autres pays européens. Chez nous, le « Loft » n'a que quatre ans, mais, en Grande-Bretagne par exemple, l'équivalent intitulé « Big Brother » en est à sa cinquième saison. Alors, les exhibitions de paires de seins et de fesses ne suffisent plus à attirer le chaland. Il faut passer à l'étape supérieure. C'est pourquoi le cru 2004-2005 se voulait détonant. Le casting était donc orienté dans une seule perspective : générer des conflits. Ce furent ainsi deux homosexuels, deux bisexuels, un transsexuel, mais surtout, face à eux, des homophobes, qui se retrouvèrent sélectionnés ! Au total, douze personnes devant passer soixante et onze jours ensemble, en vivant dans une seule et même chambre, une douche géante incitant à toutes les folies, bien attisées par l'alcool qui coulait à flots. Ce n'était plus un loft, mais un lupanar.

Mais, un soir, la situation a dégénéré. Manque de chance, ou coup du sort pour les producteurs, Channel 4 diffuse chaque nuit à partir de 1 heure du matin deux heures de programme depuis le loft. Et, ce soir-là, les téléspectateurs ont vu en direct les candidats en venir aux mains, sous l'emprise de l'alcool. Coups de poings, coups de pieds, assiettes qui volent et tables renversées... Des candidats s'effondrent en larmes, d'autres hurlent et appellent au secours. Totalement médusés, de nombreux citoyens britanniques ont sauté sur leur téléphone pour appeler la police, en expliquant qu'ils étaient en train d'assister en direct à un véritable pugilat. Channel 4 interrompt alors le programme en catastrophe, et envoie des vigiles pour séparer tout ce petit monde en transe.

Au moment où ils pénètrent dans les studios, l'un des candidats est en train de menacer ouvertement son compagnon de chambrée : « Je vais prendre un couteau et te décapiter ! », hurle-t-il. Il faudra plusieurs heures avant que le calme revienne. Dès le lendemain, les chiffres d'audience grimpent en flèche. « Big Brother 5 », qui voyait son audience stagner autour des 3,5 millions de téléspectateurs, s'envole aussitôt à plus de 6,3 millions. Mais la police demande les copies des enregistrements des incidents. La chaîne obtempère. Craignant l'interdiction pure et simple de l'émission, elle décide de suspendre les livraisons d'alcool dans le loft, et multiplie les rappels à l'ordre en menaçant d'exclusion quiconque commettrait le moindre faux pas. La machine à audience est lancée. Les téléspectateurs viennent en masse chaque jour devant leurs écrans, guettant le moindre incident, le moindre dérapage. Il faut du sang !

Le scénario fut quasiment identique en Italie. Toujours dans « Big Brother », fin 2004, plusieurs candidats sont devenus incontrôlables après qu'ils eurent bu des dizaines de bouteilles de bière que leur avait fournies la production.

Une participante s'est même mise à embrasser à pleine bouche et sans distinction tous ses camarades, garçons et filles confondus. Un autre a cassé ampoules, dispositif d'alarme et bouteilles de bière, a pris à mains nues les charbons ardents du sauna, les a jetés dans la piscine, avant de menacer de détériorer des caméras... La fête s'est terminée en bagarre générale lorsque les locataires restés sobres leur ont fait des reproches. Plusieurs associations de téléspectateurs ont demandé la suppression du jeu. Ce que la chaîne a refusé, mais cela n'étonnera personne !

Quand ce n'est pas du sang, on le sait, c'est le sexe qui fait vendre. Même s'ils doivent inventer des histoires totalement bidon, les anonymes sont prêts à tout. Quitte à décevoir les téléspectateurs, lorsque ces derniers s'aperçoivent que même les pseudo-rebelles cèdent eux aussi à toute cette entreprise de marketing, dans le seul but de faire quelques couvertures de magazines.

Prenez Steeve Estatof, le gagnant de la première édition d'« À la recherche de la nouvelle star ». Le jury le présentait comme un « nouveau Kurt Cobain ». Il allait mettre le feu au show-biz, il nous montrerait que l'on pouvait réussir dans ce type d'émission en faisant éclater toutes les règles de la télé-réalité. Steeve le rebelle s'affichait à la une des magazines avec une autre candidate, Laura. Oui, il avait rencontré l'amour. *Gala*, *Télé 7 jours*, *Télé Loisirs*, *Téléstar* : tous les journaux vont consacrer des pages et des pages au rocker et à son idylle. Oui, mais voilà, tout était bidon. Ce n'était que de l'intox, un coup monté : « Nous n'avions rien programmé. Nous avions plaisanté une fois avec un journaliste et les choses se sont enchaînées. Lorsque nous avons vu les premières couvertures de presse où l'on disait que nous étions ensemble, nous avons pris cela comme un jeu. Ce n'est qu'une histoire d'amitié[1]. »

---

1. *Télé Magazine*, 3 juillet 2004.

Bien sûr, une fois de plus, la faute en incombe la presse qui s'est emballée. Mais Steeve et Laura ont bien fait des photos ensemble, ils ont bien posé. Ils ont répondu à des questions, y compris aux miennes, ou bien ils acquiesçaient. Ils parlaient de leur rencontre, de cette belle histoire qui les unissait. Comment croire désormais celui qui devait envoyer valser toutes les conventions et qui commence sa carrière par un mensonge ?...

Mais Steeve ne s'arrête pas là et continue à balancer ! Fin décembre 2004, dans une interview accordée à *France-Soir*, le rocker invective l'émission qui lui a valu sa petite notoriété : « À part Marianne James, dont j'étais très proche, je me foutais vraiment de l'avis des autres membres du jury. Quand un mec qui a fait des comédies musicales à deux balles se permet de te juger, tu rigoles ! » Directement visé par cette phrase, Dove Attia, qui faisait partie du jury. Mais Steeve continue encore et toujours à tirer à vue sur tout ce qui bouge. Le magazine *Public* du 26 décembre reproduit d'autres propos assassins du rebelle : « En allant dans "La nouvelle star", je savais que j'allais me retrouver avec des chanteurs de karaoké, bref, tout ce que je méprise. Ces chanteurs de salle de bains, ils n'avaient jamais vu un mec comme moi ! » Des propos si violents que Laetitia Chavet termine son article par ces mots : « On est toujours séduit par son mélange de rage et de sensibilité. Mais ce qu'on aime aussi, c'est la modestie. Alors *please*, Steeve : prends pas la grosse tête ! »

Trouver le bon témoin qui fait de l'audience

Abordons maintenant le cas des émissions dites « de témoignage » comme celles de Jean-Luc Delarue ou Mireille Dumas qui amènent des personne à raconter de vraies histoires. Tous les participants à ce genre d'émission que j'ai pu rencontrer m'ont tenu le même discours :

« Cela permet d'être plus fort. Comme on a les caméras de télévision, on se dit qu'on ne peut plus reculer, et cela nous donne une forme de courage. »

En novembre 2004, dans « Jour après jour », sur France 2, Sylvie témoigne. J'ai eu l'occasion de lui parler après l'enregistrement de cette émission. « J'ai toujours su que l'homme qui m'a élevée n'est pas en fait mon véritable père, mais à chaque fois que j'ai tenté de questionner ma mère sur l'identité de mon géniteur, je n'ai jamais pu avoir de réponse. Du coup, entre moi et ma mère, un fossé s'est creusé, et nos relations se sont dégradées. »

En fait, Sylvie voudrait se délivrer de ce secret et connaître la vérité ; mais jusque-là, elle n'a jamais eu le courage d'aller au bout de sa démarche. « Je me suis dit que je devais le faire. Il était temps pour moi de connaître la vérité. Mais il me fallait un petit coup de pouce. En contactant l'émission, je me suis dit que je ne pourrais plus faire marche arrière, et c'est ce que je cherchais. » Sylvie me confie qu'elle est « totalement satisfaite, à la fois par le reportage qui a été fait et par sa présence sur le plateau de l'émission. Tout cela a été fortement bénéfique pour moi et pour ma famille. Si c'était à refaire, je le referais sans aucun problème, car désormais je connais la vérité. »

Alors, comment sont choisis ces témoins qui se mettent ainsi moralement à nu sur nos écrans ? Le grand spécialiste du genre est Jean-Luc Delarue, et ses sociétés de production. Gilles Bornstein, directeur des rédactions de « Ça se discute », m'explique : « Généralement, nous traçons un profil de témoin-type dont le témoignage pourrait être intéressant. Bien sûr, nous ne définissons pas l'âge, la couleur des cheveux ou celle des yeux, mais simplement les grandes lignes de l'histoire qui est arrivée à la personne. Nous lançons ensuite nos enquêteurs sur les traces de cette personne. Ils contactent les associations, mais également parfois des relations ou des gens qui sont déjà venus dans les émissions avec des problèmes assez proches. Parfois, c'est simplement par le bouche à oreille que l'on parvient à trouver des gens. Mais il faut avouer que, très souvent les journalistes reviennent et me disent que le profil que j'avais tracé n'existe pas, ou alors ils ont trouvé une personne encore plus intéressante. Dans ce cas, bien sûr, nous prenons ces personnes-là. Les profils types ne sont que des points de départ. Un canevas qui permet de sérier les recherches et de ne pas partir à l'aveugle. »

Mais parfois, c'est dans l'urgence que sont montées certaines émissions car un invité vient de se décommander. Le magazine *Télé 2 semaines* a publié le témoignage de Sandrine, qui a vécu avec un homme plus âgé. Elle avait témoigné dans l'émission de France 2 « Alors, heureux? ». Elle raconte : « J'étais une bonne cliente et j'ai été contactée par "C'est mon choix", sur France 3. L'émission a été rediffusée quatre fois, et les gens m'ont vue à la télé pendant deux ans ! »

Si vous aviez des doutes sur ce point, je peux vous assurer qu'aucune émission de ce genre ne se risque consciemment à faire appel à des comédiens ou à payer des personnes; seul un défraiement est accordé aux gens qui viennent sur le plateau. Voilà comment cela se produit pour la plupart des émissions de témoignage. La plupart, mais pas toutes. Il existe bien sûr une exception, et de taille!...

Les drôles de méthodes de Bataille et Fontaine

Il est désormais grand-temps de nous pencher sur l'émission qui est, à mon sens, la pire de toutes aujourd'hui : « Y a que la vérité qui compte ». L'émission du duo Bataille et Fontaine surfe sur tout ce qu'il y a de plus bas chez les téléspectateurs ; et, bien évidemment, les audiences sont au rendez-vous. Il y a des larmes de joie et de tristesse, des coups de gueule, et surtout, des témoins qui se font purement et simplement rembarrés devant des millions de téléspectateurs. J'imagine quelle doit être la vie d'un jeune homme qui est venu déclarer sa flamme à une jeune fille, et qui s'entend répondre : « Non, cela ne m'intéresse pas. » Ce qui doit rester dans la sphère privée bascule dans le public. Il est déjà difficile de se remettre psychologiquement d'un refus de ce type, cela l'est encore plus lorsque des millions de téléspectateurs y ont assisté.

Alors, comment travaillent Bataille et Fontaine, qui affirment respecter les témoins qu'ils reçoivent, mais qui, dans le même temps, n'hésitent pas à les ridiculiser sur un plateau ? Comment parviennent-ils à convaincre ces personnes, parfois naïves, toujours exhibitionnistes et souvent désespérées, de venir se dévoiler ainsi devant une caméra voyeuse, dans le seul but de faire de l'audience ? Maintenant que leur émission est connue, comment peut-on expliquer que des dizaines de témoins viennent encore chaque semaine sur le plateau ?

Pour comprendre comment travaille le duo *trash* de TF1, il faut remonter quelques années en arrière. Bataille et Fontaine ont fait leurs débuts sur la chaîne dans l'émission « Y a pas photo », alors diffusée en deuxième partie de soirée. Une émission qui n'était du reste qu'un démarquage de « Tout est possible », que je présentais. Devant le succès de ce programme, les duettistes décident de franchir une étape. Il s'agit désormais d'exhiber l'intimité des gens à l'antenne, par surprise, sans leur consentement. En clair, dès leur arrivée sur le plateau, on leur demande de signer une autorisation de diffusion sans même les prévenir de ce qui va leur arriver. Et c'est sur ce principe que repose l'émission. Les invités ne savent pas ce qui va se passer. C'est un chèque en blanc donné aux animateurs…

Lorsque les témoins se montrent réticents à l'idée de signer une telle autorisation, les assistants ou les journalistes leur expliquent « qu'il ne s'agit que d'une formalité et qu'ils pourront bien sûr faire marche arrière à la fin de l'enregistrement ». Mais hélas, les participants se retrouvent souvent tout seuls dans leur loge à la fin de l'émission, sans le moindre interlocuteur. Et, en cas de problème, ils n'ont bien évidemment que peu de recours. J'en veux pour preuve ce qui est arrivé à Laurence.

Cette jeune femme n'a jamais souhaité passer dans l'émission de Bataille et Fontaine. Invitée par la production pour avoir « une bonne surprise », elle s'est rendue sur le plateau. Soudain, devant les caméras et sans la moindre préparation psychologique, Laurence se retrouve mise en présence de son père, qu'elle n'avait jamais vu, et qui l'avait abandonnée. Sur le plateau, la tension est palpable, et Laurence ne cesse d'envoyer des piques à son père, qui décide d'apparaître aujourd'hui dans sa vie, de surcroît devant les caméras : « Ça fait quand même quarante-deux ans que j'existe. Vous n'avez jamais essayé de contacter ma mère ? [...] Ça mène à quoi, de se retrouver ? [...] Il y a eu un moment où j'avais besoin de vous, mais vous n'étiez pas là. »

La journaliste Hélène Risser a retrouvé Laurence, et l'histoire qu'elle raconte est terrible, en particulier lorsqu'elle évoque la façon dont se prépare l'émission : « Le plus scandaleux, c'est leur manière de se conduire, s'indigne Laurence. Pour pouvoir me retrouver, ils ont d'abord mis la main sur ma mère, ils lui ont soutiré un maximum d'infos en se faisant passer pour un institut de sondages. Puis, quelques jours plus tard, un journaliste l'a rappelée en se présentant cette fois comme un vieux camarade souhaitant m'inviter à fêter son mariage. Ma mère lui a alors donné mes coordonnées sans se méfier[1]. » Laurence a bien tenté de faire interdire son passage dans l'émission, mais « à la fin de l'enregistrement, toute

1. Hélène Risser, *L'Audimat à mort*, Le Seuil, 2004.

l'équipe s'était éclipsée ». Laurence a donc dû directement faire appel à TF1. Finalement, les équipes de Bataille et Fontaine sont réapparues et ont réussi à la convaincre de laisser la chaîne diffuser cette séquence. Inutile de dire combien la mère de Laurence a été bouleversée de voir réapparaître le père de sa fille, alors qu'elle tentait depuis des années d'oublier cette période de sa vie.

Hélas, Laurence n'est pas la seule à être victime de ce type de comportement de la part de l'équipe de « Y a que la vérité qui compte ». Elle raconte d'ailleurs comment, dès le lendemain de l'enregistrement, elle a assisté dans son hôtel à une scène terrible. « La production avait fait dormir tous les candidats dans le même hôtel. Au petit déjeuner, j'ai revu un jeune homme qui, la veille en plateau, avait tenté de renouer avec son ex-petite amie. Elle avait refusé que l'on ouvre le rideau, mais la production lui avait malgré tout pris une chambre dans le même hôtel que lui. En la voyant le matin, il lui a fait une scène, c'était horrible. » Laurence a tenté en vain de se révolter, mais elle a en réalité failli être broyée par le système mis en place par Bataille et Fontaine.

Mais il y a les autres, ceux pour qui le besoin de notoriété est plus fort que l'humiliation, et qui acceptent par conséquent de se faire ridiculiser en échange de quelques minutes d'antenne.

Le psychanalyste Gérard Bonnet a étudié ce qui se passait dans la tête de tous ces Français qui participent à des émissions dans lesquelles on exhibe ainsi sa vie et son intimité. « Beaucoup de personnes ont l'impression de ne plus avoir de valeurs personnelles fortes. La peur de l'anonymat et la peur de ne pas être reconnu conduisent certains à vouloir participer à ces émissions. [...] Se montrer, c'est avoir une chance d'acquérir le petit plus qui permet de se démarquer des autres. Certains n'hésitent pas à se mettre en danger ou à se ridiculiser... [...] Certains candidats vivent bien leur expérience et assument sans difficulté, mais pour d'autres, plus fragiles, cela a des conséquences plus lourdes. Nous sommes ici dans le registre de l'exhibitionnisme, avec d'un côté des personnes qui s'exhibent et, de l'autre, des téléspectateurs qui sont témoins de cette exhibition. [...] On a le droit de dire que, d'un point de vue éthique, la plupart de ces émissions ne font pas grandir l'être humain. Quand il est considéré comme un objet, l'homme est dégradé[1]. »

Laurent Fontaine est d'ailleurs le premier à admettre la façon dont les choses se déroulent : « Quand un témoin signe pour une émission, il ne se rend pas forcément compte des implications que cela peut avoir[2]. » Et quelles conséquences Laurent Fontaine tire-t-il de cette constatation ? Aucune.

Mais que se passe-t-il lorsqu'un invité refuse fermement de participer à une émission de Bataille et Fontaine ? Là encore, les méthodes sont surprenantes. J'en veux pour preuve la mésaventure survenue à Francis, trente-six ans, qui m'a raconté le comportement des animateurs à son égard. Le soir de Noël 1967, Francis est abandonné par sa mère. Ne pouvant plus s'occuper de son fils alors âgé de trois ans, elle décide de s'en séparer et le laisse dans le local à poubelles de l'hôtel où elle travaille. Recueilli par un couple sans enfant, Francis vit une enfance heureuse. Mais il y a deux ans, un coup de téléphone fait basculer sa vie : sa mère biologique refait surface et lui apprend qu'il est loin d'être son seul enfant. Francis décide alors de fouiller le passé de cette femme qui l'a abandonné plus de trente ans plus tôt.

1. Gérard Bonnet, *Défi à la pudeur*, Albin Michel, 2003.
2. *Libération*, 28 septembre 2002.

Francis va partir à la recherche de ses frères et sœurs, qu'il n'a donc jamais connus. Il va les retrouver les uns après les autres, éparpillés à travers la France. Ils sont ainsi une dizaine, chacun ayant été élevé en enfant unique dans une famille différente, sans même soupçonner l'existence de ses frères et sœurs. Francis filme toutes ses rencontres, ses découvertes, ses réunions de famille. Un vrai document qui intéresse les chaînes de télévision et les producteurs. Séduit par le concept de l'émission de Jean-Luc Delarue, « Jour après jour », Francis accepte de participer à une émission qui doit être diffusée le 7 juin 2002. Conformément au concept, Francis doit être suivi pendant plusieurs jours par une équipe de tournage de Réservoir Prod. Mais, le jour même où commence le tournage, il reçoit un coup de fil de Bataille et Fontaine, qui lui demandent de participer à « Y a pas photo ». Il a beau leur expliquer qu'il s'est déjà engagé avec Delarue, les deux fins duettistes insistent. Ils veulent que Francis laisse tomber le tournage pour France 2, au prétexte « qu'il n'a rien signé avec Delarue et que la société de production ne pourra rien contre lui s'il préfère aller sur TF1, dans leur émission ».

Mais Francis refuse encore et toujours. Ils rappellent. Ils insistent. Ils harcèlent. Francis tient bon. Quelques jours plus tard, Bataille et Fontaine reviennent à la charge avec un nouvel argument : « On ne parlera pas de votre mère comme chez Delarue, mais de votre père... » Francis hésite. Il n'a toujours pas donné de réponse, mais quarante-huit heures après ce coup de fil, il a la surprise de recevoir dans sa boîte aux lettres des billets de train pour se rendre à Paris, sur le plateau de Bataille et Fontaine. Il n'en revient pas. Sous une telle pression, il cède pour avoir la paix. Deux jours avant l'enregistrement de l'émission de TF1, une journaliste de « Y a pas photo » lui téléphone afin de recueillir des informations nécessaires pour faire une fiche à l'intention de Bataille et Fontaine.

À sa stupéfaction, et contrairement aux engagements précédents, la journaliste ne lui pose pas la moindre question sur son père, et ne lui parle que de sa mère et ses frères. Francis ne comprend pas ; il se met en colère, gagné par le sentiment d'avoir été grugé. Il annonce donc qu'il ne viendra pas sur le plateau et raccroche. Quelques minutes plus tard, son téléphone sonne ; c'est Laurent Fontaine en personne au bout du fil, qui s'efforce vainement de convaincre Francis. Mais ce dernier campe sur ses positions. Laurent Fontaine tente alors le tout pour le tout : « Votre témoignage est indispensable. Rendez-vous compte, le tournage est dans quelques heures seulement… »

Mais Francis s'en fiche et préfère rester fidèle à Jean-Luc Delarue et à ses équipes, qui eux au moins ont tenu parole. Laurent Fontaine revient à la charge une nouvelle fois : « Écoutez, si vous voulez, vous serez notre invité-vedette. D'habitude, les invités viennent en plateau et repartent immédiatement. Si vous le souhaitez, vous pourrez rester avec nous pendant toute l'émission. »

Or, Francis ne s'est pas engagé dans une telle démarche simplement pour passer à la télé, mais bel et bien pour raconter son histoire, espérant peut-être ainsi retrouver d'autres frères et sœurs qu'il ne connaît pas encore. C'est à ce moment que Laurent Fontaine sort l'arme suprême : « Écoutez, on peut s'arranger. Si vous le voulez, on vous offre 6 000 euros pour venir à l'émission. » Francis refuse poliment et raccroche. Il pense qu'il a définitivement refroidi les ardeurs des deux animateurs. Mais il ne sait pas à qui il a affaire. Quelque temps plus tard, Bataille et Fontaine reviennent à la charge, proposant cette fois-ci à Francis de participer à « Y a que la vérité qui compte » ! Inutile de vous dire combien les deux compères ont été bien accueillis…

Ces méthodes de casting un peu particulières ont, hélas, eu un retentissement tragique à la fin du mois de janvier 2005, quand *Le Canard enchaîné* a révélé les conséquences terribles de la diffusion l'année précédente d'un numéro de « Y a que la vérité qui compte ». Sylvie, malheureuse héroïne de ce fait divers, a accepté de me raconter son histoire.

En mars 2004, la société de production de Bataille et Fontaine contacte une jeune femme pour lui proposer de participer à l'émission. On lui indique que quelqu'un veut lui faire une surprise... Méfiante, Sylvie finit par accepter, en posant toutefois une condition : que cette personne ne soit pas son ancien compagnon, Christophe, avec qui elle ne souhaite plus avoir le moindre contact. Les responsables de l'émission sont, semble-t-il, formels, et lui promettent qu'il ne s'agit pas de lui.

L'émission est enregistrée un mois plus tard, mais quarante-huit heures avant de venir à Paris, Sylvie rappelle l'émission... Elle redemande confirmation que ce n'est pas Christophe qui l'attend sur le plateau. Réaction identique de ses interlocuteurs : « Ce n'est pas lui ! » Toujours sur ses gardes, Sylvie décide tout de même de téléphoner à l'intéressé pour en avoir le cœur net. Il lui confirme à son tour qu'il ne sait pas de quoi elle parle et qu'il n'est au courant de rien.

L'enregistrement a donc lieu à Paris, le 3 avril 2004. Tout va bien pour Sylvie, jusqu'à ce qu'elle entre sur le plateau. Au beau milieu de l'émission, elle voit soudain apparaître à l'écran le visage de Christophe... Bataille et Fontaine tentent alors aussitôt de calmer le jeu : « Vous faites comme vous voulez, c'est votre décision. Vous pouvez décider de ne pas lui parler. De toute façon, il ne s'adressera pas à vous tant que nous ne lui donnons pas la parole. » Sylvie est furieuse. Elle met fin à la conversation. « Je ne veux pas lui parler. » Fin de l'enregistrement.

Dans les coulisses, Sylvie laisse exploser sa colère ! Elle avait pourtant prévenu tout le monde qu'elle ne voulait pas le voir ! Elle refuse que l'émission soit diffusée et veut rentrer chez elle immédiatement.

Un mois s'écoule. Sylvie reçoit un coup de fil de la production. Elle n'a pas le temps de leur parler. Quelques jours plus tard, elle découvre avec stupéfaction que sa séquence est diffusée sur TF1 !

Sylvie a en effet signé, comme les autres participants, une autorisation de diffusion avant de venir sur le plateau. Les producteurs estiment qu'ils sont en droit de passer ces images.

L'histoire aurait pu s'arrêter là, mais Christophe est furieux. Il estime qu'en refusant de lui parler devant plus de 3 millions de téléspectateurs il a été humilié. Cinq jours après la diffusion de l'émission, il se rend chez Sylvie, l'agresse physiquement et sexuellement. Des faits si graves que, le 23 décembre 2004, Christophe a été condamné à cinq ans de prison ferme par le tribunal de Dunkerque.

Une question reste posée : quelle est la responsabilité de Bataille et Fontaine dans cette affaire ? J'ai parlé avec les avocats de Sylvie et de Christophe. Tous deux estiment que, sans l'intervention des deux animateurs de TF1, il ne se serait sans doute rien produit. En outre, personne ne comprend vraiment pourquoi ils ont passé outre à la demande insistante de la jeune femme, si ce n'est pour offrir ce soir-là un spectacle humiliant aux téléspectateurs.

D'ailleurs, le procureur de la République de Dunkerque ne s'y est pas trompé, qui a stigmatisé dans son réquisitoire « cette émission qui joue sur la sensiblerie des personnes. Il faut mettre la vie des gens le plus crûment sur la table pour faire de l'audience. »

Telles sont donc les méthodes du duo vedette de TF1, qui affirme cependant « respecter » les témoins qui viennent sur leur plateau.

Cela n'est pas sans rappeler une affaire qui s'est produite aux États-Unis en 1995. En cause, un *talk show* qui porte le nom de son animatrice vedette, Jenny Jones. Ce jour-là, Jonathan Schmitz, un ancien militaire, s'était rendu sur le plateau pour rencontrer son flirt mystère. Ce dernier, loin d'être la femme espérée, se nommait Scott Amedure, homosexuel et travesti. Jonathan Schmitz s'était senti insulté devant des millions de téléspectateurs. Trois jours après l'enregistrement de l'émission, il a donc pris un pistolet et a abattu à bout portant Scott Amedure, avant d'aller se livrer à la police en expliquant qu'il avait été humilié. Jonathan Schmitz, qui est hétérosexuel, n'avait pas été informé de l'identité et du sexe de son « coup de cœur », et n'avait pas supporté ses avances télévisées. L'animatrice du show, Jenny Jones, a été condamnée pour négligence dans le cadre du procès civil intenté par la famille de la victime, qui l'accuse d'avoir provoqué le meurtre de son fils. La famille de Scott Amedure, qui réclamait 50 millions de dollars au propriétaire des droits de l'émission, Time Warner, et au producteur Telepictures Productions, a reçu 25 millions de dollars de dommages et intérêts. En revanche, le *talk show* n'a pas été interrompu après cette affaire, et il a même au contraire vu son audience augmenter...

Florence Le Vot : la plus grande imposture médiatique de ces dix dernières années !

Voici une histoire que tous les journalistes auraient voulu étouffer – j'en veux d'ailleurs pour preuve le fait que peu de médias s'en sont fait l'écho. Il faut bien avouer que l'on ne peut voir dans cet imbroglio qu'une faillite médiatique, une mise en échec de tous les garde-fous mis en place par la télévision. On ne pouvait imaginer pire exemple pour décrédibiliser toutes les émissions de témoignage. Cette histoire qui dérange tous les professionnels de la télé est celle de Florence Le Vot.

Faut-il admirer ou brûler Florence Le Vot ? Elle est la première femme à avoir abusé pendant des années de la crédibilité de nombreuses émissions. J'ai eu l'occasion de parler avec elle, après que sa supercherie eut été découverte. C'est une femme hors du commun, qui détient le pouvoir fabuleux de vous convaincre de la véracité de ses propos en s'appuyant sur des faits plus improbables les uns que les autres. Je dois avouer qu'après notre conversation j'en suis arrivé non à lui donner raison, mais tout au moins à comprendre sa démarche. Il m'a fallu replonger dans son épais dossier de plusieurs centaines de pages pour m'apercevoir que j'étais moi aussi en train de me faire avoir.

Florence Le Vot mérite un chapitre de ce livre : son seul exemple illustre la fragilité de notre télévision. Obsédés par la volonté et la nécessité de faire de l'audience, des producteurs, dont la moralité ne saurait être mise en cause, voient déferler devant eux des centaines d'anonymes qui rêvent de passer à la télévision, prêts à tout pour connaître leur quart d'heure de célébrité. Ils mentent, ils deviennent exhibitionnistes, vulgaires s'il le faut. Ils sont même prêts à faire l'amour devant la caméra. L'histoire de Florence Le Vot nous rappelle, et rappelle à tous les producteurs, à quel point la prudence doit être de mise quand ces témoins veulent passer à tout prix à la télé. Je vous propose donc de partir immédiatement à la rencontre de la plus grande imposture médiatique de ces dix dernières années !

Florence est une femme belle, sexy, visiblement sportive, l'une de ces filles sur lesquelles on se retourne dans la rue en se disant qu'elles ont « un petit quelque chose en plus ». La voix est assurée et le propos clair. Ses trente-cinq ans lui vont à merveille. En un mot, Florence est une cliente idéale pour les émissions de télévision. Les différentes chaînes ne s'y trompent d'ailleurs pas en se ruant sur son histoire et en lui proposant de participer à de nombreuses émissions. On la voit ainsi dans « Zone interdite » sur M6, dans « Ça se discute » sur France 2, « Vie privée vie publique » sur France 3. Chaque fois, Florence raconte son histoire, son combat gagnant contre le cancer. Les hospitalisations, les souffrances. Ces journées entières à se demander si elle allait réussir à survivre. On ne peut s'empêcher d'avoir le cœur serré en l'écoutant. Les réalisateurs font des gros plans sur son visage. Ses yeux sont souvent humides, expriment cette fierté de s'en être sortie. Un regard si parlant que, le 28 juin 2003, elle est l'héroïne du programme court de TF1 diffusé à 19 h 50 : « Suivez mon regard » *(sic)*. Plus de six millions de téléspectateurs plongent dans ses yeux.

Quelle victoire sur la maladie ! La plus belle et la plus visible de toutes, assurément ! Elle est même devenue numéro un mondial de jet-ski entre 1999 et 2001 dans des compétitions de la Fédération internationale de *jet free ride* (FWA). « M6 Sport », « Tout le sport » sur France 3, « Grande Tribune » sur L'Équipe TV : nombreuses sont les émissions spécialisées qui se sont emparées de son cas pour faire d'elle l'une des sportives les plus médiatisées de France. Même le cinéma s'intéresse à elle, qui devient la doublure d'Angelina Jolie sur le tournage de *Lara Croft* !

Et la presse écrite a vite fait d'emboîter le pas à la télévision ; la presse d'information (*Le Figaro*), la presse people (*Paris Match*, *Voici*), la presse spécialisée (*Santé Magazine*), mais aussi la presse masculine (*Newlook*) se penchent ainsi tour à tour sur le « phénomène Florence Le Vot ». Elle est reçue sur presque toutes les radios musicales ou généralistes. Et comme Florence a également bon cœur, elle participe sur France 2, au mois de mai 2002, à l'émission « Zidenine Ela », animée par Michel Drucker au profit de l'Association européenne contre les leucodystrophies. Un an plus tôt, elle était également sur

France 2 candidate dans « Fort Boyard » au profit de Reporters sans frontières, la célèbre association qui se bat pour la liberté de la presse.

Quant aux sponsors, ils ne sont bien sûr pas en reste et se pressent pour aider Florence Le Vot, et soutenir cette grande championne. À l'époque, elle dresse elle-même sur son site Internet[1] la liste de tous ceux qui l'aident :

Quelle vie fabuleuse que celle de Florence Le Vot ! Si fabuleuse que l'éditeur Michel Lafon décide de lui consacrer un livre, *Le Défi de vivre*, qui doit paraître au mois de février 2004. Florence est ravie et commence à accorder des interviews pour faire la promotion de l'ouvrage : « Depuis que j'ai confessé mon histoire à la télé et dans les magazines, je reçois beaucoup de témoignages d'intérêt et de soutien... Il est aujourd'hui plus que jamais nécessaire de témoigner de l'incroyable traversée que j'ai réalisée... Alors que j'écris mon récit en ce moment même, des souvenirs me reviennent, des épisodes que j'avais enfouis au plus profond de ma mémoire refont surface. D'une certaine manière, l'écriture de ce livre m'aide à comprendre tout à la fois mon parcours et le monde qui nous entoure. En cela, il me permet d'en dégager les enseignements de ce combat pour la vie... »

Mais voila, tout bascule le 14 février 2004. Ce jour-là, Isabelle Castéra, journaliste à *Sud-Ouest*, publie une enquête fort bien documentée qui prouve que le « phénomène Florence Le Vot » est une imposture. Florence n'a jamais eu de cancer. Florence n'a jamais été championne du monde de jet-ski. Florence n'a jamais été la doublure d'Angelina Jolie... Imaginez alors le choc et la stupéfaction dans les rédactions. Mais la télévision décide toutefois et contre toute attente de faire le dos rond. Seules les émissions spécialisées en médias comme « Arrêt sur

1. www.florencelevot.com

images » sur France 5 et « Plus clair » sur Canal + diffusent des reportages sur cette affaire. Pour ma part, je consacre une partie de mon émission sur Europe 1 à Florence Le Vot. Mais, à cette époque, elle souhaite rester silencieuse. Et tous les producteurs qui lui ont donné la parole ces dernières années décident d'employer la politique de l'autruche. Plus personne ne souhaite en parler ni en entendre parler.

Ce n'est que quelques mois plus tard, au cours du second semestre 2004, que j'arriverai à entrer en contact avec Florence Le Vot. Elle m'accorde une longue interview, dans laquelle elle revient point par point sur son histoire. Je ne vais pas retranscrire ici chacun des arguments qu'elle développe, mais son discours est parfaitement rodé. Elle ne veut reconnaître ni le mensonge ni l'imposture.

« Je n'ai pas le sentiment d'avoir menti. Je n'ai pas le sentiment d'être, comme les médias l'ont écrit, un imposteur ! Bien sûr je n'ai pas eu le cancer, mais j'ai subi exactement le même parcours, les mêmes souffrances que ces gens-là. C'est pour cela que je me sens proche d'eux, c'est pour cela que j'ai souhaité les aider, m'investir pour eux. Je suis née hermaphrodite, et j'ai dû subir de très nombreuses opérations pour devenir enfin une femme. J'étais dans le même service que les cancéreux lors de mon opération. Chaque fois que je disais que j'étais là pour changer de sexe, les gens se détournaient de moi, alors que si je disais que j'avais un cancer les gens m'encourageaient et me souhaitaient bonne chance. Vous ne pouvez pas mettre en doute ma souffrance, vous ne pouvez pas mettre en doute non plus ma bonne foi. Quand je me suis fait opérer, des collègues de travail venaient me voir. Comment leur dire la vérité ? Comme j'étais dans ce service qui accueillait des cancéreux, j'ai dit que j'avais le cancer. Et quand je suis revenue travailler après mon opération, je n'avais pas d'autre choix que de dire que j'étais guérie. Que vouliez-vous que je fasse ? J'étais devenue prisonnière de mon mensonge. »

À ces mots, je reste tout de même sceptique, car Florence a tellement menti, et avec un tel aplomb, que l'on ne distingue plus la vérité du mensonge. Et Florence Le Vot d'ajouter : « C'est terrible ce que vous êtes en train de faire, de mettre en doute ma véritable histoire. J'ai passé des semaines dans les hôpitaux, j'ai subi de nombreux chocs psychologiques pour essayer de me construire de façon correcte. Aujourd'hui, plus personne ne veut me croire ni même m'écouter. Je vis un véritable calvaire. » Malgré tout, elle refuse toute culpabilité : « Je ne suis pas allée vers les médias, ce sont eux qui sont venus vers moi. Moi, je n'avais rien demandé. C'est plutôt à eux de se demander pourquoi ils sont venus me chercher. »

De coupable, Florence Le Vot tente de se transformer en victime. Au lendemain de la révélation de sa supercherie, elle a été licenciée pour « faute grave » de son poste de directrice régionale dans une entreprise pharmaceutique, où elle avait été embauchée pour, ironie de l'histoire, « redorer le blason et l'image de marque de l'entreprise ». Quoi qu'elle en dise, elle a voulu jouer avec les médias, et elle se retrouve aujourd'hui broyée par cette énorme machine. Florence a oublié que les médias ne pardonnent pas, qu'ils ne constituent qu'une énorme machine froide et sans cœur.

Mais Florence Le Vot n'est pas la première à avoir ainsi abusé les médias. Il serait trop long de lister ici toutes les petites arnaques dont sont victimes chaque année les émissions de télévision françaises et étrangères. À ce propos, je me dois de consacrer quelques lignes à ce qui a constitué une imposture à l'échelle mondiale. Les médias de la terre entière, comme de hautes personnalités, se sont fait berner il y a dix ans par un certain Benjamin Wilkomirski.

Cet homme a écrit un livre bouleversant, publié en France par les éditions Calmann-Lévy en 1997 sous le titre *Fragments d'une enfance 1939-1948.* Un récit poignant. À l'âge de quatre ans, il est déporté dans les camps de concentration de Majdanek, puis d'Auschwitz. L'ouvrage paraît en 1995 en Allemagne, puis est traduit en quatorze langues. Le monde entier est sous le choc de ce récit, et très nombreuses sont les télévisions qui accueillent Benjamin Wilkomirski, lequel évoque ses cauchemars et la thérapie qu'il a entreprise afin de réussir à vivre avec ces images. *Fragments d'une enfance 1939-1948* se voit même régulièrement comparé au *Journal d'Ann Frank*, ce qui donne une idée de la dimension prise par cette histoire.

Mais il y a un hic. Une lézarde dans l'édifice. Et comme dans le cas de Florence Le Vot, la faille va être découverte. À la lecture de l'ouvrage de Wilkomirski, Daniel Ganzfried, journaliste et écrivain suisse, est intrigué par plusieurs éléments. Aucun enfant de quatre ans ne pouvait survivre dans les camps. De plus, Benjamin n'est pas circoncis. Selon ses anciens amis, il ne serait en fait rien de plus qu'un mythomane, qui s'est du reste déjà fait passer dans les années 1970 pour un agent du Mossad, puis pour un survivant du ghetto de Varsovie. Daniel Ganzfried enquête alors sur le passé de cet homme, et découvre son certificat de naissance. Son vrai nom est en réalité Bruno Grosjean. Il n'est pas né en 1939, mais le 12 février 1941 à Biel, en Suisse. Il n'a jamais été déporté, son père étant un certain Rodolphe Z., suisse et protestant… Autre point commun avec Florence Le Vot : Bruno Grosjean ne reconnaît pas être un imposteur. Il se contente d'affirmer : « Des images de camps de concentration continuent à me hanter. Cela veut bien dire quelque chose[1] ? »

1. *VSD*, 29 juillet 2004.

Florence Le Vot, Bruno Grosjean : deux impostures monumentales à dix ans d'intervalle. Les médias ont-ils vraiment les moyens de vérifier ces assertions ? Les émissions de télévision sont nombreuses, en France comme à l'étranger, à utiliser des anonymes comme fonds de commerce. La concurrence est rude. Il s'agit d'avoir en permanence le meilleur témoignage, l'invité qui fera le mieux passer l'émotion. Il faut aller vite. Les émissions se succèdent à un rythme effréné. Chaque semaine, des dizaines de personnes défilent sur les plateaux. Ce genre d'arnaque va donc sans doute se multiplier dans les prochaines années. Pour quelques jours de célébrité, quelques personnes dérangées vont prendre ce risque fou.

J'ai décidé d'illustrer mon propos en prenant comme exemple le mois de juillet 2004. Un mois terrible pour les journalistes et la télévision, car au cours de celui-ci plusieurs personnes, aux quatre coins du monde, vont inventer des histoires pour simplement se faire remarquer ou passer à la télévision.

En France, Marie invente une agression antisémite dans le RER et provoque l'émotion des plus hauts responsables de ce pays, y compris du chef de l'État. Manifestations, indignation, jusqu'à ce que l'on apprenne que la jeune femme voulait juste attirer l'attention sur elle. Elle sera condamnée quelques jours plus tard à quatre mois de prison avec sursis et 1 euro d'amende. Mais, là encore, l'affaire est catastrophique pour les médias. Et l'on ne peut que repenser à la lettre ouverte à David Pujadas que Bruno Masure avait publiée dans l'édition du 18 février 2004 de *Libération* : « Il faut dénoncer cette fuite en avant dans l'info jugée "accrocheuse". C'est cette stupide course aux vrais-faux scoops, imposant de conduire trop vite sur un terrain verglacé, qui amène inévitablement [*à s'exposer*] aux dérapages incontrôlés et, parfois, à aller dans le fossé ! » Il est bien sûr plus simple de dénoncer ses petits camarades lorsqu'on est à l'extérieur du système et qu'on n'a plus à faire chaque jour des choix parmi des dizaines de sujets d'actualité, mais il faut toutefois bien reconnaître que Bruno Masure a raison au moins sur un point : la vraie coupable est cette course au scoop et à l'audience qui ne semble jamais vouloir s'arrêter…

Autre affaire, sans commune mesure toutefois, quelques jours plus tard, alors que je révèle sur Europe 1 le 13 juillet 2004 que l'émission de TF1 « Incroyable mais vrai ! » de la veille s'est laissé berner par une bande de jeunes. Ces derniers avaient fait croire aux journalistes de la chaîne qu'ils avaient créé une société qui louait des punks ou des gothiques pour « animer » des soirées… Leur société et leur activité n'ont évidemment jamais existé, comme je l'ai appris à Denis Vincenti, le rédacteur en chef de « Incroyable mais vrai ! ». Rien de bien grave en fin de compte dans cet incident, sinon peut-être le signe que certains téléspectateurs ont appris à manipuler leur télévision.

Après TF1, deux chaînes arabes se font avoir à leur tour, quinze jours plus tard, avec un sujet bien plus dramatique. Al-Arabiya et Al-Jezira diffusent un clip vidéo de cinquante-cinq secondes. Portant un T-shirt beige, les mains attachées dans le dos, un jeune homme se balance sur une chaise en plastique, face à la caméra. L'image est floue : « Mon nom est Benjamin Vanderford, je suis de San Francisco, en Californie. Nous devons quitter ce pays dès maintenant. Si nous ne le faisons pas, nous risquons d'être tués de cette façon. » Arrive alors à l'image une main tenant un couteau. La scène qui suit est terrible. Le corps du jeune homme apparaît couché, le cou sanguinolent. En guise de bande-son, on entend de façon très distincte la lecture du Coran. Après les décapitations des Américains Daniel Pearl et Nicholas Berg, du Sud-Coréen Kim Sun-il et du Bulgare Georgi Lazov, personne ne met en doute l'authenticité du document. L'émotion est grande, et certains journalistes évoquent déjà l'affaire sous le titre « un jeune Américain décapité par des intégristes islamistes ». Quelques heures plus tard, l'agence Associated Press parvient à joindre la mère du jeune homme, qui affirme que son fils de vingt-deux ans est bien vivant, ajoutant même : « C'est un canular, mon fils est un fana d'informatique et de tous ces trucs ! » Le gamin stupide explique « qu'il s'agissait d'attirer l'attention des médias et de s'amuser. Je n'ai jamais cru que cela pouvait être pris au sérieux ! »

Voilà donc pour ce seul été 2004... Mais hélas, les mêmes mésaventures se sont reproduites au cours des semaines suivantes. En voici deux exemples. Le premier d'entre eux concerne notre pays, la France. Le 29 novembre 2004, les téléspectateurs de France 2 entendent en plein journal de 20 heures David Pujadas leur présenter ses excuses pour avoir annoncé de manière abusive le suicide d'adolescents japonais.

Une semaine plus tôt, dans le même journal, Philippe Rochot réalisait un reportage sur des suicides collectifs d'adolescents au Japon... Dès les premières secondes de son reportage, il affirme que cent quarante-sept adolescents japonais se sont suicidés en apprenant le report de la commercialisation d'un jeu vidéo... Seul problème : cette information est totalement fausse... Et pourtant, quelques jours plus tôt, le journal *Libération* avait lui aussi évoqué ce suicide collectif ! Alors, d'où vient cette info bidon ? Tout simplement d'un site Internet français, Xboxmag. net, qui avait écrit un article sur le report de la sortie de ce jeu vidéo. Et, au fil du papier, des remarques ironiques avaient été glissées.

On pouvait ainsi lire que « des jeunes filles allaient se pendre à des soutiens-gorge géants », ou encore, justement, que « cent quarante-sept ados s'étaient suicidés en avalant des poches de silicone... ». Oui, ces mêmes poches de silicone qui servent lors des opérations mammaires ! On voit à quel point tout cela est du second degré… Les responsables du site Internet affirment d'ailleurs que, pour eux, il ne s'agissait pas de lancer une fausse information, mais juste de sortir une blague comme le prouve l'histoire des soutiens-gorge géants…

Alors comment France 2 et *Libération* ont-ils pu prendre une telle information au sérieux ? Les journalistes des deux médias affirment avoir trouvé cette information non pas sur le site Internet, mais dans un quotidien anglophone… Il s'agissait de quelques lignes évoquant les faits, et les journalistes n'auraient tout simplement pas pris le temps de vérifier l'info… On imagine pourtant que le suicide simultané de tant d'adolescents au Japon aurait fait là-bas la une des journaux et les grands titres des journaux télévisés, avant probablement, même, de se voir officiellement relayé au niveau international… Mais, en dépit des courageuses excuses de la rédaction de France 2, il n'en demeure pas moins que le malaise aujourd'hui est perceptible chez les téléspectateurs. Comment une blague lancée en France peut-elle faire le tour du monde et revenir dans l'Hexagone, présentée comme une info réelle et vérifiée ? À ce problème de fond, nous n'avons toujours pas trouvé de solution !

Mais la France n'est pas la seule victime de ce type de canular. Au début du mois de décembre 2004, c'est un séisme qui secoue la vénérable institution britannique qu'est la BBC. La chaîne a été piégée par un homme se présentant comme un porte-parole de Dow Chemical, qui a affirmé que le groupe chimique américain, nouveau propriétaire de Union Carbide, avait décidé d'assumer l'entière responsabilité de la catastrophe de Bhopal. Plus de 3 800 personnes avaient été tuées le 3 décembre 1984, lorsque quarante tonnes d'un gaz toxique mortel s'étaient échappées de l'usine de pesticides américaine Union Carbide, à Bhopal, au centre de l'Inde. Quelque 15 000 personnes au total sont décédées depuis, après avoir inhalé le gaz. Selon des chiffres officiels, jusqu'à 800 000 ont été affectées d'une façon ou d'une autre.

La BBC a donc diffusé dans ses journaux la déclaration d'un faux porte-parole d'Union Carbide, lequel affirmait : « Je suis très, très heureux d'annoncer que, pour la première fois, Dow Chemical accepte l'entière responsabilité de la catastrophe de Bhopal. Nous avons dégagé 16 milliards d'euros pour indemniser enfin complètement les rescapés, y compris les 120 000 personnes qui pourraient avoir besoin de soins médicaux toute leur vie, et pour nettoyer totalement et rapidement le site de l'usine. » Cette interview a été diffusée en boucle toute la journée sur la BBC le 3 décembre 2004, jusqu'à ce que la direction de l'information de la chaîne s'aperçoit de sa méprise. Dans le grand journal du soir, la présentatrice vedette de la chaîne a donc été contrainte de lire un mot d'excuse : « Depuis ce matin, nous avons diffusé une interview de quelqu'un se présentant comme un porte-parole de Dow Chemical. Cette personne ne représentait pas la compagnie. Il s'agissait d'un canular. L'information que nous avons donnée était donc entièrement fausse. »

Vrai casting, fausses infos, CV tronqués, de plus en plus souvent la télévision est prise en défaut. La télé n'est ni le diable, ni la Bible. À nous de prendre du recul avec ce flot d'images et d'informations qui est déversé au quotidien. Il ne faut pas imaginer l'ombre d'un grand manipulateur qui chercherait à abrutir les masses, car parfois, comme on vient de le voir, les journalistes aussi se font berner. La télé n'est qu'un élément d'information parmi d'autres, ni supérieur, ni inférieur à la radio ou à la presse écrite. C'est sa facilité d'accès qui est déconcertante et j'espère qu'un jour disparaîtra totalement du langage courant cette petite phrase terrible : « C'est vrai ! Je l'ai vu à la télé... »

QUATRIÈME PARTIE

LA TÉLÉ EN FOLIE

Dans mon précédent livre[1], j'avais décrit les nouveaux concepts qui allaient prochainement déferler sur la France. Nombre de ces émissions ont vu le jour, telles « Queer, cinq experts dans le vent », « Première Compagnie » ou « La Ferme célébrités » sur TF1, « Simple Life » sur Canal +, ou encore « Le Pensionnat de Chavagnes », « Ma nounou est une célébrité » ou « Oui, chef ! » sur M6. Certaines émissions ont été tournées, mais jamais programmées. C'est le cas par exemple de « Sex Bomb », tournée durant l'été 2004 par les équipes de Glem, filiale de TF1, mais refusée car jugée trop vulgaire par Étienne Mougeotte. Dans cette émission, une équipe de casteurs sillonnait la France à la recherche de beaux mâles acceptant de jouer les strip-teaseurs. Du plombier au chef d'entreprise, il s'agissait de révéler les hommes les plus sexy de France, dans l'esprit du film *The Full Monty*, énorme succès mondial. Aujourd'hui, l'émission est d'autant plus en boîte qu'elle est enfermée à double tour dans les tiroirs de TF1, qui ne souhaite pas la diffuser, comme me le confirmait au mois de janvier 2005 Étienne Mougeotte !

Mais la télévision est un univers vivant et mouvant ; chaque saison apporte son lot de nouveautés. Dans *Le Bal des faux culs*, je vous parlais de la mouvance gay

1. *Le Bal des faux culs, op. cit.*

de la télé-réalité, qui s'est traduite par les victoires respectives d'un couple homosexuel dans « Le Chantier » et de Michel dans « Les Colocataires », deux programmes de M6. Sans parler, bien sûr, de « Queer », dont TF1 a d'ailleurs annoncé dès le début de l'année 2005 la reconduction avec la mise en chantier d'une deuxième saison, car même si l'émission n'a pas battu des records d'audience, elle a su conquérir un public cher au cœur de la chaîne : les jeunes, et Madame Michu, la fameuse ménagère de moins de cinquante ans ! Aux États-Unis, une nouvelle déclinaison intitulée « Queer Eye for Straight Girl » a même été lancée le 10 janvier 2005, émission dans laquelle quatre experts, trois hommes et une femme, relookent cette fois-ci des femmes. Cohabitent donc sur la même chaîne « Queer Eye for Straight Guy » et « Queer Eye for Straight Girl ». TF1 pourrait d'ailleurs s'inspirer de cette seconde formule en faisant relooker des femmes par nos cinq *queers*...

Étienne Mougeotte en personne n'hésite du reste pas à reconnaître cette tendance gay prise par TF1, même s'il insiste sur le fait que la chaîne ne prend pas un nouveau virage pour autant : « La relation de TF1 à la communauté homosexuelle a effectivement beaucoup évolué. Il y a dix ou douze ans, l'homosexualité était un peu une forme de curiosité pour TF1. Aujourd'hui, c'est une communauté qui fait partie intégrante de la communauté nationale, et qui mérite d'être traitée, d'une part en fonction de son identité et, d'autre part, et en même temps, en fonction d'une envie d'intégration assez partagée par les homosexuels. Pour moi, les gays sont aussi parfaitement intégrés à la France d'aujourd'hui. En parlant de "virage gay", vous additionnez un certain nombre de faits qui pourraient donner à penser que c'est une nouvelle ère pour TF1. En réalité, ce n'est qu'une évolution qui a pris ses racines dans les premières réunions du Sidaction, il y a dix ans. C'est à cette occasion que j'ai eu la possibilité de rencontrer des représentants d'associations et des personnes qui m'ont fait évoluer dans ma perception de la communauté homosexuelle. À cela s'ajoute le fait que j'ai un grand nombre d'amis très chers qui sont gays et qui me reconnaissent gentiment comme un “gay friendly”[1]. »

Des propos qui rassurent, mais qui laissent toutefois la communauté gay quelque peu sceptique. David Lebois, responsable de Media-G, observatoire du traitement de l'homosexualité dans les médias, affirme : « Ce qu'on a vu avec “Queer” sur TF1 a confirmé l'idée qu'on s'en faisait. Ce programme est avant tout un divertissement fondé sur des clichés et des lieux communs. Le mot “homosexuel”, ou “gay”, n'y est jamais prononcé, mais les allusions sont claires. C'est la ligne éditoriale de TF1, comme celle de M6 d'ailleurs : quand ils montrent des homos, il faut que ça se voie. On est dans le spectacle, le flamboyant, le rose paillette. Des homos comme les “Queers”, il y en a dans la réalité, mais ils sont une minorité dans la minorité. Je pense que la majorité des homosexuels français ne s'y reconnaissent pas. Cela dit, cette émission est tout de même un progrès. Elle n'est pas malveillante, contrairement à ce qu'on pouvait voir à une certaine époque[2]. »

Mais s'il reconnaît cette qualité à ce programme, David Lebois en avait néanmoins déjà fustigé certains excès : « Rien que dans la bande-annonce, on se croirait dans la caricature d'un salon de coiffure du Marais filmé par l'équipe du “Droit de savoir” ! Il y a des cris de folles, ça parle de choses superficielles… “Queer” a le même effet que *La Cage aux folles* : renforcer les lieux communs. Je ne pense pas que lundi, dans les cours de récré, l'image de l'homosexualité sera bonne[3]. »

1. *Têtu*, septembre 2004.
2. *Libération*, 25 septembre 2004.
3. *Le Parisien*, 2 octobre 2004.

À ce propos, et toujours selon Media-G, la tendance gay prend un nouveau virage depuis 2004, et la mode est désormais au *gaydar*. Ce mot barbare, tout droit sorti de l'esprit des producteurs, est en fait un mot-valise composé de « gay » et de « radar ». Il se traduit sur la chaîne de télévision américaine Fox par le jeu « Playing It Straight », littéralement « Joue-la hétéro », dans lequel une jeune Californienne hétérosexuelle prénommée Jackie rencontre quatorze hommes ; après des rendez-vous en tête-à-tête avec chacun d'entre eux, elle les élimine au fur et à mesure. La différence avec d'autres concepts comme « The Bachelor » est qu'elle doit utiliser son *gaydar*, et évaluer si les quatorze candidats sont de véritables hétéros ou des gays se faisant passer pour des hétéros.

Le casting est bien sûr étudié pour compliquer la tâche de Jackie : un ouvrier en bâtiment utilisant de la crème hydratante, un passionné de voiture collectionnant les albums de Cher, un fan de football américain mordu de shopping ; un boxeur amateur portant du vernis à ongles… À l'issue de la sélection, si le dernier homme en lice est hétérosexuel, la jeune femme repart avec un million de dollars… et un mari potentiel ! En revanche, si le dernier jeune homme est homosexuel, c'est lui qui repart avec le million.

Pour le site Media-G, le bilan de ce type d'émission est mitigé : « Ce programme semble globalement remettre en cause les clichés sur l'orientation sexuelle plutôt que de les colporter. Ainsi, tous les indices censés prouver l'hétérosexualité des quatorze hommes – ou au contraire leur possible homosexualité –, bien qu'étant des clichés éculés, caractérisent tour à tour des homos et des hétéros dont on ne connaît pas encore l'orientation sexuelle. En attribuant des clichés sur les homos à des hétéros et d'autres clichés sur les hétéros à des gays, Fox brouille *a priori* les pistes et remet en cause la validité de certains lieux communs… dont on aurait cependant pu se passer complètement. On pourra aussi regretter que ce concept oppose systématiquement une vision efféminée de l'homosexualité à une représentation macho des hétéros, ou encore que ce soit uniquement les candidats gays qui se trouvent contraints de mentir pour tenter de duper la jeune femme. La télé-réalité ne fait décidément jamais dans la finesse ! »

La chaîne musicale VH1, filiale de MTV, a commandé un pilote d'émission *gaydar*. Il s'agit d'un jeu dans lequel trois participants se soumettront au regard d'un panel de célébrités qui devront déterminer qui est hétéro et qui est homo... Des donations à des œuvres de charité récompenseront chaque orientation sexuelle devinée avec succès.

Alors, quel bilan faire de ce développement de la « gay attitude » à la télévision ? Le 10 janvier 2005 était publié le bilan 2004 : « Télévision et homosexualité. » « Media-G a relevé 786 émissions abordant l'homosexualité à la télévision française en 2004, dont 250 sur les chaînes hertziennes qui ne totalisent plus que 32 % des programmes. Ces résultats, en légère augmentation, sont comparables à ceux de l'année 2003. La bonne forme des chaînes thématiques du câble depuis 2002 se confirme, et les 536 programmes diffusés sur le câble et le satellite l'année dernière constituent un record absolu depuis la création de Media-G en 1997. Comme en 2003, les bouquets de chaînes consacrées au cinéma ont pour leur part diffusé un nombre élevé de programmes à thématique lesbienne ou gay en 2004 (80 pour TPS, 77 pour Ciné-Cinéma, 48 pour Canal + et 14 pour Ciné Box). [...] Le traitement en filigrane de l'homosexualité de Vincent Mac Doom dans "La Ferme" a contrasté avec celui tout en lourdeur de Michel dans "Les Colocataires". » Quant à la façon de traiter les gays dans les journaux, ce rapport 2005 montre que chaque chaîne réagit au coup par coup. « Lors du premier semestre 2004, le traitement de l'information par les principales rédactions a été marqué par la frilosité et la maladresse de TF1, en particulier à propos de l'homophobie : caractère homophobe d'une agression mis en doute alors qu'il s'agit de la "thèse juridique" le même soir sur France 2 ; slogans homophobes filmés et diffusés sans aucune forme de recul, etc. Fin juin, c'est au contraire un traitement exemplaire de la Marche des fiertés qui a été constaté sur la Une, tandis que France Télévisions était moins fidèle à nos constatations sur place lors du défilé avec des choix dans l'ensemble plutôt racoleurs. »

Mais la mode gay à la télévision semble déjà dépassée. Comme toutes les modes, elle s'estompe très rapidement, chaque nouvelle tendance n'étant qu'une vague redite à peine déguisée de la précédente. Il y a de toute manière fort à parier que, dans les tout prochains mois, la télévision française aura fini de ronger cet os et lui préférera une nouvelle voie, un autre genre de programme. Et d'ailleurs, entre nous, c'est déjà le cas ! Je vous propose donc de découvrir tout cela dès à présent.

Le retour en grâce du documentaire

La première tendance a pris tout le monde de court, c'est le retour en force des documentaires. Je ne parle pas des documentaires style ORTF, avec des images et un commentaire, mais plutôt de ceux affichant un réel parti pris, censé provoquer des réactions chez les téléspectateurs.

En fait, le signal fort est venu le 30 juillet 2004 des États-Unis. Ce soir-là, NBC tente le pari un peu fou de diffuser en *prime time*, et pour la première fois, un documentaire indépendant réalisé par une petite société de production. Jusque-là, les chaînes ne diffusaient aux heures de grande écoute que des documentaires réalisés en interne, par leur rédaction ou par des équipes dépendant directement des *networks*. Ce soir-là, les Américains découvrent donc *Deadline* sur NBC, cent vingt minutes de reportage consacrées à la peine de mort. Le lendemain, c'est la stupéfaction au sein de toutes les chaînes, car NBC a été le *network* le plus regardé du pays, devançant Fox, CBS et ABC. Plus de 5,5 millions de foyers ont regardé *Deadline.*

On doit ce coup de génie au président de NBC Universal en personne, Bob Wright, qui a déniché ce reportage et a pris le risque de le diffuser en *prime time.* Il avait en réalité relevé que, depuis plusieurs semaines, les documentaires diffusés dans les salles de cinéma américaines enregistraient des hausses de fréquentation spectaculaires. En ce mois de juillet 2004, Bob Wright a constaté en regardant le box-office que huit des documentaires classés cumulaient à eux seuls 180 millions de dollars de recettes !

On reste naturellement très loin des recettes engendrées par les « gros » films de Hollywood, les *blockbusters* comme on dit, mais on doit tout de même se rappeler que, il y a encore seulement un an, un documentaire enregistrait rarement plus d'un million de recettes en salle... Les spécialistes affirment que, comme « la télé-réalité a donné aux gens le goût du vrai *(sic)*, ils se tournent désormais tout naturellement vers le documentaire quand il est bien fait et quand il fait passer un vrai message. Que le public soit d'accord ou pas avec ce message n'est pas le problème, il vient simplement voir un point de vue qui va ensuite susciter des réactions. »

L'exemple le plus flagrant est bien sûr le film de Michael Moore, *Fahrenheit 9/11*, mais un autre documentaire a également mobilisé les foules. *Capturing the Friedmans* a réalisé plus de 3 millions de dollars de recettes au box-office américain. C'est l'histoire des Friedmans, une famille moyenne dont le père et le fils sont accusés d'actes de pédophilie. Un sujet délicat, un document fort qui a néanmoins suscité l'intérêt des spectateurs. Face à cette nouvelle passion pour les documentaires, les responsables de NBC ont envoyé dès fin 2004 leurs spécialistes hanter les festivals spécialisés à travers le pays pour acheter les droits des meilleurs films en compétition. Les autres chaînes leur ont depuis emboîté le pas. Et la France, ainsi que les autres pays européens, devraient suivre dans les prochains mois.

D'ailleurs, dès cette saison, le magazine de France 2 « Envoyé spécial » a amorcé ce virage. Le communiqué de presse de la chaîne va exactement dans ce sens : « À la rentrée, des nouveautés et des changements dans l'émission attendent ses fidèles, selon les explications de la chaîne, qui affirme que cela fait deux ans que toute l'équipe d'"Envoyé spécial" réfléchissait à une nouvelle forme d'écriture pour les enquêtes. Suivant le modèle anglo-saxon, les reportages de cette nouvelle saison seront plus subjectifs, calqués au plus près de la vision du journaliste. Le "je" entrera donc davantage en jeu, ce qui devrait accentuer l'aspect humain d'un reportage, à l'instar des deux documents à venir : le trafic d'enfants en Afrique et les femmes vitriolées au Bangladesh. »

Morgan Spurlock. Un nom qui ne vous dit probablement rien. Et pourtant, cet homme a lancé aux États-Unis, fin 2004, une nouvelle forme de télé-réalité. Une émission citoyenne qui permet de prendre conscience des limites de notre société de consommation. Son programme s'appelle « 30 Days », autrement dit « 30 jours ». L'idée lui est venue après avoir réalisé un documentaire intitulé *Super Size Me*, sorti le 30 juin 2004 dans les salles de cinéma françaises. Dans cette enquête, Morgan Spurlock s'intéressait à l'obésité aux États-Unis, et en particulier à la responsabilité des chaînes de fast-foods. Sur le continent américain, près de deux ados américains sur trois sont médicalement qualifiés d'obèses.

Le réalisateur a donc décidé de tester lui-même les méfaits de cette nourriture dès qu'elle est ingurgitée à haute dose. Morgan Spurlock a mangé matin, midi et soir chez Mac Donald's pendant trente jours. Hamburgers, frites, Coca à gogo. Résultat : treize kilos de plus en un mois, un taux de cholestérol qui s'envole, des maux de tête, un foie qui s'encrasse par excès de graisse ; même sa libido a chuté de façon vertigineuse. Au bout de vingt jours, les médecins qui le suivent le conjurent d'arrêter, mais Morgan Spurlock décide d'aller jusqu'au bout. Son documentaire engrangera plus de 8 millions de dollars de recettes aux États-Unis.

Cette expérience a donné une autre idée à Morgan Spurlock : créer une émission de télé-réalité à partir de cette expérience, un peu sur le modèle français de « Vis ma vie » ou de « On a échangé nos mamans ». Il s'agit pour un cobaye de passer trente jours dans un milieu radicalement opposé à sa conception de la vie ou à ses habitudes. Le réalisateur avait l'habitude de consommer les légumes de son jardin, boire de l'eau et faire du sport. Il s'est plongé dans les odeurs de friture, de *sundae* au chocolat, d'*apple-pies* et de *milkshakes*. Les cobayes de son émission vont subir le même choc. Ainsi, un athée va se retrouver plongé pendant un mois dans une famille de chrétiens fondamentalistes, un homophobe va devoir vivre avec un couple gay, un couple qui refuse d'avoir des enfants va devoir habiter pendant trente jours avec une famille nombreuse... Une véritable expérience de vie pour chacun de ces candidats. On peut toutefois s'interroger sur le bien-fondé du concept de l'émission, censée, en théorie, encourager la tolérance et éclairer les esprits... En réalité, c'est surtout le spectacle qui est assuré. Et malheureusement, c'est une fois de plus ce qui prime.

Les documentaires peuvent également prendre la forme de « docu-fictions », voie sur laquelle TF1 s'est engagée la première en diffusant les premiers « docudramas » début 2005. Cette nouvelle forme de télévision mélange les images d'archives d'un fait divers, les vrais témoignages et les reconstitutions. Takis Candilis, directeur des fictions de TF1, précédemment cité dans ce livre, est chargé de cette nouvelle façon de raconter des histoires. Tout est classé top secret, sauf pour les annonceurs, qui sont toujours les premiers informés. Il leur révèle ainsi dès 2004, dans le magazine *Préférences* édité par TF1 Publicité, et réservé aux seuls publicitaires, les grands axes de réflexion sur lesquels il avance. Objectif non avoué : commencer à préparer tranquillement le terrain pour que les annonceurs n'aient pas peur de ces docudramas et qu'ils réservent un maximum d'écrans ces soirs-là. Force est de constater que Takis Candilis sait mettre l'eau à la bouche :

« Nous entendons bien investir aussi cet univers à fort potentiel. Mais nous ne concevons le docudrama que s'il apporte des éléments nouveaux et qu'il fait réfléchir les Français sur les réalités de leur société, même au prix d'une polémique. Ainsi, nous travaillons sur trois projets, dont deux sont déjà en tournage.

Le premier, consacré à la tuerie de Nanterre en mars 2002, est conçu pour le *night time*. Il comprend trois parties : interviews, archives et reconstitutions filmées en studio avec des comédiens.

Le second est relatif à l'attentat du Petit-Clamart contre le général de Gaulle en août 1962. Notre approche est polémique, car nous allons essayer de révéler des pistes sur les vrais instigateurs de l'attentat, au-delà de la seule OAS. Il s'agira d'un 90 minutes de *prime time*.

Dans le même format et la même tranche horaire, nous allons traiter de l'affaire de Bruay-en-Artois. Il s'agit du meurtre en avril 1972 d'une jeune fille de mineur, Brigitte Dewevre. Quatre ans après les événements de 1968, l'affaire a réveillé de profondes lignes de fracture au sein de la société française. Pour ces raisons, l'instruction a été refermée trois ans plus tard, et l'affaire n'a jamais été élucidée. Pour cela, nous avons demandé à Jean-François Abgrall – le gendarme qui a arrêté le tueur en série Francis Heaulme – de reprendre avec ses équipes toute l'enquête. À la veille de la prescription trentenaire, nous allons rouvrir le dossier et entendons apporter des preuves nouvelles. »

On peut constater combien le culot sera au rendez-vous, et on ne peut que s'en réjouir, qu'applaudir à de telles perspectives. Mais peut-on ainsi s'attaquer en toute impunité à des faits divers aussi frais dans les mémoires ? Devant moi, Étienne Mougeotte, le vice-président de TF1, a été interpellé par la fille de l'une des victimes de la tuerie de Nanterre. Ce massacre avait fait huit morts et dix-neuf blessés en mars 2002, lors d'une réunion du conseil municipal de Nanterre. Le forcené, Richard Durn, s'était ensuite donné la mort. La femme dont je parle s'exprime calmement, mais fermement : « J'ai appris que vous envisagiez de réaliser un docu-fiction sur la tuerie de Nanterre. Mon père est mort au cours de ce massacre. Aujourd'hui encore, quand j'y pense, je n'arrive plus à dormir et je me réveille en pleine nuit. On ne doit pas essayer d'humaniser l'inhumanisable, qui est la folie humaine, et vous devez, monsieur Mougeotte, respecter le deuil des familles des victimes. On ne peut pas faire de docu-fiction sur le dos des victimes[1]. »

Étienne Mougeotte s'est aussitôt montré troublé et ému par cette intervention. Il va donc en quelques secondes prendre un engagement solennel : « Je vous ai entendue, madame, et je ne peux que m'associer à votre douleur et à votre peine. Je ne diffuserai pas une émission qui serait de nature à aggraver encore votre douleur. Ce n'est pas la vocation de TF1 d'utiliser un événement aussi dramatique, aussi terrible que ce qui s'est passé à Nanterre, pour faire

1. Europe 1, 13 septembre 2004.

une émission qui aurait vocation à rassembler du public. Ou bien nous allons avec les représentants des victimes, avec les élus, trouver un accord, ou bien il n'y aura pas d'émission. J'en prends l'engagement », a-t-il ajouté.

La télé-réalité va plus loin !

Après le retour du documentaire, la télé-réalité s'apprête à amorcer un nouveau virage pour apporter encore plus de sensationnel : les stars *has been* vont désormais remplacer les anonymes dans la plupart des émissions. On en a d'ailleurs déjà eu un avant-goût avec « La Ferme célébrités », qui a ouvert la voie la saison dernière, et « Première Compagnie », apparu le 5 février 2005. Mais vous n'avez encore rien vu ! Dans ces programmes, l'humour et le second degré seront très présents ; ces célébrités seront moquées, voire ridiculisées. Les cerveaux les plus tordus des sociétés de production ont continué de travailler à travers le monde, réfléchissant à de nouveaux concepts. Ils ont imaginé encore pire, cherchant à aller de plus en plus loin dans le sordide et le glauque. Voici donc les projets et les émissions issus de leurs cogitations en 2004 et 2005.

Durant la saison 2003-2004, plus de 1 500 nouveaux programmes ont été lancés dans des pays comme l'Allemagne, l'Australie, l'Espagne, les États-Unis, la France, l'Italie, les Pays-Bas, la Suède, ou le Royaume-Uni[1], soit 20 % de plus que l'année précédente. Cela signifie bien sûr que les sociétés de production sont de plus en plus créatives, mais aussi et surtout que les concepts s'usent de plus en plus rapidement. Et pourtant, au milieu de cette agitation, le quotidien américain *USA Today* a titré en une

1. Étude « tendances internationales » d'Eurodata TV, coproduite par Médiamétrie et l'IMCA.

le 20 juillet 2004 : « Télé-réalité : rien de neuf sous le soleil de la télévision. » L'article constate en effet qu'il y a certes de nombreux programmes, mais qu'ils se copient tous entre eux et que les chaînes se battent avec les mêmes armes.

Le jour même où cet article est publié, la Fox lance « Épouses », copie quasi conforme de « On a échangé nos mamans », diffusé quelques semaines plus tôt sur ABC. Et cette même chaîne ABC, qui diffusait le « Bachelor », dans lequel un homme cherche la femme de sa vie, a vu une nouvelle fois son concept détourné, en l'occurrence par NBC, dans une émission mettant en scène un père divorcé tentant de se remarier, et qui est cette fois conseillé par ses enfants… « Qui veut épouser mon papa ? » est le titre de ce programme qui a provoqué la colère des dirigeants d'ABC. Les chaînes se sont affrontées par presse interposée, les menaces de procès ont fusé de part et d'autre, mais, à l'image de ce qui s'est passé en France entre « Le Loft » et « Nice People », l'affaire s'est rapidement tassée.

Autre concept, sans doute même l'un des pires, conçu sur ce modèle : une émission lancée le 3 janvier 2005 par la chaîne américaine Fox, dans laquelle une femme se retrouve face à plusieurs hommes, parmi lesquels elle doit découvrir son véritable père. Abandonnée à l'âge de six ans, l'héroïne de ce programme est aujourd'hui âgée de quarante-cinq ans. Face à elle, huit hommes d'âge mur. Un seul est son véritable père, que la production a retrouvé. Au fil des épisodes, elle va devoir les éliminer les uns après les autres, jusqu'au moment où elle désignera l'un d'entre eux comme étant son véritable géniteur. La production révélera alors si elle a eu tort ou raison. Si la candidate a fait le bon choix, elle repart avec son père et 100 000 dollars. Si elle s'est trompée, c'est l'imposteur qui repart avec les 100 000 dollars… « You're My Dad » est le titre de ce programme, qui a inauguré de façon pitoyable l'année télé-réalité 2005 sur la Fox…

Il existe bien évidemment d'autres « copies conformes » d'émissions. Nouvel exemple : sitôt le milliardaire Donald Trump a-t-il indiqué qu'il cherche le responsable de sa future société en direct sur la Fox dans « The Apprentice », MTV lance « The Assistant », dans lequel le vainqueur aura pour mission de seconder un millionnaire de Hollywood… Certaines différences y sont toutefois notables, puisque les candidats sont bien sûr plus jeunes et que leur job consiste essentiellement à répondre aux moindres désirs d'une vedette capricieuse de vingt-neuf ans, qui passe le plus clair de son temps à piquer des colères et à pousser des grands cris. C'est la génération MTV !

En décembre 2004, c'est au tour de Richard Branson, le patron de Virgin, de faire son entrée dans l'univers de la télé-réalité, en partant avec seize étudiants au bout du monde, afin de tester leurs capacités et leurs réactions dans des situations fortes, comme le saut à l'élastique, par exemple. En lot final pour le gagnant : un poste de dirigeant aux côtés de Richard Branson. Seul problème, l'audience n'est pas au rendez-vous, si bien que la Fox est obligée de se rendre à l'évidence dès le début de l'année 2005 : Richard Branson n'est pas Donald Trump, ce dernier n'ayant d'ailleurs pas hésité à acheter des pleines pages de publicité dans la presse pour affirmer sa suprématie télévisuelle face à son concurrent en affaires !

Trouver une star ou un patron de demain est une mécanique récurrente dans les émissions de télé-réalité. Au Maroc, par exemple, fin 2004, une émission s'était mise en quête d'un ado capable de devenir une star du foot de demain. L'heureux gagnant intéresserait à ce jour plusieurs clubs français. Aux États-Unis, Sylvester Stallone, *alias* Rocky, a parrainé une émission destinée à découvrir un futur champion de boxe. Que ce soit au Maroc ou aux États-Unis, le principe est le même que dans « À la recherche de la nouvelle star » de M6 : on assiste aux sélections, puis le public vote chaque semaine pour éliminer tel ou tel candidat.

Mais, en France, l'année 2004 aura été marquée par la fin d'un type de télé-réalité, celui où des candidats se contentent de vivre au quotidien, enfermés dans un appartement ou dans un loft. Le double échec de M6 avec « Nice People » et les « Colocataires » a fini par faire entendre raison aux directeurs de chaînes. Le dernier ersatz de cette télé-là aura été « Gloire et Fortune : la grande imposture », diffusé durant le dernier trimestre 2004, toujours sur M6. On y a vu Mathieu, étudiant de vingt et un ans, enfermé pendant dix jours dans une superbe maison du sud de la France avec neuf « faux candidats ». Mathieu était le seul à ne rien savoir de cette imposture. Les neuf candidats étaient de véritables caricatures de ce qu'a été la télé-réalité : un gay au comportement de « folle », une bimbo blonde et bête, etc. Une émission très symbolique pour M6...

Thomas Valentin, le directeur des programmes, a d'ailleurs fait cette confidence : « Nous arrivons à la fin d'un cycle. Nous y mettons un terme en prenant du recul sur ce que nous avons fait ces dernières années. » Un cycle qui se conclut donc sur un énorme bide, puisque l'émission dépassera à peine les 10 % de parts de marché. « Cette émission, je l'ai refusée ! », clamera même quelques semaines plus tard Alexia Laroche-Joubert, la directrice des programmes d'Endemol. « C'est un concept qui ne peut pas marcher, car il déçoit les fans de télé-réalité qui ne retrouvent pas les valeurs qui font le succès de ce type d'émissions. Quant aux allergiques à la télé-réalité, ils ne peuvent pas venir regarder un programme qui parodie et qui fait référence à des choses qu'ils ne connaissent pas et qu'ils n'aiment pas ! » CQFD...

Renouveler en permanence ce genre de programmes est impératif. Les cerveaux s'échauffent, et il est nécessaire d'aller à chaque fois plus loin et de franchir de nouvelles étapes. On peut comprendre qu'il soit difficile de faire perdurer des concepts à bout de souffle. Et pourtant, l'imagination ne manque pas ! Un seul exemple : dans le magazine *people* américain *US Weekly* daté du 10 janvier 2005, pas moins de onze pages de pubs sur seize sont destinées à promouvoir des émissions de télé-réalité. Cela va de « La Bachelorette » sur ABC à « Celebrity Fit Club » sur VH1 ! Et tout cela sans compter la bonne dizaine d'articles consacrés à des pseudo-stars issues des précédents programmes du même genre. On le voit, en 2005, la télé-réalité reste un très bon filon !

Dans *Le Bal des faux culs*, j'avais adressé une mise en garde aux créateurs de ces concepts. Avec tous ces jeunes ainsi jetés sur le devant de la scène, un drame finirait forcément par se produire. J'affirmais que nous assisterions bientôt au premier mort de la télé-réalité. Ces gamins de vingt ans, pour la plupart, ne sont pas le moins du monde préparés mentalement à cette notoriété « Kleenex ». Ils pensent pouvoir maîtriser l'emballement médiatique, mais ils ne savent pas qu'avec les médias l'indifférence succède souvent à l'amour. Ma mise en garde avait alors fait rire certains de mes confrères, qui pensaient que je dramatisais la situation.

Pourtant, fin août 2004, un signe fort est venu confirmer non pas une quelconque vision délirante, mais bel et bien une simple analyse psychologique, une simple constatation, que je m'étais faite pour avoir moi-même vécu et subi cet emballement. L'information à laquelle je fais allusion n'a naturellement pas fait la une des journaux. Mais quoi de plus logique dans la mesure où elle dessert tous ceux qui vivent de la télé-réalité ; il valait donc sans doute mieux que vous, les téléspectateurs, l'ignoriez.

C'est l'histoire de José-Maria. Son nom ne vous dit sans doute rien, mais il est au Portugal l'équivalent de notre Loana nationale : le premier héros de la télé-réalité. C'est le grand vainqueur du « Loft » version lusitanienne, il y a quatre ans, le 1er janvier 2001, sur la chaîne TVI. Ce soir-là, la télévision privée battait un record d'audience historique en enregistrant plus de 90 % de parts de marché. Du jamais vu ! Cet ancien maçon de vingt-neuf ans, originaire du village algarvais de Venda de Pinheiro, avait gagné 100 000 euros et avait été plébiscité pour sa gentillesse et son bon cœur. José-Maria s'était bien sûr retrouvé à la une de tous les journaux pendant plusieurs mois. Hyper-médiatisé, il avait participé à des dizaines d'émissions de télévision et s'était retrouvé invité dans toutes les soirées branchées de Lisbonne.

Mais petit à petit, le temps a fait son œuvre, et de nouvelles émissions de télé-réalité ont déferlé sur les télévisions. De nouvelles vedettes sont apparues, supplantant le maçon portugais dans le cœur des gens et dans les journaux. Mal conseillé, mal orienté, entouré de parasites, victime de placements hasardeux, José-Maria a perdu début 2004 les 100 000 euros qu'il avait gagnés. Et le dimanche 15 août 2004, il a arrêté sa voiture sur le pont du 25-Avril qui enjambe le Tage. Il est sorti tranquillement du véhicule, a regardé vers le bas, fixant durant de longues minutes les vingt-cinq mètres le séparant du fleuve. Sa décision semblait prise : il voulait en finir. Il avait décidé de se suicider, de mettre fin à ce rêve qui s'était transformé en un cauchemar en l'espace de quelques mois.

Au moment précis où il s'apprêtait à enjamber la balustrade, deux policiers qui observaient la scène, intrigués par son comportement, se sont approchés. Quand ils ont compris ce qui se tramait, ils ont engagé la conversation avec José-Maria. Il leur a fallu de longues minutes pour le convaincre de ne pas mettre fin à ses jours, que la vie avait encore un sens. Maîtrisé par les deux hommes et placé depuis sous surveillance médicale, il présente selon les médecins des signes de dépression nerveuse avancée.

Ironie de l'histoire, quarante-huit heures plus tard, José-Maria faisait de nouveau la une des journaux qui l'avaient délaissé. « La chute d'un héros portugais », mettaient en accroche la plupart des quotidiens. Le journal portugais *Capital* écrivait même : « Le Loft lui avait apporté la célébrité, et il avait fini par croire qu'il en serait ainsi pour toujours. Se sentant lâché par tous, il a voulu mettre fin à ses jours. L'histoire de José-Maria est le reflet d'une époque cruelle où le succès est facile à atteindre, mais s'évapore tout aussi facilement. »

Alors tout comme moi, en découvrant les nouveaux concepts de télé-réalité, amusez-vous, plaisantez, discutez-en entre amis, mais surtout, n'oubliez pas les candidats. Ils ne sont sans doute pas aussi informés que vous et moi des dangers de ce type de programmes. Des jeunes qui, avec toute leur innocence et leur fraîcheur, vont y participer sans vraiment comprendre qu'ils mettent parfois en péril leur équilibre psychologique. Bon voyage dans la télévision du futur, dans laquelle le candidat n'est rien d'autre que de la chair à programmes.

La mode du twist

Pour vous, le mot *twist* évoque sans doute cette danse arrivée en France en 1962. Vous vous êtes peut-être déhanché sur les chansons des Chaussettes noires menées par Eddy Mitchell. Le twist est certainement la danse des années 1960 qui a connu la plus longue carrière. Il y a même eu de véritables concours d'endurance au cours desquels certains candidats ont dépassé les cent heures consécutives ! Le twist se pratique seul ou à plusieurs. Il n'y a pas de contact entre les danseurs, chacun se déhanche à droite puis à gauche, éventuellement en levant le genou de la jambe opposée au côté vers lequel on se déhanche. Mais pourquoi tout à coup, dans ce livre consacré à la télé, parler de danse ? Simplement parce que le *twist* est désormais l'un des ressorts de la télé-réalité...

Ce mot signifie également « renversement de situation ». Insérer un *twist* dans un programme consiste ainsi à faire, à mi-parcours ou en fin de programme, une révélation qui viendra déstabiliser les candidats. Et un *twist* est réussi pour les producteurs lorsqu'il relance l'émission et le suspense. Durant l'été 2004 aux États-Unis, le Loft 5 (« Big Brother 5 ») a utilisé cette méthode pour réserver une vraie surprise aux candidats. Les producteurs ont eu l'idée d'ajouter, en plus de l'homo et la bimbo de service, des jumelles. Mais attention, pour les candidats, il ne s'agissait que d'une seule et même personne ! Les deux filles rentraient et sortaient discrètement tous les trois jours en échangeant leur place. Ce n'est que quelques semaines avant la fin de l'émission que l'animatrice a révélé la supercherie en direct, devant des candidats médusés !

Mais ce n'est pas tout ! Un second *twist* avait été prévu, moins drôle celui-ci. Deux des candidats, Michael et Jennifer, avaient commencé à se rapprocher dans le loft. Au fil des discussions, ils se sont aperçus... qu'ils avaient le même père ! Je vous jure que c'est authentique ! Les journaux américains se sont révoltés, allant même jusqu'à parler de « honte » : « CBS n'a même pas le courage d'assumer ! », écrit ainsi *TV Guide*, le journal télé le plus vendu aux États-Unis, rebaptisant du coup l'émission « Project DNA » (DNA signifiant « Do Not Assume »)...

Autre exemple de *twist* sur Fox TV. « My Big Fat Obnoxious Fiance », autrement dit « Mon fiancé obèse et insupportable ». La bande-annonce est tout en finesse. Un garçon en forte surcharge pondérale, comme on dit, âgé d'une trentaine d'années, traverse une pièce en slip kangourou et torse nu, en... pétant de façon obscène et bruyante. Quelques instants plus tard, on a droit à un gros plan de son dos recouvert de poils. C'est une voix *off* qui nous explique le nouveau concept : « Une jeune et jolie jeune fille doit convaincre sa famille qu'elle va épouser cet homme. Si elle parvient à les faire venir au mariage, elle remportera un million de dollars. S'ils s'opposent à l'union ou s'ils décident de ne pas assister à la cérémonie, elle aura tout perdu. » La jeune fille ne révélera à sa famille que l'homme est en réalité un comédien et qu'ils ont été victimes d'une supercherie que le jour de leur mariage. C'est très sympathique de jouer ainsi avec les sentiments de ses parents !

En janvier 2005, une nouvelle déclinaison apparaît : « Mon patron est insupportable ». Là encore, le concept reste le même : des candidats à l'embauche vont se retrouver face à un patron capricieux et obscène ! Que sont-ils prêts à supporter pour obtenir un emploi ? Dans son premier numéro de 2005, le magazine américain *TV Guide* a élu ces deux *talk shows* comme étant les « pires émissions de télé-réalité de l'année ». On ne peut qu'applaudir !

En France, durant l'été 2004, Marjolaine a été victime d'un premier *twist* en apprenant que les millionnaires qui lui étaient proposés n'en étaient pas. Second *twist* au cours de la dernière semaine, lorsque la production lui propose, après qu'elle a choisi un homme, de l'« échanger » contre 50 000 euros... Et ça marche ! Grâce à ces procédés, la part de marché de TF1 est passée de 30 à plus de 40 % !

« Opération séduction. Les parents s'en mêlent » a également utilisé cette technique. Les jeunes candidats n'ont appris qu'aux deux tiers du jeu que le jury, qu'ils pensaient constitué de téléspectateurs, était en réalité composé de leurs parents. Second *twist*: la production révèle dans les derniers épisodes que l'une des candidates, Camille, était en fait payée par la production pour semer la zizanie. « J'ai passé un casting deux semaines avant l'émission, raconte Laeticia, *alias* Camille. La production cherchait une comédienne assez flexible. Ils m'avaient inventé un passé et je devais rendre les filles jalouses. En fait, je les ai rendues folles. C'est allé loin. Le dernier soir, elles m'ont insultée en plein repas devant tout le monde. Je me suis mise à pleurer pour renverser la situation. J'ai joué la victime et ça a marché. Les garçons ont pris ma défense[1]. » Mais le plus étonnant, c'est que même en ayant appris après le tournage que Camille était une comédienne, les autres candidates continuent à lui en vouloir. Ainsi Jennifer ne décolère pas. « Qu'elle soit comédienne ne change rien ! On était un groupe uni et, à peine arrivée, elle a foutu la merde ! Je ne le lui pardonne pas ! »

Le summum est sans doute atteint en novembre 2004 par M6, avec un programme que j'ai déjà évoqué : « Gloire et Fortune : la grande imposture ». Mathieu, vingt et un ans, est mené en bateau du début à la fin par des comédiens qui se font passer pour des candidats, un peu à l'image d'une immense caméra cachée. Mais ce n'est rien comparé au pire de tous les *twists*, celui qu'ont vécu les candidats de « There's Something About Myriam », diffusé en Grande-Bretagne sur Sky One. Une émission que l'on peut comparer à « Marjolaine et les Millionnaires », avec un aménagement de taille... Lors du dernier épisode, les célibataires ont appris que la belle Myriam, avec qui certains avaient poussé assez loin la relation, était en réalité... un homme ! Myriam, transsexuel non opéré, n'avait tout simplement pas fini sa transformation. Mais cette fois, le subterfuge a failli connaître un dénouement inattendu, puisque les candidats, ridiculisés,

1. *Public*, 26 juillet 2004.

se sont vraiment énervés ! Ils ont également tenté de faire interdire la diffusion de l'émission – en vain, naturellement.

Télé réac !

Libération a lancé cette expression dans son édition du 4 septembre 2004, pour qualifier une télévision qui valorise les notions d'ordre et de morale. L'article commentait le succès du premier épisode du « Pensionnat de Chavagnes » et du début de la « Star Academy 4 », marquée par l'arrivée d'un nouveau directeur, Gérard Louvin, bien décidé à ne faire aucun cadeau aux candidats. Quelques jours plus tôt, dans l'édition du 31 août de *Libération*, le ministre de l'Éducation parlait de remettre au goût du jour la « notion d'autorité ». Après l'oisiveté de « Loft Story » ou de « Nice People », les participants à ces émissions se sont donc retrouvés dans des émissions où l'ordre moral était de retour… Xavier Couture, le producteur du « Pensionnat de Chavagnes », m'a expliqué sur Europe 1, le 16 septembre 2004, que selon lui « il n'y avait rien de réac à recréer les conditions d'enseignement des années 1950. Être réac, c'est présenter cette forme d'éducation comme étant la panacée. Ce n'est pas le cas. Nous créons juste une situation, c'est au téléspectateur de juger. »

Autorité encore dans « Oui chef ! », diffusé en janvier et février 2005 sur M6, où le chef Cyril Lignac veut ouvrir son restaurant. Pour l'aider, la « grande gueule » Jean-Yves Corvez, chargé de former la brigade. Jean-Luc Petitrenaud, chroniqueur gastronomique sur Europe 1, n'hésitera pas à parler de « méthodes de formation excessives et sans rapport avec la réalité du métier » ! La télévision anglaise est la première à avoir lancé ce type de programme, où une femme ou un homme autoritaire prend en main une famille ou des candidats. La télévision britannique a ainsi enseigné aux loyaux sujets de Sa Majesté à manger, s'habiller, se coiffer, acheter une maison et la décorer. On leur a même appris à élever leurs enfants dans « Supernanny » (« Super Nounou ») sur Channel 4. Les deux premiers épisodes ont attiré près de cinq millions de téléspectateurs, battant à plate couture les chaînes concurrentes, la BBC et ITV, qui lançaient pourtant leur saga de l'été. Et parmi les enfants victimes de cette « Supernanny », on trouve un gamin quelque peu turbulent nommé Charlie. La presse a applaudi à sa reprise en main devant les caméras. Le *Sunday Herald* de Glasgow écrit même : « Arrêtons d'être gentils et de dire les mêmes sempiternels mensonges sur les gosses. N'ayons pas peur d'affirmer que ce Charlie est un vrai petit salopard. Un horrible petit monstre pourri gâté, carrément insupportable, une vraie face de babouin. » La Grande-Bretagne, unie comme jamais, retient son souffle ! Supernanny parviendra-t-elle à mater le monstre ? Vive l'ordre ! Vive la morale, et que tout le monde marche au pas ! Un concept qui a en tout état de cause inspiré M6, puisqu'il a débarqué en février 2005 sur M6 avec Cathy, cette blonde censée arpenter la France pour remettre de l'ordre dans les familles de l'Hexagone. Âgée de quarante-deux ans, Cathy est une spécialiste des enfants. Après vingt ans d'expérience dans divers pays (États-Unis, Suisse, Syrie, France...) et plus d'une quarantaine d'enfants « éduqués » à son actif, la nurse a ainsi toutes les clés en main pour assurer le spectacle pour M6. Une chaîne visiblement plutôt accro à l'ordre et la discipline !

En 2002 sur TF1, Julien Courbet avait lancé une émission intitulée « Le Coach ». Malgré deux diffusions, l'émission n'avait pas réussi à trouver son public. Et pourtant, il semble bien que l'animateur producteur de TF1 avait quelques années d'avance sur l'une des modes télé de 2005. Être plus joli(e) ou plus mince, faire le ménage en un temps record, ou encore acheter dans les meilleures conditions une maison de campagne, autant de réponses proposées par ces nouvelles émissions de télévision. Ainsi, aux Pays-Bas, « 50 Manieren Om Je Lief Te Kozen » propose cinquante conseils destinés à améliorer les relations de couple et l'harmonie sexuelle. Du coup, Julien Courbet a ressorti de son carton son projet, qu'il avait réussi à vendre à l'étranger, mais dont les chaînes françaises ne voulaient plus.

Les coachs ont envahi les chaînes du monde entier. On vous apprend à tout faire. Devenir le futur Mohamed Ali, avec « The Next Great Champ » sur Fox aux États-Unis, devenir le futur Zidane avec « Campioni Il sogno » sur Italia 1, être plus propre avec « Too Posh to Wash » sur Channel 4 au Royaume-Uni, ou encore comment mieux éduquer ses enfants ou mieux manger avec « Fat Nation, the Big Challenge » sur BBC 1. Une adaptation a d'ailleurs été proposée par M6 le 18 janvier 2005 en *prime time* sur le thème « Bien vivre en se nourrissant mieux ».

Et puis il y a ces concepts qui franchissent la limite. La chaîne britannique Sky One a créé l'événement en diffusant un programme de télé-réalité intitulé « Quitte ou double », dans lequel nous suivons un jeune homme qui part à Las Vegas jouer tout ce qu'il possède. Il a véritablement mis en jeu la totalité de ses biens, son compte en banque, sa maison, sa voiture… Sur un simple jeu, sa vie pouvait basculer et il se retrouvait SDF ! Fort heureusement, il a gagné, mais on est en droit de se demander si la chaîne aurait diffusé le programme dans le cas contraire.

Il faut dire que les Anglais n'hésitent pas à transgresser les limites du bon goût. En décembre 2004, la presse londonienne s'est déchaînée contre « Les Experts du sexe ». Dans cette émission, un couple anonyme se laisse aller à ses ébats sous l'œil des caméras, puis un spécialiste analyse les images une par une et leur prodigue des conseils pour mieux faire l'amour. C'est une véritable consultation de sexologie devant des millions de téléspectateurs. Ce programme a tellement choqué que certains se demandent en Angleterre s'il ne vaudrait pas mieux rétablir la censure à la télévision afin que de telles émissions soient interdites. De son côté, la chaîne Channel 4 qui diffuse ce programme affirme qu'il s'agit uniquement d'un programme d'éducation, et qu'il n'y a aucune raison pour que certains sujets soient tabous. Pour la chaîne, « c'est un programme éducatif sans la moindre once de voyeurisme et d'exhibitionnisme ». On y croit tous très fort...

Notez au passage qu'en France la censure n'existe pas non plus, puisque notre CSA n'a pas la possibilité de visionner les émissions avant leur passage sur les antennes. Il ne peut donc réagir qu'après coup, c'est-à-dire une fois que le mal est fait !

L'arrivée de la « télé-bistouri »

Comment nous faire croire que ces concepts n'arriveront jamais en France ? Et pourtant, tous les directeurs de chaîne que j'ai pu interviewer me jurent que la « télé-bistouri » n'arrivera jamais en France. Ces mêmes patrons qui, il y a six ou sept ans, juraient leurs grands dieux que la télé-réalité et le Loft ne débarqueraient pas dans l'Hexagone... « Les Français ne sont pas prêts pour ça », disaient les uns ; « ce n'est pas dans notre culture », argumentaient les autres. La suite, on la connaît...

La télé-bistouri est internationale, et on voit mal comment la France pourrait être épargnée. Aux États-Unis, de tels programmes s'intitulent « Changement radical », « Le Cygne » ou « Je veux ressembler à une vedette » ; en Italie, « Bistouri » ; en Allemagne, « Le Scalpel : dernier espoir » ou « La Beauté à tout prix ».

Vous l'aurez compris, cette « télé-bistouri » s'est donné pour mission de modifier l'apparence des candidats. Jetés à la poubelle, les concepts de M6 sur les envies de maigrir, d'être belle ou de changer de look ! Désormais, on sort les grands moyens. On fait couler le sang devant les caméras et ce sont des chirurgiens esthétiques qui prennent les choses en main. Survolons donc ces émissions en allant de la plus acceptable à la plus *trash*.

L'ancêtre du genre s'intitule « Extreme Makeover », apparu en 2001 sur la chaîne américaine ABC. Il s'agit de prendre des personnes qui se trouvent peu gâtées par la nature et de leur offrir toutes les opérations de chirurgie esthétique qu'elles désirent. Liposuccions, implants mammaires ou capillaires, seins siliconés, nez refaits, lèvres gonflées... L'émission se garde bien de montrer les opérations et surtout les risques courus à chaque fois que le candidat passe sur le billard.

Bienvenue dans une télévision qui se prend pour Dieu le Père... Mais cela ne semble toutefois pas perturber les téléspectateurs, qui sont près de 11 millions à suivre cette émission depuis quatre ans. Il fallait donc aller plus loin pour relancer l'audience. « Bistouri » s'en charge en Italie. Cette fois, rien ne nous est épargné. On voit le sang couler, le scalpel entrer dans la peau du patient, et même le chirurgien qui lime le nez du pauvre patient endormi sur la table d'opération. Histoire de corser un peu l'émission, celle-ci est présentée par « Platinette », un transsexuel, et Irène Pivetti, ex-présidente du Parlement italien. Rien que ça !

Les producteurs ne restent jamais à court d'idées et, lorsqu'ils découvrent un filon, ils l'exploitent au maximum. Fox TV organise un concours de beauté dans lequel toutes les candidates ont préalablement été entièrement « refaites » par les meilleurs chirurgiens du pays. Ce sont ainsi dix-sept participantes qui acceptent d'être filmées pendant leur transformation, tout en respectant une règle essentielle : accepter de ne jamais se regarder pendant les trois mois que dure la métamorphose.

Le résultat est saisissant. Cindy a subi un mini-lifting, s'est fait enlever le duvet facial au laser, retirer ses poches sous les yeux, sa myopie a été opérée, et ses seins ont été grossis. Mais ce n'est rien à côté de Marnie : après s'être fait opérer du nez, elle a eu droit à une liposuccion du ventre, des hanches, des fesses et des cuisses ; ses seins ont bien sûr eux aussi été refaits, elle a eu des injections de collagène dans les lèvres, et les dents blanchies. Je ne parle même pas du lifting, alors qu'elle n'a pas trente ans…

Certaines transformations sont même tellement spectaculaires qu'une petite fille de trois ans n'a pas reconnu sa mère et a refusé de la serrer dans ses bras. On imagine le traumatisme !

La presse, elle, se régale à publier des photos « avant » et « après », et donne des conseils à ses lecteurs. Quant aux chirurgiens mis en scène dans ce genre d'émissions, ils n'hésitent pas à publier de gros encarts de publicité dans la presse avec la mention « Vu à la télé ! ». Voilà comment s'y prendre pour vendre des opérations médicales comme un simple baril de lessive… Et ces émissions sont devenues de vrais phénomènes de société, au point de donner des idées aux investisseurs.

Le magazine *Glamour* expliquait en effet durant l'été 2004 que ces programmes avaient inspiré un certain Richard Rakowski, qui a créé l'Advanced Aesthetics Institute (AAI). L'idée : faire « comme à la télé » et regrouper sous le même toit médecins esthétiques, dentistes, coiffeurs, coloristes, esthéticiennes. Plus de cent employés travaillent ainsi dans ces établissements de grand luxe qui accueillent plus de deux mille clients par semaine. Le magazine ironise d'ailleurs en précisant que désormais, au lieu de commander un « hamburger-frites-milkshake », on peut s'offrir un « plombage-frottis-botox » ! L'impact psychologique de ces émissions demeure malgré tout incontestable : aujourd'hui 75 % de la population américaine affirme qu'elle pourrait avoir recours à ces interventions chirurgicales.

Mais ces programmes ne sont rien à côté de l'horreur qu'ont imaginée les producteurs de la jeune et branchée chaîne musicale MTV. Le titre est déjà tout un programme : « Je veux un visage connu. » Des adolescents acceptent de se faire opérer pour ressembler à leur star préférée. Des jumeaux sont par exemple passés entre les mains de chirurgiens pour ressembler à Brad Pitt, le tout pour un résultat plutôt médiocre... Une jeune fille a souhaité se refaire faire le visage et le corps pour être le sosie de Pamela Anderson. Et comme aux États-Unis on ne fait jamais dans la demi-mesure, Michael, *alias* Jessica, un transsexuel de vingt-trois ans, est passé sur le billard pour ressembler à Jennifer Lopez.

La notion de changement apparaît comme déterminante dans la télé-réalité émergente. Qu'il s'agisse de changer de femme, de look, de nez ou de métier, la télé-réalité propose des solutions, dont certaines sont parfois irréversibles...

En fait, la télé tente désormais d'améliorer la vie des téléspectateurs. Après leur avoir fait manger des vers de terre, après les avoir fait s'allonger au milieu de rats pour de l'argent, le petit écran, aux États-Unis, souhaite intervenir directement dans leur quotidien. Paul Levinson, directeur du département communication de l'université de Fordham, annonce la couleur : « Tous les producteurs veulent se lancer dans ce créneau. C'est un peu ce qui s'était passé avec les jeux télé dans les années 1970. On voyait des gens gagner de beaux cadeaux et on était heureux pour eux. C'est un peu la même chose avec ces nouvelles émissions. On refait le visage, le corps, la garde-robe ou même la maison de personnes qui en ont besoin, et grâce au phénomène d'identification, le téléspectateur est heureux[1]. »

---

1. Fox News, 26 septembre 2004.

Du reste, même les *talk-shows* se sont lancés dans ce créneau. En septembre 2004, Oprah Winfrey a ainsi offert une voiture à toutes les femmes présentes dans le public de son émission. Cela représentait deux cent soixante-seize Pontiac, soit une opération à plus de 8 millions d'euros pour le constructeur qui a offert les véhicules. Devant le succès de l'opération, elle a remis ça un mois plus tard, en offrant cette fois six cent quarante douches pour bébé à des femmes de militaires, dont les maris étaient partis en Irak.

Cette idée est également utilisée par Tony Danza. L'acteur, connu en France pour avoir été le héros de « Madame est servie », anime désormais son propre *talk-show* aux États-Unis, au cours duquel lui aussi distribue des centaines de cadeaux. Son producteur John Redmann tente d'expliquer ce phénomène : « J'ai du mal à analyser ce qui se passe dans l'esprit du téléspectateur. Mais ce qui est certain, c'est que quand on est devant son écran et que l'on voit le visage d'une personne ravie de recevoir un cadeau, cela provoque un effet positif. Un sentiment de joie et non pas de jalousie. C'est assez étrange, mais c'est sur cet élément que nous jouons et c'est la raison pour laquelle autant d'émissions de ce type sont en train de voir le jour. »

En France, Arthur a tenté l'expérience depuis deux ans avec l'émission « Rêve d'un jour », diffusée de façon très irrégulière sur TF1. Le concept est ainsi défini par la chaîne : « Tout devient possible grâce à Arthur et à son "Rêve d'un jour", qui permet à des anonymes de concrétiser leurs désirs les plus fous. Vie de princesse, retrouvailles familiales, voyage au bout du monde… »

Il est fort probable qu'Arthur a mis la main, avec deux ou trois ans d'avance, sur un concept qui a des chances de marcher très fort dans les prochaines années. Chez nous, les plus anciens se souviennent de « Reine d'un jour », émission animée à la radio par Jean Nohain, qui surfait sur le même concept dès les années 1930. Plus près de nous, « Porte-bonheur » de Patrick Sabatier, où l'équipe de l'émission débarquait par surprise et en direct chez une personne « méritante ». En 1990, le même Patrick Sabatier lançait « Tous à la une », où des anonymes devenaient le temps d'une soirée les héros de l'émission diffusée en *prime time*, avec des parrains ultra-médiatisés, comme Alain Delon pour la première. Les paroles du générique, écrites par l'animateur en personne, étaient déjà tout un programme : « Tous à la une, c'est pour donner, pour partager, Tous à la une, ce soir c'est vous les invités avec des stars toute la soirée, à tous bonsoir, oui bonsoir, le soleil va briller... »

Finalement, la télévision n'est qu'un éternel recommencement...

La télé-réalité à vie

Un éternel recommencement, donc, mais également et par-dessus tout une éternelle course à l'audience. Le 1er mars 2005, une chaîne allemande a lancé une version moderne du *Truman Show*. Vous vous souvenez sans doute de ce film de Peter Weir, dans lequel un homme s'aperçoit qu'il vit depuis sa naissance sous l'œil des caméras, dans une ville qui en est truffée, et qui retransmettent les images de sa vie 24 heures sur 24 sur des chaînes de télé. C'est sans aucun doute ce scénario qui a inspiré les producteurs de cette nouvelle émission. En 2005, ils envisagent en effet de faire vivre et de filmer pendant plusieurs décennies des candidats dans une ville construite de toutes pièces, sur 4 000 mètres carrés, avec une place, un marché, une église, des magasins et une petite forêt.

Les candidats devraient être avant tout des chômeurs, les seuls qui auraient en fait le temps de participer à ce type de jeu. Sous le regard des caméras, il est prévu de leur faire repasser le bac, apprendre des langues ou un métier. Il est également souhaité qu'ils fondent une famille. Un ancien candidat de « Big Brother », Jerry Boejaoui, un Germano-Tunisien de vingt-quatre ans, a déclaré au journal allemand *Welt am Sonntag* : « La vie dans "Big Brother" était formidable, comme dans un conte. Je voudrais y vivre pour toujours avec Lydija, vingt et un ans, que j'ai connue dans le jeu. Là-bas, nous nous marierons et aurons des enfants. »

Il y a donc des volontaires pour participer à cette première mondiale. Mais les propos de Jerry font peur. Quid des enfants ? Peut-on imaginer que des bébés qui naîtraient dans cette émission passeraient leur vie sous l'œil des caméras ? Qu'ils ne connaîtraient pas la vraie vie, qu'ils ne pourraient pas sortir de cet univers clos ? Ce seront en fait des enfants nés en captivité ! D'autant plus que les producteurs prévoient d'entourer cette ville factice d'immenses vitres infranchissables, derrière lesquelles pourront se masser les spectateurs qui viendraient le week-end voir leurs héros cathodiques « en chair et en os ». Je conseille simplement aux producteurs de penser à ajouter un panneau : « Défense de jeter des cacahuètes ! »

Du cul ! Du cul ! Du cul !

« Du cul ! Du cul ! Du cul ! », hurlait il y a quelques années la marionnette de Patrick Le Lay dans les Guignols. En réalité, TF1 n'utilise à l'heure actuelle que très peu cette recette magique, qui représente une garantie de larges parts de marché. Non, TF1 freine même l'utilisation du sexe sur son antenne, quitte à scandaliser ceux qui détestent cette chaîne. Durant l'été 2004, Étienne

Mougeotte a même déprogrammé « Sex Bomb », programme dont j'ai précédemment parlé.

Si Étienne Mougeotte ne souhaite pas « Du cul ! Du cul ! Du cul ! » sur son antenne, on ne peut en revanche en dire autant des Américains, pourtant réputés prudes. Dans une émission diffusée sur le câble, un casting géant est organisé pour recruter non pas un chanteur ni un acteur, mais une actrice de film porno ! Depuis septembre 2004, des films érotiques pour femmes sont programmés sur deux chaînes de télévision, Playboy TV et Bliss TV. Une première au monde. Il faut dire que selon des enquêtes réalisées par ces télévisions, un visiteur des sites porno sur quatre est une femme. L'édition américaine du journal *Elle* a réalisé un sondage selon lequel 41 % des lectrices affirmaient avoir déjà téléchargé des images porno. Résultat : la télé devait suivre le mouvement. Mais qu'est-ce au juste qu'un film érotique destiné aux femmes ? Sandra Staggs, fondatrice de Bliss TV, nous l'explique : « Il s'agit avant tout de trouver des hommes superbes, ce qui franchement n'est pas toujours le cas dans les films destinés aux hommes où on insiste surtout sur le casting des filles. Les femmes souhaitent un type d'excitation différent. Elles veulent de la romance. Des préliminaires et non pas immédiatement du sexe. C'est toute la différence avec un film pour les hommes. Mais je vous rassure, ajoute Sandra Staggs dans un éclat de rire, au bout, on arrive tout de même à la relation sexuelle[1] ! »

Autre possibilité qui permet allégrement de montrer du sexe sous des prétextes fallacieux : insérer un peu de naturisme dans les programmes. Dans la seconde saison de « Simple Life » diffusé durant l'été 2004 aux États-Unis, Paris Hilton et Nicole Ritchie se font employer dans un centre naturiste. L'occasion pour nous de découvrir de

1. *Elle*, édition américaine, septembre 2004.

nombreuses images de ce centre où les « textiles » sont exclus. À la même époque, la chaîne américaine Sci-Fi propose « Mad Mad House ». Dix candidats qui ont été recrutés en raison de leur esprit très conservateur et leur caractère obtus doivent séjourner dans une maison dans laquelle vivent des excentriques. Parmi ces « décalés » se trouvent Tya, une prêtresse vaudou, Art, un jeune homme tatoué et percé de toutes parts, mais aussi… Avocado, un naturiste qui se promène entièrement nu dans la maison ! Comme cette émission de télé-réalité ne présentait finalement pas le moindre intérêt et ne suscitait pas réellement l'enthousiasme des téléspectateurs, les producteurs ont imaginé qu'un peu de naturisme pourrait booster l'audience…

Deux chaînes canadiennes ont en revanche poussé le bouchon un peu plus loin, en adaptant des émissions dites « classiques ». Ainsi, sur City TV Toronto, les téléspectateurs ont assisté, médusés, à « Barley Cooking », qui met en scène deux couples de cuisiniers entièrement nus préparant le repas. À ma droite, Lurray Bancroft et la très belle Dena Ashbaug ; à ma gauche, Gennaro Iorio et Eva Deviveiros. Quatre cuisiniers doués, mais aussi très télégéniques, qui ne cachent rien de leur anatomie. Autre programme très dénudé, diffusé à 1 heure du matin sur Sex TV, une chaîne canadienne : « Naked News », où un présentateur et une présentatrice entièrement nus donnent les dernières infos du monde. Ce concept n'est pas nouveau en soi car il a été exploité depuis 1999 sur plusieurs chaînes à travers le monde, ainsi que sur Internet, avant de débarquer en France durant la saison 2004-2005 sur la chaîne XXL.

Lors du MIPCOM, les chaînes et les producteurs du monde entier s'échangent les programmes de demain. En octobre 2004, les chaînes ont découvert un concept intitulé « Private Stars », produit par Private Media Group, une société internationale basée à Barcelone, qui distribue aussi des films pornographiques.

« Private Stars » a beaucoup de succès au Royaume-Uni, où la série est diffusée depuis le mois d'août 2004 sur Bravo TV, une chaîne du câble et du satellite. D'autres pays européens, ainsi que les États-Unis ou l'Afrique du Sud, se sont montrés intéressés à l'idée de développer ce concept en 2005 ou 2006... Mais quel est-il exactement, ce concept qui déclenche à ce point l'enthousiasme des chaînes de télévision ?

Comme dans la plus classique des émissions de télé-réalité, des hommes et des femmes sont réunis dans un appartement et filmés en permanence. Mais ici, les femmes sont des actrices de films pornographiques, et les hommes, des amateurs qui envisagent de faire carrière dans ce métier pas comme les autres. Les candidats amateurs ne se bornent pas à des tentatives de subornation des demoiselles, ils doivent aussi répondre face aux caméras et faire part de leurs sentiments, de leurs difficultés, de leurs doutes. C'est en fait une Star Academy du sexe !

L'une des cinq actrices de la série, Donna Marie, jolie brune au décolleté plongeant, n'hésite pas à prendre la parole en conférence de presse pour raconter son expérience : « C'est plus facile pour une femme de jouer dans un film pornographique que pour un homme, souligne-t-elle. Nous avions des centaines de candidats, mais beaucoup ne parviennent pas à passer à l'acte dans une pièce où vingt personnes les regardent et les filment. » Les règles sont les mêmes que dans la télé-réalité classique : d'abord, un grand casting, auquel plus de six cents étalons se sont rués en trois jours ; à l'issue du casting, seulement cinq d'entre eux ont été sélectionnés ; enfin, chaque semaine, on assiste à un départ. Le premier à être éliminé, par exemple, ne paraissait finalement pas trop intéressé par les demoiselles présentes dans l'appartement, puisqu'il passait son temps à téléphoner...

Et tous ces jeunes hommes se battent pour quoi ? Un peu de célébrité bien sûr, mais surtout pour un contrat dans un film pornographique. Le directeur de Private Media Groupe, Javier Sanchez, précise que « la série ne présente pas d'actes sexuels explicites. Si le téléspectateur veut en voir plus, il doit acheter le DVD ou encore se rendre sur notre site Internet où il peut suivre les événements en direct. » Là encore, tout est prévu, y compris le business des produits dérivés qui est l'une des clés des programmes de télé-réalité plus classiques. Et Javier Sanchez d'ajouter : « Le format de la télé-réalité a fait ses preuves dans le paysage audiovisuel d'aujourd'hui. Mais, si ce genre a souvent des connotations sexuelles, "Private Stars" est le seul à aborder franchement la question. La représentation du sexe est en fin de compte ce qui intéresse le plus dans la télé-réalité. » Un discours qui a le mérite de la franchise, mais qui est bien loin du « politiquement correct » en vigueur en France. Pour l'instant, aucune chaîne française hertzienne n'aurait pris la décision d'acheter ce type d'émission, mais plusieurs responsables réfléchissent tout de même à une adaptation plus *soft* !

Parler de sexe ne consiste pas simplement montrer des filles ou des hommes nus. On peut employer des moyens détournés. Fin 2004, Endemol International a déclaré réfléchir sur un concept pour le moins surprenant. Vedettte de l'émission, un enfant à naître. Le premier projet s'appelle « Make Me a Mum », autrement dit, « Fais de moi une maman ». L'objectif avoué est de mettre en scène des femmes qui n'arrivent pas à avoir d'enfant. Il s'agira pour les hommes de tout faire pour que ces femmes tombent enceintes. Pour les créateurs d'Endemol, il s'agit là, je cite, « d'un combat entre l'attraction entre deux êtres et la science ! C'est une vraie émission de société, une vraie histoire d'amour... » Ça ne coûte rien de le dire, en tout cas...

Deuxième projet, au nom évocateur « Sperm Race », « La Course au sperme ». Le projet est développé en Allemagne, et il consiste à trouver l'homme qui a le sperme le plus fertile ! Le gagnant gagnera une voiture de sport « sexy » et fera une tournée nationale en étant présenté comme « l'homme le plus viril du pays ». Mike Morley, le directeur de l'unité Recherche et Développement d'Endemol, a commenté ces deux projets avec des mots qui laissent sans voix : « Les deux émissions mettent en valeur un vrai problème de société, celui de l'infertilité de plus en plus grande des femmes, et le problème du manque de donneurs de sperme ! Dans "Make Me a Mum", le gagnant recevra le plus beau cadeau qui ait jamais été attribué dans un show de télé-réalité, puisqu'il s'agit de devenir papa. »

Le Top 3 des programmes les plus glauques

À l'énoncé des programmes que j'ai passé en revue dans ce livre, on avouera qu'il est difficile d'établir un classement exhaustif des émissions de télévision qui font appel aux sentiments les plus bas, aux instincts les plus voyeurs, aux méthodes les plus racoleuses en 2004 et 2005.

De façon très subjective, j'attribue la médaille de bronze à la chaîne privée britannique Sky One, qui a joué avec l'avenir d'un candidat. Sky One a suivi pendant plusieurs jours Revell, un parieur professionnel de trente-deux ans. Cet homme a décidé de jouer tout son argent à la roulette : sa maison, ses comptes en banque, mais aussi l'ensemble de ses vêtements. En clair, s'il perd, il devient SDF. Toute sa vie va se jouer devant les caméras de la chaîne. Devant nous, le jeune homme joue le rouge… Et après la pause de publicité, on découvre qu'il a gagné… La boule s'est arrêtée sur le 7 rouge, et Revell a ainsi remporté

224 000 euros... Il est donc reparti riche, en laissant 600 euros de pourboire au croupier, mais surtout, il a résisté à la tentation de tout remettre en jeu. Jouer sa vie devant des caméras, est-ce vraiment intéressant ?

La médaille d'argent revient à la BBC, avec son programme « Crisis Command ». Avril 2004 : un avion de ligne détourné par des terroristes vient de s'écraser sur le Parlement britannique. Quelques minutes plus tôt, deux énormes explosions ont retenti dans le métro londonien. Les victimes se comptent par dizaines. Une usine de produits toxiques est en feu à la périphérie de la capitale. Voilà le scénario imaginé par la BBC pour sa nouvelle émission de télé-réalité. Trois téléspectateurs sont plongés pendant soixante minutes au cœur d'une catastrophe, très largement inspirée par la tragédie du 11 septembre. Ils ont virtuellement l'armée et les services de secours à leurs ordres. À eux de prendre en temps réel les bonnes décisions. Toutes les cinq ou six minutes, une catastrophe se produit, et pour rendre l'émission encore plus véridique, des *flashs* spéciaux réalisés par la BBC sont diffusés sur les écrans du plateau. La BBC, est-il besoin de le rappeler, est la chaîne publique anglaise, celle dont tous les observateurs vantent la qualité des programmes. Je pense, hélas, qu'il va falloir désormais parler au passé. Jouer avec les cadavres, les catastrophes et les peurs n'a à mon sens jamais été un gage de qualité pour une chaîne. Mais il faut en revanche bien admettre que c'est bien souvent un gage d'audience...

La médaille d'or est, quant à elle, remportée sans la moindre contestation par l'émission « Be My Baby », diffusée aux États-Unis sur ABC. Un programme d'autant plus déroutant et révoltant qu'il était présenté par Barbara Walters, l'une des icônes de l'information américaine. C'est dans le cadre du magazine « 20/20 », similaire au magazine de TF1 « 7 à 8 », qu'a été diffusé « Be My Baby ». Le concept : Jessica, seize ans, est enceinte, mais ne souhaite pas élever son enfant. Elle n'en a ni la possibilité ni les moyens. Cinq couples vont alors se porter candidats pour adopter ce bébé qui s'apprête à naître. Cinq couples que les caméras d'ABC vont suivre pendant plusieurs semaines, jusqu'à la scène finale, durant laquelle Jessica va faire part de son choix entre les couples. « Qui Jessica va-t-elle choisir ? À qui confiera-t-elle son enfant, qui va naître dans quelques jours ? Vous le saurez après la pub… »

En tant que journaslite, Barbara Walters a suivi les cinq couples candidats pendant plus de six mois afin de connaître leurs motivations et de voir comment ils se préparaient à accueillir ce bébé. Elle a longuement interrogé Jessica qui, du haut de ses seize ans, a parfois tenu des propos déroutants : « En fait, mon rôle est de décider lequel de ces couples va avoir un enfant, s'amuse l'adolescente, c'est un peu comme si je jouais à être Dieu ! »

Il semble néanmoins qu'il y ait un semblant de justice, puisque, fort heureusement, ce programme n'a pas remporté les suffrages des téléspectateurs. Au contraire, c'est même une immense vague de protestation qu'a dû subir de plein fouet ABC. Sur le site Internet de la chaîne, on pouvait lire ces messages : « J'ai été moi-même adopté, je me sens insulté par cette émission » ; « Est-ce que, pour avoir des bons scores d'audience, ABC est prête à tout ? Y compris à considérer un enfant comme une marchandise ? » « Be My Baby » n'a finalement été diffusé que lors d'une seule soirée, et ABC n'envisage évidemment pas de reconduire l'expérience. On ne sait pas trop où la chaîne est allée piocher cette idée, mais on sait en revanche qu'en 2001, sur Internet, avait été publié un récit qui s'intitulait « Nobody's Child », autrement dit, « L'Enfant de personne ». Ce roman, écrit par le célèbre Uri Geller, racontait l'histoire d'un jeu télévisé dans lequel des couples devaient passer des épreuves et répondre à des questions pour, à la fin, gagner un bébé. Uri Geller a intenté un procès à ABC, estimant que cette émission n'était qu'un plagiat de son livre.

Voilà donc pour quelques-uns des pires programmes qui ont été diffusés ces derniers mois à travers le monde. Il semble évident qu'en 2005 plusieurs d'entre eux débarqueront en France, sous une forme ou sous une autre. La créativité des producteurs semble hélas inépuisable. On peut même parfois parler de cynisme. Quelques heures seulement après le tsunami qui a ravagé l'Asie durant les derniers jours de 2004, la chaîne de télévision privée suédoise TV3 annonce le maintien du tournage en Inde, à quelques kilomètres des lieux où le raz de marée a fait 220 000 morts, d'une émission de télé-réalité dans laquelle les participants gèrent un complexe balnéaire. L'annonce a d'ailleurs été faite alors que des cadavres jonchaient le sol des villages et des villes, faisant craindre de graves épidémies, et tandis que le monde entier se mobilisait pour venir en aide à ces régions… « Les victimes ne bénéficieraient pas de l'annulation du tournage de "Beach Club" dans l'État de Goa, au sud-ouest de l'Inde », a même affirmé le présentateur-vedette de la chaîne, Robert Aschberg.

De leur côté, les participants sont effondrés : « On ne devrait pas y aller avant au moins un mois », a estimé Kent Larsen, l'un d'entre eux. Mais les contrats qu'ils ont signés avec la production sont formels : ils n'ont pas le droit d'annuler leur participation à l'émission, pour quelque raison que ce soit.

Les concurrents ont donc décollé pour l'Inde le lundi 3 janvier. Le vainqueur de l'émission empochera 500 000 couronnes (55 000 euros). Rappelons qu'au moment précis où les candidats décollaient, la presse locale révélait que la Suède était l'un des pays occidentaux les plus meurtris par le tsunami, ressassant en boucle l'information suivante : « Plus de 125 000 personnes ont trouvé la mort. Parmi elles, de très nombreux Suédois. Cinquante-neuf de nos compatriotes sont morts, et trois mille cinq cents sont portés disparus. La Suède est le pays occidental le plus touché par cette catastrophe humanitaire mondiale. »

Seule Madame Michu a peut-être encore le pouvoir de mettre un terme à cette débauche d'émissions plus glauques les unes que les autres, à ce manque de morale et d'humanité, en décidant simplement de changer de chaîne. Le pouvoir de décider d'une télévision meilleure est entre nos mains. Si nous voulons laisser une planète propre à nos enfants, il faut peut-être aussi penser à leur laisser une télé « propre ». Ces gamins qui passent près de quatre heures par jour devant le petit écran ont aussi le droit de se divertir en regardant des émissions intelligentes. Mais la route est encore longue…

Conclusion

En lisant les épreuves de ce livre en février 2005, mes parents, qui appartiennent à une autre génération, étaient encore plus inquiets. J'ai encore à l'oreille ce coup de fil de ma mère me disant : « Tu te rends compte de ce que tu fais ? Les gens vont te demander ton salaire ! Que diras-tu ? » Je lui ai rétorqué le plus naturellement du monde : « Mais il n'y a aucun problème, je le donnerai ! » Stupéfaction et incompréhension : « Mais... tu vas vraiment le donner ? » Bien sûr ! Car, pour toutes les raisons que j'ai données dans ces pages, je pense que ce tabou doit tomber.

J'ai bon espoir que ce livre puisse – au moins – servir à cela. Il aura nécessité plus d'un an de travail, d'enquêtes, de recherches, de documentation et d'interviews. Au fil des pages que je noircissais sur mon fidèle ordinateur portable, j'en confiais quelques-unes à tel ou tel de mes proches pour profiter de ses observations. Chaque fois, la même question revenait : « C'est un énorme travail d'enquête et de recoupement que tu as réalisé, en particulier sur les salaires... Tu n'as pas peur que tous les gens de la télévision t'en veuillent à mort ? »

Les premiers temps, j'étais plutôt amusé par ce type de réaction, mais la voyant se répéter à l'infini, j'ai fini par m'interroger. Est-ce aujourd'hui faire preuve de malveillance que de livrer des informations sur les salaires des stars de la télé ? Je crois que non. Quand comprendra-t-on, en France, qu'il n'y a pas de honte à bien gagner sa vie ? Cet argent n'est pas volé, pas plus qu'il n'est exigé sous la contrainte. Il est donné en toute connaissance de cause par des patrons, des conseils d'administration qui savent faire tourner des chaînes de télévision.

Plus personne ne s'offusque aujourd'hui de voir dans la presse s'afficher les salaires des patrons de l'industrie mondiale. Personne n'est choqué quand les *newsmagazines* français publient des enquêtes précises et documentées sur les salaires des cadres dans toutes les branches de l'industrie française. Nous avons tous en tête des ordres de grandeur concernant les salaires des artisans, commerçants ou médecins chez qui nous nous rendons régulièrement. Pourquoi n'en irait-il pas de même des vedettes du petit écran ? Notre éducation judéo-chrétienne a fait de l'argent un sujet tabou. Mais il ne s'agit sans doute là que d'un problème générationnel, puisque les plus jeunes spectateurs sont aussi les plus ouverts sur le sujet. Les trentenaires et les quadragénaires en parlent facilement, à l'image des Claire Chazal, Laurence Ferrari, Daphné Roulier, Marc-Olivier Fogiel et Emmanuel Chain. Au sein de la génération antérieure, seul Thierry Ardisson – j'espère qu'il ne m'en voudra pas ! – joue également la transparence… Ceux qui m'en voudront d'avoir annoncé tous ces chiffres se sentent-ils coupables de gagner ce qu'ils gagnent ? Ils ont tort ! En revanche, que ceux qui souhaitent rectifier les salaires approximatifs que je leur attribue me contactent : je me ferai un plaisir de préciser les choses dans les prochaines éditions de ce livre. Et que ceux qui ne figurent pas dans ces pages, pour la simple raison que je n'ai trouvé aucune information sur eux, et qui souhaiteraient jouer la transparence, adoptent la même démarche ; je me ferai un devoir d'ajouter leur nom à cette liste de célébrités…

Table

CHEZ LE MÊME ÉDITEUR

Jean-Marc Morandini

LE BAL DES FAUX CULS

« Lorsque je suis arrivé à Paris, voici une quinzaine d'années, je croyais les sourires sincères et les compliments honnêtes. Naïvement, je me suis jeté à corps perdu dans la fosse aux lions. J'ai animé une émission sur TF1. La presse a jugé. J'ai été plus souvent trahi qu'aimé. Et j'en ai pris... plein la gueule. Je pensais que l'audience justifiait tout. À tort. J'ai payé mon erreur. Pour réussir dans ce métier, disent certains publicitaires et responsables de communication, il faut respecter la règle des 3 L : je lèche, je lâche, je lynche. J'ai souffert, mais j'ai appris à dire non. Et je le redirai s'il le faut, quel qu'en soit le prix. »

*

Depuis « Tout est possible », Jean-Marc Morandini n'était plus réapparu sur les écrans. Aujourd'hui, en direct chaque matin sur Europe 1, il décortique cette télé marchande regorgeant de concepts nouveaux, à commencer par cet équivalent moderne des jeux du cirque : la « télé-réalité », dont ce livre révèle les coulisses. Manipulation, marketing, « machine à fric » : rarement la mécanique interne de la « nouvelle télé » avait été montrée de la sorte.

Sourires de façade, petits arrangements, coups de poignard dans le dos… Bienvenue au bal des faux-culs ! Voici la télé et la radio comme vous ne les avez jamais soupçonnées. Sans langue de bois, Jean-Marc Morandini révèle l'envers du décor et brosse les portraits tendres ou acides des stars de l'écran. Un véritable pavé dans le PAF.

*

« Le moins que l'on puisse dire, c'est que l'ancien animateur de "Tout est possible" ne mâche pas ses mots et ne ménage pas les grands noms du PAF. »

(France-Dimanche)

« Un véritable pamphlet sur la cruauté du petit monde de la lucarne. »

(Figaro Madame)

« Reconverti en chevalier blanc des médias sur Europe 1 et auteur d'un livre qui dénonce ce monde sans pitié, Jean-Marc Morandini va-t-il sauver les téléspectateurs égarés que nous sommes ? Ne zappez pas ! »

(Technikart)

« Dans Le Bal des faux culs, *l'animateur ouvre le feu avec précision sur la "grande famille de la télé". Donné mort hier, aujourd'hui il flingue. »*

(VSD)

« Il y a de l'ambiance dans Le Bal des faux culs, *un livre qui devrait être reconnu d'utilité publique ! »*

(Ici Paris)

ISBN 2-84187-572-5 / H 50-2885-7 / 264 pages / 17,95 €

Cet ouvrage a été composé
par Atlant' Communication
aux Sables-d'Olonne (Vendée)

Impression réalisée sur CAMERON par

BRODARD & TAUPIN

GROUPE CPI

La Flèche (Sarthe)
en février 2005

pour le compte des Éditions de l'Archipel
département éditorial
de la S.A.R.L. Écriture-Communication

Imprimé en France
N° d'édition : 778 – N° d'impression : 28523
Dépôt légal : mars 2005